80386
Protected Mode
Programming in C

80386
Protected Mode
Programming in C

Len Dorfman

FIRST EDITION
FIRST PRINTING

© 1991 by **Len Dorfman**.
Published by Windcrest Books, an imprint of TAB Books.
TAB Books is a division of McGraw-Hill, Inc.
The name "Windcrest" is a registered trademark of TAB Books.

Library of Congress Cataloging-in-Publication Data

Dorfman, Len.
    80386 protected mode programming in C / by Len Dorfman.
        p.   cm.
    Includes index.
    ISBN 0-8306-5736-3   ISBN 0-8306-7736-4 (pbk.)
    1. Intel 80386 (Microprocessor)—Programming.   2. C. (Computer
program language)   I. Title.
QA76.8.I2928D67   1991
005.26′2—dc20   90-24692
                                                      CIP

TAB Books offers software for sale. For information and a catalog, please contact
TAB Software Department, Blue Ridge Summit, PA 17294-0850.

Questions regarding the content of this book should be addressed to:

Reader Inquiry Branch
Windcrest Books
Blue Ridge Summit, PA 17294-0850

Acquisitions Editor: Stephen Moore
Technical Editor: Patti McCarty
Production: Katherine G. Brown
Book Design: Jaclyn J. Boone

Contents

To Barbara and Rachel.
Thank you so much for all your love and
support. You're the best.

About This Book

This book contains entry-level how-to information that facilitates the migration of programs written using any of the 8086 real mode standard C compilers such as Microsoft C, Turbo C, etc. to the 80386 protected mode C compiler group.

The first chapter discusses some C and assembly programming tools that you can use to create 80386 protected mode programs and offers suggestions which quite likely will help you to minimize some of the difficulties experienced during the transition from real mode C programming to protected mode C programming. Then, in a step-by-step fashion, you will be led through a how-to session in creating and running C-developed protected mode programs.

Many topics relevant to protected mode programming follow. These topics include the DOS extender; the mouse; how to directly access screen memory from the protected mode for lightening screen writes; how to use the int386(...) library function to access the BIOS routines supported by your DOS extender; how to convert your real mode 8086 assembly functions to 80386 assembly language subroutines. Concrete assembly source examples are used to demonstrate how to go from an 8086 assembly subroutine to an 80386 subroutine.

Once you know how to write 386 assembly subroutines the 386 library-building process starts. I have taken great care to demonstrate the building of an 80386 protected mode library that contains the same function groupings as the library presented in my previous book *Building C Libraries: Windows, Menus, & User Interfaces* Windcrest book (No. 3418). This has been done to aid your development of protected mode programming tools, which will permit you to take your already existing C source code and bring it to the protected mode source code unchanged.

Building C Libraries: Windows, Menus & User Interfaces presented a final user interface demonstration program exploring some of the ways to create Lotus-style, grid-style and standard pop-up type information windows. In this book, the library you develop will permit you to compile and link the previously presented source code for the real mode menu demonstration program using a 386 C compiler. The resultant 32-bit MENU.EXP program will perform in the 80386 protected mode in identical fashion to MENU.EXE program running in the 8086 real mode.

The final chapter of the book presents the actual source code to a comprehensive professional setup genre program which demonstrates pop-up windows, scroll-bar windows, some flashy screen operations, and a CONFIG file written to, or read from disk to remember the setup parameters.

In a sense, this book is an extension of the "compiler transparency" theme introduced in my C libraries book. In the C libraries book I talked about using say, Turbo C for program development work, and Watcom C for the final executable compile of the program. This book extends the "compiler transparency" theme to, say, developing a real mode program using Microsoft C 6.0 and using the identical C source code to produce an executable protected mode program using Watcom 386 C V 8.0

Who is this book for?

This book is for all current C or assembly language programmers who wish to learn more about 80386 protected mode programming in C and what tools can be used to begin the 80386 protected mode program development process. This book also will provide useful tips on concrete protected mode programming techniques in C. Anyone who wishes to rewrite 8086 assembly subroutines using 80386 instructions can also benefit from reading this book.

Protected mode programming tools

The C compiler I've selected for discussion in this text is Watcom 386 C V 8.0. The reasons are simple. Some 80386 protected mode compilers present a very different look from Microsoft C, Turbo C and Watcom C in 8086 land. Watcom has gone to great lengths to make their compiler compatible with Microsoft C in library functionality and compiler options.

Watcom has made going from 8086 C programming to 80386 programming as painless as possible.

There are two macro assemblers discussed in this book: Phar Lap's 386ASM assembler and Microsoft's MASM. Once introduced, however, the many assembly subroutine functions are assembled using Microsoft's MASM.

Phar Lap's quality DOS extender is used to run the book's many sample programs.

Finally, you will need an 80386- or 80386 SX-based computer with preferably a minimum of one megabyte of extended ram to execute the programs presented in the text.

1
Protected mode programming

Protected mode programming tools are certainly related to those assemblers and C compilers in the common world of 8086 programming. There are, however, certain distinctions between the 16-bit compilers and 32-bit protected mode compilers, which will cause havoc in C programs that seem to compile and link just fine using 8086-based tools. Once you get your feet wet in 32-bit 80386 protected mode programming, you'll find that compiling, linking and running your C programs will prove no more difficult than doing the same with your 16-bit 8086 programming tools.

The 80386 microprocessor's protected mode provides a clever hardware-based design mechanism to prevent a program from accessing data outside of the program's code and data segments. When a protected mode program is loaded into your computer and executed, the program may only access data that is located in the program's code and data segments. This form of data isolation can be very useful in multitasking environments. For example, you would never want a program that is running in a multitasking operating system to corrupt the data of another program that is running simultaneously.

One drawback of programming in protected mode, however, is that 8086 programmers are accustomed to having direct memory access in hardware, and that means being able to write or read data outside of the program's code and data segments. For example, let's say you wrote some nifty screen-handling routines that write data directly to screen memory. If you were in a color text mode, you would be writing to segment 0xB800. Unfortunately, if you ran that subroutine in the protected mode, the 80386 would note that you were attempting to write to an area of memory that resides outside the program's code and data segments. You would be coldly informed that the program had committed the protected mode sin of memory violation and would receive the swift termination to DOS punishment. On the other hand, if you had to rely on BIOS screen-management routines your programs would appear sluggish and not very professional. What can a programmer do?

Fortunately, *DOS extenders*, which are introduced later in this chapter, have certain often used areas of memory "hard wired" into what is called a *local descriptor table* (LDT). Phar Lap's DOS extender sets up an LDT for screen memory. In chapter 5 you will learn how to access the LDT for the screen to implement direct video memory access. Direct video memory access means screen-handling routines that are snappy and very professional looking.

This chapter explores the three basic categories of C-related protected mode programming tools. The categories of programming tools are:

- 32-bit C compilers
- 80386 macro assemblers
- DOS extenders

And finishes with:

- Planning your protected mode library

Now, if you were only interested in taking a plain C program, which uses very basic standard library functions, and then compiling that program using a standard protected mode C compiler, you wouldn't really need to read this book. However, in the real world of C programming, one often comes to rely on screen, window, keyboard, mouse, graphics, etc. libraries to create professional performing executable programs.

What happens if your library uses assembly-coded functions? Ah, you say, not to worry because an 80386 chip runs all 8086 instructions just fine. This fact does diminish the chore of converting 8086 assembly source code to 80386 assembly source code, but does not alleviate all potential problems.

It is now time to start the ball rolling by introducing 32-bit protected mode C compilers.

About 32-bit 80386 C compilation

Let's start by exploring some reasons why 32-bit compilers, in all probability, will win over the programming community. A good place to start is to look at how memory models are managed using a 32-bit protected mode C compiler.

As in the world of 16-bit compilers there are different code and data models. In 32-bit C programming there are:

Small and big code models

Small and big data models

The *small code model* permits you to use 32-bit *near* calls relative to the CS (start of the program's code segment). This means that the code section of your code will be limited to 4 gigabytes (Gb's) of code. What? The small code model limits you to 4 gigabytes?? I guess small is a relative word.

The *large code model* uses 48-bit *far* calls and allows the code portion of your program to grow beyond the 4 Gb limit.

The *data models* have similar limitations to the code models. The small data model limits your data area to the under 4 Gb range and the small code model to be above the 4 Gb range.

There are five *memory models* made possible by combining a variety of small and large model code and data combinations. They are:

Memory Model	Code Model	Data Model
Flat	Small	Small
Small	Small	Small
Medium	Large	Small
Compact	Small	Large
Large	Large	Large

The difference between the flat memory model and the small memory model is that in the *flat memory model* the total memory allocation of the code segment plus the data segment must be under 4 Gb, whereas in the *small memory model* the code segment and data segments are individually restricted to the 4 Gb limit.

Because I have "just" a couple of megabytes (Mb) of extended memory on my 80386 computer, I've decided to restrict this book to working in the flat memory model. This shouldn't be a hardship, however. Remember that 4 gigabytes of memory is 4,000 megabytes or 4,000,000,000 bytes!

I remember when my hardware-obsessed friend, Bob Landgraf, added 4 Mb's of extended memory to his 386 machine. With his whiz-bang caching Bob gushed that he could run about any program as fast as he wanted. Size is really a relative issue, however. Four megabytes pale in comparison to the 4,000 Mb size limit of a flat model 32-bit 386 protected mode program.

There are also differences in the data representation schemes for the 16-bit and 32-bit compilers. They are:

Data Type	8086	80386
char	8 bits	8 bits
short int	16 bits	16 bits
int	16 bits	32 bits
long int	32 bits	32 bits

Note that the 16-bit int from a 16-bit compiler will be a 32-bit int in a 32-bit compiler. This can create squirrely problems if you're trying to transport a C program from a 16-bit compiler to a 32-bit compiler. For example, let's say you've defined a structure named RECT in your program. It might look like this:

```
typedef struct {
    int x1;
    int y1;
    int x2;
    int y2;
    } RECT;
```

In your C source code you then declare a RECT structure named R1 like this:

```
RECT R1;
```

Then somewhere in your C library you have a slick assembly routine that receives a pointer to the structure. This routine sets an index register (say SI) to the offset of the RECT structure. You then grab the value of x1, increment SI by two and then grab y1, etc. The assembly code might look like this:

```
holdx1      DW      ?
holdy1      DW      ?
    .
    mov         AX,[SI]             ; grab R1 – >x1
    mov         [holdx1],AX         ; store in memory loc
    inc         SI                  ; add 2 to offset
    inc         SI
    mov         AX,[SI]             ; grab R1 – >y1
    mov         [holdy1],AX         ; store in memory loc
    .
```

The assembly snippet would work fine with a 16-bit compiler, which sports 16-bit ints. Can you see why the assembly code wouldn't work, however, with a 32-bit C compiler? If you stated that the 32-bit compiler sports 32-bit (4-byte) ints instead of the 16-bit (2-byte) ints you'd be correct.

If you're with me here then you'll immediately see that there are two ways to make the assembly code work properly with the 32-bit C compiler. The first method would be to keep the substance of the 16-bit assembly code intact and redefine the RECT structure like this:

```
typedef struct {
        short int x1;
        short int y1;
        short int x2;
        short int y2;
        } RECT;
```

By using short ints each variable in the structure definition would take up 16 bits (2 bytes) and the assembly code would work just fine. If you decided to change the assembly source and leave the C source code RECT declaration with 32-bit ints, you alter the assembly instructions in the following fashion:

```
holdx1          DW      ?
holdy1          DW      ?
    .
    mov                 AX,[ESI]             ;  grab R1 – >x1
    move                [holdx1],AX          ;  store in memory loc
    inc                 ESI                  ;  add 4 to offset
    inc                 ESI
    inc                 ESI
    inc                 ESI
    mov                 AX,[ESI]             ;  grab R1 – >y1
    mov                 [holdy1],AX          ;  store in memory loc
    .
```

You alter the assembly code by using the 32-bit ESI register instead of the 16-bit SI register and incrementing the ESI register by 4 instead of 2. Incrementing the ESI register by 4 means that it increments by 4 bytes or 32 bits. As the RECT structure definition used ints instead of short ints to define the variables, each of the ints is 32 bits (4 bytes) in size.

In summary, using a 32-bit 386 C compiler to write a program that gives you 4 gigabytes (I always thought bigabytes for billion would have been a better choice of word) of memory limitations provides a powerful reason to program in the protected mode. Conversion of a C source designed to run in the 8086's 16-bit real mode to a 32-bit source designed to run in the 80386 protected mode can clearly be accomplished. Care must be taken, however, in the conversion process.

About 32-bit 80386 assembly

This section is not intended to be an in-depth discussion on all the in's and out's of 386 assembly programming. That topic is way beyond the scope of this book. What follows is a description of the 80386's general purpose registers and how some of these registers alter the way your 8086 assembly subroutine functions.

In the 8086 chip, the AX register may be written to one 16-bit register AX, or two 8-bit registers AH and AL. For example, here is a representation of a general purpose 16-bit AX register:

Bit

15 14 13 12 11 10 09 08 07 06 05 04 03 02 01 00

AX

AH   AL

The 80386 register expands the 16-bit AX register to a 32-bit EAX register. This means you may operate on the 32-bit EAX register, the AX register (Least Significant Word of EAX), the AH register or the AL register. This flexibility is impressive. For example:

inc EAX   ; 32-bit increment is legal

inc AX   ; 16-bit increment is legal

inc AH   ; 8-bit increment is legal

inc AL   ; 8-bit increment is legal

Four new 32-bit general purpose registers are:

EAX	(EAX 32-bit,	AX 16-bit,	AH 8-bit,	AL 8-bit)
EBX	(EBX 32-bit,	BX 16-bit,	BH 8-bit,	BL 8-bit)
ECX	(ECX 32-bit,	CX 16-bit,	CH 8-bit,	CL 8-bit)
EDX	(EDX 32-bit,	DX 16-bit,	DH 8-bit,	DL 8-bit)

All offsets to labels in 386 assembly are 32 bits wide as compared to the 16-bit offsets used in 8086 programming. This means that the DI, SI, BP, and SP registers needed to be extended in order to easily facilitate the

32-bit offsets. As you might have guessed these new 32-bit registers are named:

EDI   (EDI 32-bit,   DI 16-bit)
ESI   (ESI 32-bit,   SI 16-bit)
EBP   (EBP 32-bit,   BP 16-bit)
ESP   (ESP 32-bit,   SP 16-bit)

Although 80386 segment registers remain 16 bits as in the old 8086 chip architecture, two new segment registers have been added. The complete list of 80386 segment registers is:

CS   (old)
DS   (old)
ES   (old)
FS   (new)
GS   (new)
SS   (old)

The two new segment registers, FS and GS, do not perform any specialized functions and may be used in the same fashion as the ES register.

Finally, the IP register and the FLAGS register also have been expanded. The expanded register looks like this:

EIP   (EIP 32-bit, IP 16-bit)
EFLAGS   (EFLAGS 32-bit, FLAGS 16-bit)

The 80386 microprocessor supports all the old addressing modes of the 8086 microprocessor and new addressing modes have been added. Concerning 80386 assembly, the central focus of this book rests on the reshaping of 8086 assembly subroutine functions so they may be called from within 80386 32-bit compiled C functions. Therefore, I've decided not to use any new addressing modes in any 80386 assembly source presented here. Rather, my always practical focus will stay on converting existing 8086 assembly subroutines to 80386 assembly subroutines.

Although a specific method of converting 8086 to 80386 assembly subroutines will be shown later, it seems sensible to bring up two related points here. These points need be repeated for they are indeed important.

The first involves how looping is handled on the 80386. Let's take a look first at a snippet of 8086 assembly code. It looks like this:

```
        .
        mov CX,10
  rep   movsb
        .
```

The code sets the CX (count) register and then the movsb instruction repeats 10 times. Can you figure out why this bit of code may not execute properly on the 80386? Before the answer is presented let's look at the 80386 version of the code. It looks like this:

```
        .
        mov ECX,10
  rep   movsb
        .
```

The looping mechanism of the 80386 looks to the ECX as the count register. If you just load the CX register with the count value, the upper word of the ECX register remains unchanged! That can have catastrophic results in your assembly code if the upper word of ECX is not all bits off. I know from early 80386 assembly programming experience that it pays not to be careless when coding loops or repeated instruction sequences. Set the ECX register as counter and you will not go wrong. Set the CX register as counter and you might not go wrong depending on the value of the upper word of ECX. It's those "might" types of assembly sequences that lead to early gray hair dashed with a touch of madness. I have both qualities.

The other assembly tip refers to when you wish to use the BIOS or DOS. For example, the 16-bit assembly snippet:

```
            .
  hello     DB          'Hello Chuck!',0Ah,0Dh,'$'
            .
      lea   DX,hello    ;  load offset hello to DX
      mov   AH,9        ;  and use DOS to print string
      int   21h
            .
```

becomes

```
            .
  hello     DB          'Hello Chuck!',0Ah,0Dh,'$'
            .
      lea   EDX,hello   ;  load offset hello to DX
      mov   AH,9        ;  and use DOS to print string
      int   21h
            .
```

in 80386 assembly programming.

In summary, remember to set the ECX register and not just the CX register when you are looping or repeating instructions. Also, recall that all label offsets are 32 bits in 80386 assembly and that you load the extended (EDX for example) register and not the 16-bit DX register with the offset value.

DOS extension

DOS was never designed to be a protected mode operating system. Simply stated, *DOS extenders* extend the functionality of DOS to encompass working in an 80386 protected mode operating environment. What this means is that you will most likely find it easier to port your C libraries from a real mode DOS environment to the protected mode using a DOS extender as opposed to porting your program to a new generation operating system, such as OS/2.

For commercial programmers, there is another consideration in the "DOS extender versus new-generation operating system" issue. Virtually all 80386 machines have access to DOS but far fewer machines currently have new-generation protected mode operating systems. What I'm saying here is that the protected mode commercial programmer not only has to think about how to write the program, but also has to think about how the customers will run the program. DOS extenders simplify running protected mode programs on standard 80386 computers with at least one megabyte of extended memory.

In essence, the DOS extender intercepts the BIOS or DOS systems call and routes it through the 80386 real mode. Repeated flipping from protected mode to real mode might actually slow down a program's performance considerably. Although I personally have not experienced this, Jay in the database group at TSR, has reported to me that it was his perception that the 386 protected mode version of Paradox felt less snappy than the 8086 real mode version. If his perception is clear, then there is a bit of irony here in the notion that an 80386 program with 32-bit instructions executing in the protected mode appeared to run considerably slower than a version of the same program with 16-bit instructions running in the 8086 real mode. The moral: be careful when you make BIOS and DOS calls through your DOS extender for they can slow program execution.

There are basically two methods in utilizing the DOS extender's functionality to facilitate the running of your program. The first method consists of running the DOS extender from the command line. In this book all the program examples will use Phar Lap's command-line version DOS extender to run. In chapter 2 you will learn how to write two versions of the not-so-well-known "Hello Chuck!" program. Both the assembly version and the C version will need a DOS extender to run.

After you compile and link your C version of "Hello Chuck!" you will find a file named HELLO.EXP on your disk. Protected mode programs have .EXP file extenders. Using Phar Lap's DOS extender, you simply run HELLO.EXP by entering

```
RUN386 HELLO
```

at the command line and pressing the Enter key.

The first method of executing your protected mode program requires that the user must have a copy of the DOS extender used by your program. More on DOS extender differences in a moment.

The second, and preferable (in my always humble opinion, that is) way to run your protected mode program is to use a DOS extender *bind utility*. This takes your .EXP file, binds it to the guts of the DOS extender, and creates a standard looking DOS .EXE file. When the bound .EXE file is executing it switches the 80386 to the protected mode. If you use Phar Lap's bind utility, for example, you can distribute and sell your program feeling confident that the user does not need to know anything about DOS extenders and 80386 protected mode. As might be expected, there are licensing and fiscal considerations that must be explored in deciding whether you should offer an option to sell a DOS extender with your protected mode program or bind a DOS extender to your program.

The DOS extender basically functions as an interface layer between your application program and DOS, permitting you access to most BIOS and DOS system calls. Note the dreaded phrase "access to most." There are no standards that I know of that tell the makers of DOS extenders which BIOS and DOS system calls they must support and which they might support. And there's more.

In the introduction to this chapter I alluded to the fact that DOS extenders also permit access to any memory in your computer through the use of an LDT, local descriptor table. If you write your protected mode program using Phar Lap's LDT for direct memory video access it will not run properly using A.I. Architect's DOS extender. Why? Because the A.I. Architect DOS extender's LDT uses a different segment to map the screen. If you wanted your program to run on both the Phar Lap DOS extender and the A.I. Architect DOS extender you could always use BIOS screen reads and writes, but then program performance would suffer.

What I'm suggesting is that you should decide on a DOS extender and write your program knowing that it will be run using that DOS extender and that DOS extender alone. I've chosen Phar Lap's DOS extender for TSR Systems Ltd.'s main squeeze and all the demonstration programs in this book will be run using the Phar Lap DOS extender.

In summary, DOS extenders turn DOS into a very functional operating system. Using a DOS extender you may make most BIOS and DOS system calls. Unfortunately, not all DOS extenders are identical and this means that your protected mode program might not run using all DOS extenders.

Designing protected mode programming libraries

One of my duties at TSR Systems Ltd. is to keep track of the C tools required by the applications programmers in the database division of our company. If the database gang needs C tools, the language and library contingent either writes them or says "buy them." Whenever possible we write them.

So, the plan I'm going to present for the development of a protected mode C library derives from the plan I used when developing TSR's "C"erious 386 PM C library. I do not presume it is the only way to do things, rather it is the way that worked for me.

The first consideration was making the library source code function calls compatible with our real mode "C"erious library (a portion of the "C"erious source was presented in *Building C Libraries: Windows, Menus, & User Interfaces* (Windcrest Book No. 3418). This would facilitate migration of 16-bit 8086 C-generated programs to 32-bit 80386-generated programs.

Once the categories of functions for library inclusion was determined, selecting tools came next. I've always been a fan of Watcom C. In fact, the first proposal I ever submitted to Windcrest was to do a book exploring the complexities of Watcom C 3.0. When I discovered that Watcom had produced a compiler which utilized 32-bit 80386 instructions for protected mode program development, I was delighted. When I heard that Novell selected Watcom's C 386 as their network compiler I knew that Watcom 386 8.0 was a winner. After working with Watcom 386 C 8.0 I haven't been disappointed. Watcom C 386 8.0 is an extraordinary product. This book describes and utilizes a modest portion of a very robust compiler and linker package that has been augmented with many utility programs.

Watcom has taken great pains in making their protected mode C compiler Microsoft-compatible. This aspect of the compiler will ease the conversion of libraries from 8086 real mode to protected mode.

Although the Phar Lap macro assembler and linker are quality tools, Watcom C is now providing a linker with version 8.0 and I've always liked Microsoft's MASM.

Finally, I like all of the Phar Lap tools very much. They're first rate and the documentation is clear. I've decided to use the Phar Lap DOS extender.

In summary:

1. Determine your library's content
2. Select a C compiler
3. Select a macro assembler
4. Select a DOS extender

Enough background material has been presented in chapter 1 to begin the actual process of writing programs. On to chapter 2, Writing and Running Protected Mode Programs.

2
Writing and running protected mode programs

In this chapter you will write and run your first protected mode program. I'll be using Watcom 386 C V. 8.0 for the examples. As mentioned, I find the Watcom compiler extraordinarily powerful and flexible. Stated simply, I love this compiler. Because this book focuses on building C libraries for protected mode compilers, I'll present those compiler features relevant to this text, but understand that by no means will I be touching the richness of this compiler.

As with all of the new generation compilers, Watcom provides a compile-and-link utility program. This utility is named WCL386. WCL386 allows you to invoke the compiler with appropriate commands and then link the compiled object module all in one fell swoop. In most manuals the compile-and-link utility commands are given and that's about all. In this chapter, however, it will prove important to explore how certain compiler options alter how functions are called.

The second section of this chapter will take the information gained from the object disassemblies to shape the parameter-passing conventions of the assembly subroutines. Without further ado, let's start codin'.

Writing protected mode programs in C

Once you have installed your compiler (in my case it's Watcom 386 C V 8.0) it's time to compile and link your first program. The program HELLO1.C., listed in FIG. 2-1, prints

Hello Chuck!

to the screen and then returns to DOS. Type in the listing in FIG. 2-1.

2-1 The source code listing to HELLO1.C.

```
//////////////////////////////////////
//
// HELLO1.C
//
// Description:
//  Prints "Hello Chuck!" to the screen
//
//////////////////////////////////////

// include files here

#include <stdio.h>

// global data

char hello[] = {"Hello Chuck!"};

// function declarations

void main(void);
void show_mess(char *);

void
show_mess(char *mess)
{
puts(mess);
}

void
main()
{
show_mess(hello);
}

/////////////////////////////////////
```

HELLO1.C is a very simple program. There are two functions in HELLO1.C. Of course, function main() is where the program execution starts and function show_mess(...) prints the string passed to it in the character pointer.

To compile and link your first protected mode program type

```
WCL386 HELLO1.C /3s
```

and press the Enter key. The /3s switch tells the compiler to use on-the-stack parameter passing. Passing parameters on the stack is standard for Microsoft C, Turbo C, and many other compilers in today's market. Once you've compiled and linked HELLO1.C using WCL386 you'll find a file named HELLO1.EXP on your disk. To run HELLO1.EXP with the Phar Lap DOS extender simply type

```
RUN386 HELLO1
```

and press the Enter key. If all goes well, you will see the following message on your screen:

```
Hello Chuck!
```

The size of HELLO1.EXP is 6,748 bytes.

One programmers' tool supplied by Watcom is their WDISASM object module disassembler program. WDISASM can prove invaluable in understanding how the compiler turns your C source into assembly code.

Let's get a disassembly of HELLO1.OBJ. Simply type

```
WDISASM HELLO1.OBJ >HELLO1.LST
```

and press the Enter key. WDISASM will write an object listing disassembly to the file named HELLO1.LST. Figure 2-2 shows the object disassembly for the HELLO1.OBJ when the on-the-stack method of parameter passing is used.

If you examine the object disassembly listing in FIG. 2-2 you'll discover some interesting things. Let's put a microscope on the assembly section of the code that calls function show_mess.

```
push        offset hello
call        show_mess
add         esp,0004h
```

Function show_mess(...) takes one parameter. This parameter is a CHAR *. The 32-bit offset to hello is pushed on the esp register, and after function show_mess(...) is called the value of 4 is added to the esp register.

Let's put a microscope on show_mess(...).

```
push        ebp                ; set up stack frame
mov         ebp,esp
push        +8[ebp]            ; push 32 bit CHAR * parameter on stack
call        puts               ; C library function
add         esp,0004h          ; restore esp value
```

2-2 The object disassembly listing for HELLO1.OBJ when the on-the-stack-parameter-passing method is used.

```
Module: hello1.c
Group: 'DGROUP' CONST,_DATA,_BSS

Segment: '_TEXT' BYTE USE32  00000036 bytes
 0000  50                    show_mess    push    eax
 0001  b8 0c 00 00 00                     mov     eax,0000000cH
 0006  e8 00 00 00 00                     call    __STK
 000b  58                                 pop     eax
 000c  55                                 push    ebp
 000d  89 e5                              mov     ebp,esp
 000f  ff 75 08                           push    +8H [ebp]
 0012  e8 00 00 00 00                     call    puts
 0017  83 c4 04                           add     esp,0004H
 001a  c9                                 leave
 001b  c3                                 ret
 001c  50                    main         push    eax
 001d  b8 08 00 00 00                     mov     eax,00000008H
 0022  e8 00 00 00 00                     call    __STK
 0027  58                                 pop     eax
 0028  68 00 00 00 00                     push    offset hello
 002d  e8 ce ff ff ff                     call    show_mess
 0032  83 c4 04                           add     esp,0004H
 0035  c3                                 ret

No disassembly errors

----------------------------------------------------------


Segment: 'CONST' WORD USE32  00000004 bytes
 0000  00 00 00 00           _main_entry_    DD      __Null_Argv

No disassembly errors

----------------------------------------------------------


Segment: '_DATA' WORD USE32  0000000d bytes
 0000  48 65 6c 6c 6f 20 43 68 hello         - Hello Ch
 0008  75 63 6b 21 00                        - uck!.

No disassembly errors

----------------------------------------------------------
```

The CHAR * to hello is grabbed from [ebp + 8]. This means that the offset for the first parameter is ebp + 8, and that pushes on the stack are 32-bit (4-byte) pushes.

Let's recompile and link HELLO1.C using the compiler option that passes parameters on the register. The WCL386 command line looks like this:

    WCL386 HELLO.C /3r

Note: The /3r passing parameters in the registers is a default switch on the WCL386 compile-and-link utility.

Once you've used WCL386 to compile and link HELLO1.C you'll discover that HELLO1.EXP is 6,300 bytes, or 448 bytes smaller than HEL-LO1.EXP when compiled with the 3/s option. Figure 2-3 shows the disassembled listing to the register-parameter-passing module HELLO1.OBJ.

2-3 The object disassembly listing for HELLO1.OBJ when the register-parameter-passing method is used.

```
Module: hello1.c
Group: 'DGROUP' CONST,_DATA,_BSS

Segment: '_TEXT' BYTE USE32  00000024 bytes
 0000  50                   show_mess_    push    eax
 0001  b8 04 00 00 00                     mov     eax,00000004H
 0006  e8 00 00 00 00                     call    __STK
 000b  58                                 pop     eax
 000c  e9 00 00 00 00                     jmp     puts_
 0011  50                   main_         push    eax
 0012  b8 04 00 00 00                     mov     eax,00000004H
 0017  e8 00 00 00 00                     call    __STK
 001c  58                                 pop     eax
 001d  b8 00 00 00 00                     mov     eax,offset _hello
 0022  eb dc                              jmp     show_mess_

No disassembly errors


------------------------------------------------------------


Segment: 'CONST' WORD USE32  00000004 bytes
 0000  00 00 00 00          __main_entry_   DD      __Null_Argv_

No disassembly errors


------------------------------------------------------------


Segment: '_DATA' WORD USE32  0000000d bytes
 0000  48 65 6c 6c 6f 20 43 68  _hello        - Hello Ch
 0008  75 63 6b 21 00                         - uck!.

No disassembly errors


------------------------------------------------------------
```

The disassembly indicates that the 32-bit offset to hello is placed in the 32-bit EAX register. Using registers for parameter passing makes code tighter and faster. Passing parameters in registers makes good sense when all you're concerned with is function size and performance. When you are concerned with source code maintenance for assembly source code, the balance shifts in favor of passing parameters on the stack.

When you are building libraries there are times when a programmer encounters what psychologists call a "double bind" situation. The double bind means that if there are two options, both of the options have noxious qualities. Assembly subroutines are a perfect example of a double bind.

"C"erious Tools V. 2.0 (TSR's C general-purpose library for Microsoft C, Turbo C, Watcom C, and Lattice C) is composed of about 135 assembly bindings and 135 C bindings. Now, when a bug crops up or when an economy is found in a C module, it is just recompiled with the appropriate compiler and then replaced in all the appropriate libraries.

When an assembly module is changed, however, it is a different situation. Why? If I code using Microsoft C 6.0's fastcall register-calling convention, Watcom C's default register-calling convention, and the on-the-stack calling convention for Turbo C or Lattice C, I'll be writing three different parameter-passing schemes. As all of the compilers support on-the-stack parameter passing, it's just plain old common sense to have one set of assembly bindings for all of the compilers.

Although using the on-the-stack method of passing parameters makes good sense from a source code maintenance view, it doesn't ever feel good for me to purposely make any source code module larger or slower. If I code for minimum size and maximum performance I'll make the source maintenance a headache. Hence, the double bind.

Is Watcom 386 C V 8.0 the only C compiler on the market? What about MetaWare's High C? At the time of this writing I've recently heard rumblings about a C compiler coming from Intel. All these compilers are striving to remain Microsoft-compatible. Microsoft-compatible means having a library with as many Microsoft-like functions as possible and passing parameters on the stack.

There is a bit of irony here because Microsoft C 6.0 (which is Microsoft-compatible!) allows you to pass parameters on the stack or in the registers.

There is one compromise, though, which seems to reduce some of the toxins of the double bind when dealing with the parameter-passing strategies for assembly subroutines. In the next section of the chapter you'll learn how to use parameter-passing conventions for speed and efficiency with every C library function, and on-the-stack parameter passing for ease of source code maintenance with assembly function modules.

Calling 80386 assembly subroutines from C

Before beginning with the how-to of programming C functions in 80386 assembly, I'd like to start by presenting a very simple function coded in C, and then recode that function in assembly. The C-coded function will serve as a kind of base line that will tell us if switching to assembly bindings is worth the effort.

The mvCur(...) function presented in MVCUR.C, FIG. 2-4, operates in the following way

1. Uses BIOS function 0Fh of int 10h to get the current video page into the BH register
2. Uses BIOS function 02h of int 10h to move the video cursor

Note that the 16-bit C compilers use a BIOS interface function called int86(...). Watcom C 8.0 uses a replacement function called int386(...). I would have preferred that they kept the int86(...) function name for source-code-compatibility reasons, but I understand why Watcom named the function int386(...).

You compile MVCUR.C by invoking WCL386 in the following fashion:

WCL386 MVCUR.C /c/3s

The /c switch tells WCL386 to only compile the C function. The linker is not used. The /3s switch tells the compiler to use the pass-parameters-on-the-stack option. (Not the most efficient method for compiling C library functions.)

The program HELLO2.C, shown in FIG. 2-5, shows how the show_mess(...) function has been modified to receive three parameters. The first two are row and column placements for the cursor and the third parameter is a pointer to the string that is to be printed.

It is very easy to build multiple-object module programs using the WCL386 compile-and-link utility. At the command line, if you type

WCL386 HELLO2.C MVCUR.OBJ /3s

and press the Enter key HELLO2.C will compile and link with MVCUR.OBJ to form a program called HELLO2.EXP. HELLO2.EXP has been compiled and linked using pure on-the-stack method of passing parameters. Let's take a look at an object disassembly of HELLO2.OBJ, shown in FIG. 2-6, to see how the parameters are actually passed on the stack.

Note how function show_mess(...) handles the parameters. Parameters are grabbed from the stack. Then when mvCur(...) and puts(...) are called, the parameters are pushed on the stack.

The object disassembly to MVCUR.OBJ is shown in FIG. 2-7. Note how function mvCur(...) takes the parameters from the stack and pushes parameters on the stack before function int386(...) is called.

```
/////////////////////////////////////
//
// MVCUR.C
//
// Description:
//    Moves the cursor via BIOS
//
// Entry:
//   short int row  => row location
//   short int col  => column location
//
// Exit:
//   Returns nothing
//
/////////////////////////////////////

// include files

#include <dos.h>

// function prototype
void mvCur(short int, short int);

// function

void
mvCur(short int row, short int col)
{
union REGS ir,or;

// get current video page to BH register

ir.h.ah = 0x0f;
int386(0x10,&ir,&or);

// move the cursor

ir.h.ah = 0x02;
ir.h.dl = (char)col;
ir.h.dh = (char)row;
int386(0x10,&ir,&or);

}

/////////////////////////////////////
```

The file size of HELLO2.EXP is 7,948 bytes. When I began presenting 386 C protected mode programs it was established that passing parameters in the registers produced smaller code than passing parameters on the stack. Figure 2-8 is a slightly modified listing to MVCUR.C. In this list-

```
/////////////////////////////////////
//
// HELLO2.C
//
// Description:
//  Moves the cursor
//  Prints "Hello Chuck!" to the screen
//
/////////////////////////////////////

// include files here

#include <stdio.h>

// global data

char hello[] = {"Hello Chuck!"};

// function declarations

void mvCur(short int, short int);
void main(void);
void show_mess(short int,short int,char *);

// Move the cursor to specified location and
// print a string

void
show_mess(short int row, short int col, char *mess)
{
mvCur(row,col);
puts(mess);
}

void
main()
{
// Move the cursor to row 2, column 34
// and print the 'hello' message

show_mess(2,34,hello);
}


/////////////////////////////////////
```

ing two things have happened:

1. The STDDEF.H file has been included.
2. The function declaration for mvCur has been changed from
   void mvCur(short int,short int) to void cdecl mvCur(short int,short int)

```
Module: hello2.c
Group: 'DGROUP' CONST,_DATA,_BSS

Segment: '_TEXT' BYTE USE32  00000050 bytes
 0000  50                      show_mess       push    eax
 0001  b8 14 00 00 00                          mov     eax,00000014H
 0006  e8 00 00 00 00                          call    __STK
 000b  58                                      pop     eax
 000c  55                                      push    ebp
 000d  89 e5                                   mov     ebp,esp
 000f  66 8b 55 08                             mov     dx,+8H[ebp]
 0013  66 8b 45 0c                             mov     ax,+0cH[ebp]
 0017  98                                      cwde
 0018  50                                      push    eax
 0019  0f bf c2                                movsx   eax,dx
 001c  50                                      push    eax
 001d  e8 00 00 00 00                          call    mvCur
 0022  83 c4 08                                add     esp,0008H
 0025  ff 75 10                                push    +10H[ebp]
 0028  e8 00 00 00 00                          call    puts
 002d  83 c4 04                                add     esp,0004H
 0030  c9                                      leave
 0031  c3                                      ret
 0032  50                      main            push    eax
 0033  b8 10 00 00 00                          mov     eax,00000010H
 0038  e8 00 00 00 00                          call    __STK
 003d  58                                      pop     eax
 003e  68 00 00 00 00                          push    offset hello
 0043  6a 22                                   push    22H
 0045  6a 02                                   push    02H
 0047  e8 b4 ff ff ff                          call    show_mess
 004c  83 c4 0c                                add     esp,000cH
 004f  c3                                      ret

No disassembly errors

-------------------------------------------------------------


Segment: 'CONST' WORD USE32  00000004 bytes
 0000  00 00 00 00                     _main_entry_    DD      __Null_Argv

No disassembly errors

-------------------------------------------------------------


Segment: '_DATA' WORD USE32  0000000d bytes
 0000  48 65 6c 6c 6f 20 43 68 hello            - Hello Ch
 0008  75 63 6b 21 00                           - uck!.

No disassembly errors

-------------------------------------------------------------
```

```
Module: mvcur.c
Group: 'DGROUP' CONST,_DATA,_BSS

Segment: '_TEXT' BYTE USE32  00000054 bytes
0000  50                      _mvCur        push     eax
0001  b8 54 00 00 00                        mov      eax,00000054H
0006  e8 00 00 00 00                        call     __STK
000b  58                                    pop      eax
000c  0f a0                                 push     fs
000e  0f a8                                 push     gs
0010  55                                    push     ebp
0011  89 e5                                 mov      ebp,esp
0013  83 ec 38                              sub      esp,0038H
0016  c6 45 c9 0f                           mov      byte ptr -37H[ebp],0fH
001a  8d 45 e4                              lea      eax,-1cH[ebp]
001d  50                                    push     eax
001e  8d 45 c8                              lea      eax,-38H[ebp]
0021  50                                    push     eax
0022  6a 10                                 push     10H
0024  e8 00 00 00 00                        call     int386
0029  83 c4 0c                              add      esp,000cH
002c  c6 45 c9 02                           mov      byte ptr -37H[ebp],02H
0030  8a 45 14                              mov      al,+14H[ebp]
0033  88 45 d4                              mov      -2cH[ebp],al
0036  8a 45 10                              mov      al,+10H[ebp]
0039  88 45 d5                              mov      -2bH[ebp],al
003c  8d 45 e4                              lea      eax,-1cH[ebp]
003f  50                                    push     eax
0040  8d 45 c8                              lea      eax,-38H[ebp]
0043  50                                    push     eax
0044  6a 10                                 push     10H
0046  e8 00 00 00 00                        call     int386
004b  83 c4 0c                              add      esp,000cH
004e  c9                                    leave
004f  0f a9                                 pop      gs
0051  0f a1                                 pop      fs
0053  c3                                    ret

No disassembly errors
```

The STDDEF.H header file defines cdecl. When cdecl is placed in the function prototype it tells Watcom C 8.0 to compile this function with parameters passed on the stack. You'll see why this has been done when HELLO3.C is presented. Figure 2-8 shows the updated listing to MVCUR.C.

The source code listing to HELLO3.C, in FIG. 2-9, now declares mvCur(...) by placing cdecl before the function name. By declaring mvCur(...) with cdecl we can now compile HELLO3.C and pass parameters on the register.

```
///////////////////////////////////////
//
// MVCUR.C
//
// Description:
//    Moves the cursor via BIOS
//
// Entry:
//   short int row  => row location
//   short int col  => column location
//
// Exit:
//   Returns nothing
//
///////////////////////////////////////

// include files

#include <dos.h>
#include <stddef.h>

// function prototype
void cdecl mvCur(short int, short int);

// function

void
cdecl mvCur(short int row, short int col)
{
union REGS ir,or;

// get current video page to BH register

ir.h.ah = 0x0f;
int386(0x10,&ir,&or);

// move the cursor

ir.h.ah = 0x02;
ir.h.dl = (char)col;
ir.h.dh = (char)row;
int386(0x10,&ir,&or);

}


///////////////////////////////////////
```

When function mvCur(...) is called, however, parameters will be passed on the stack. In simpler words, Watcom C 8.0 permits you to easily define parameter-passing conventions for each function. If you decide that Watcom C 8.0 is the only compiler you will ever use, then you could write highly optimized assembly bindings by passing parameters in the best registers, if not, I strongly suggest sticking to the following guidelines:

- All C functions receive parameters in registers
- All assembly functions receive parameters on stack

2-9   The source code listing to HELLO3.C.

```
/////////////////////////////////////////
//
// HELLO3.C
//
// Description:
//  Moves the cursor
//  Prints "Hello Chuck!" to the screen
//
/////////////////////////////////////////

// include files here

#include <stdio.h>
#include <stddef.h>

// global data

char hello[] = {"Hello Chuck!"};

// function declarations

void cdecl mvCur(short int, short int);
void main(void);
void show_mess(short int,short int,char *);

// Move the cursor to specified location and
// print a string

void
show_mess(short int row, short int col, char *mess)
{
mvCur(row,col);
puts(mess);
}

void
main()
{
// Move the cursor to row 2, column 34
// and print the 'hello' message

show_mess(2,34,hello);
}

/////////////////////////////////////////
```

Compile HELLO3.C and link to MVCUR.OBJ with the following:

WCL386 HELLO3.C MVCUR.OBJ /3r

WCL386 will compile and link all the functions found in HELLO3.EXP using the parameter-passing-in-registers method, with the exception of function mvCur(...). Figure 2-10 shows the object disassembly to HELLO3.OBJ. Note how function show_mess(...) receives parameters in the registers, pushes them on the stack for function mvCur(...), and places one in a register when function puts(...) is called.

2-10   The object disassembly to HELLO3.OBJ.

```
Module: hello3.c
Group: 'DGROUP' CONST,_DATA,_BSS

Segment: '_TEXT' BYTE USE32   00000052 bytes
 0000  50                     show_mess_      push      eax
 0001  b8 14 00 00 00                         mov       eax,00000014H
 0006  e8 00 00 00 00                         call      __STK
 000b  58                                     pop       eax
 000c  51                                     push      ecx
 000d  56                                     push      esi
 000e  66 89 c1                               mov       cx,ax
 0011  89 de                                  mov       esi,ebx
 0013  0f bf c2                               movsx     eax,dx
 0016  50                                     push      eax
 0017  0f bf c1                               movsx     eax,cx
 001a  50                                     push      eax
 001b  e8 00 00 00 00                         call      _mvCur
 0020  83 c4 08                               add       esp,0008H
 0023  89 f0                                  mov       eax,esi
 0025  e8 00 00 00 00                         call      puts_
 002a  5e                                     pop       esi
 002b  59                                     pop       ecx
 002c  c3                                     ret
 002d  50                     main_           push      eax
 002e  b8 0c 00 00 00                         mov       eax,0000000cH
 0033  e8 00 00 00 00                         call      __STK
 0038  58                                     pop       eax
 0039  53                                     push      ebx
 003a  52                                     push      edx
 003b  b8 02 00 00 00                         mov       eax,00000002H
 0040  ba 22 00 00 00                         mov       edx,00000022H
 0045  bb 00 00 00 00                         mov       ebx,offset _hello
 004a  e8 b1 ff ff ff                         call      show_mess_
 004f  5a                                     pop       edx
 0050  5b                                     pop       ebx
 0051  c3                                     ret

No disassembly errors
```

```
Segment: 'CONST' WORD USE32  00000004 bytes
  0000  00 00 00 00                      __main_entry_   DD        __Null_Argv_

No disassembly errors


--------------------------------------------------------------


Segment: '_DATA' WORD USE32  0000000d bytes
  0000  48 65 6c 6c 6f 20 43 68 _hello          - Hello Ch
  0008  75 63 6b 21 00                           - uck!.

No disassembly errors


--------------------------------------------------------------
```

The object disassembly to MVCUR.OBJ is shown in FIG. 2-11. Note that function mvCur(...) grabs the parameters from the stack but places the parameters in registers before function int386(...) is called.

2-11 The object disassembly to MVCUR.OBJ.

```
Module: mvcur.c
Group: 'DGROUP' CONST,_DATA,_BSS


Segment: '_TEXT' BYTE USE32  00000048 bytes
  0000  50                      _mvCur          push    eax
  0001  b8 48 00 00 00                          mov     eax,00000048H
  0006  e8 00 00 00 00                          call    __STK
  000b  58                                      pop     eax
  000c  55                                      push    ebp
  000d  89 e5                                   mov     ebp,esp
  000f  83 ec 38                                sub     esp,0038H
  0012  c6 45 c9 0f                             mov     byte ptr -37H[ebp],0fH
  0016  b8 10 00 00 00                          mov     eax,00000010H
  001b  8d 55 c8                                lea     edx,-38H[ebp]
  001e  8d 5d e4                                lea     ebx,-1cH[ebp]
  0021  e8 00 00 00 00                          call    int386_
  0026  c6 45 c9 02                             mov     byte ptr -37H[ebp],02H
  002a  8a 55 0c                                mov     dl,+0cH[ebp]
  002d  88 55 d4                                mov     -2cH[ebp],dl
  0030  8a 55 08                                mov     dl,+8H[ebp]
  0033  88 55 d5                                mov     -2bH[ebp],dl
  0036  b8 10 00 00 00                          mov     eax,00000010H
  003b  8d 55 c8                                lea     edx,-38H[ebp]
  003e  8d 5d e4                                lea     ebx,-1cH[ebp]
  0041  e8 00 00 00 00                          call    int386_
  0046  c9                                      leave
  0047  c3                                      ret

No disassembly errors


--------------------------------------------------------------
```

Before the assembly versions of function mvCur(...) are listed let's compare the sizes of HELLO2.EXP and HELLO3.EXP.

Program	Size	Parameters
HELLO2.EXP	7948 bytes	Via stack
HELLO3.EXP	7500 bytes	*Via registers

*function mvCur(...) gets parameters from stack

You can see that there is a 448-byte savings in program size by staying with the parameter-in-register-passing convention whenever possible.

You can get an additional savings in program size and most often an increase in performance by converting C-coded functions to assembly-coded functions. Of course, assembly often proves harder to maintain than C, but once you have a well worn assembly routine in hand it really is no headache at all.

The simplest way to begin coding 80386 assembly subroutines is to transform a simple BIOS routine from C to assembly. The function mvCur(...) presented previously is a perfect place to start.

The assembly file MVCUR.ASM, shown in FIG. 2-12, will assemble with Phar Lap's 386ASM macro assembler. MVCUR.ASM uses an old-style assembly format. Simply, _mvCur starts by setting the stack frame using the EBP and ESP 32-bit registers, as compared to the BP and SP registers of 8086 assembly. Once inside the routine, the assembly code is identical to 8086 code. The offset form EBP for parameter 1 is 8. The following format applies:

Parameter 1 —> [EBP+8]
Parameter 2 —> [EBP+12]
Parameter 3 —> [EBP+16]

If you want to assemble MVCUR.ASM using Phar Lap's 386ASM type

386ASM MVCUR

and press the Enter key. Phar Lap's assembler will promptly produce MVCUR.OBJ.

The source code listing to an updated MVCUR.ASM file, shown in FIG. 2-13, may be assembled with MASM 5.0+. Some new-style directives are used. Note that I have not used MASM 5.1's USES directive or passed parameters after the PROC directive (as permitted in MASM 5.1) because they do not produce 32-bit offsets for each parameter pushed on to EBP.

You can see that the basic body of the updated _mvCur procedure is identical to the original MVCUR.ASM. The updated version of MVCUR.ASM uses the new style DOSSEG, MODEL, and CODE directives to

2-12 The source code listing to MVCUR.ASM.

```
;////////////////////////////////////
;//
;// MVCUR.ASM
;//
;// Description:
;//  Moves cursor
;//
;// Entry:
;//  P1 short int row
;//  P2 short int col
;//
;////////////////////////////////////

; parameters

row    EQU [EBP+8]
column EQU [EBP+12]

; declare text segment

_text  segment  byte public 'code'
   assume   cs:_text

; declare _mvCur public

       PUBLIC  _mvCur

; begin procedure

_mvCur PROC
   push EBP        ; set stack frame
   mov  EBP,ESP
   mov  AH,0Fh     ; get current vid page to BH
   int  10h        ; via BIOS
   mov  DH,row     ; parameter 1 -> DH
   mov  DL,column  ; parameter 2 -> DL
   mov  AH,2       ; move cursor
   int  10H        ; via BIOS
   mov  ESP,EBP    ; restore
   pop  EBP
   ret
_mvCur ENDP

_text  ENDS

       END
```

declare segments and model. Please note the .386 directive at the top of the file, which tells MASM to accept 80386 instructions.

You can assemble the updated version of MVCUR.ASM by typing

MASM /ML MVCUR;

2-13 The source code listing to updated MVCUR.ASM.

```
;//////////////////////////////////
;//
;// MVCUR.ASM
;//
;// Description:
;//  Moves cursor
;//
;// Entry:
;//  P1 short int row
;//  P2 short int col
;//
;//////////////////////////////////


; declare 80386 code

   .386

; parameters

row    EQU [EBP+8]
column EQU [EBP+12]

; declare model & code segment

   DOSSEG

   .MODEL SMALL

   .CODE

; declare _mvCur public

   PUBLIC  _mvCur

; begin procedure


_mvCur PROC
   push EBP        ; set stack frame
   mov  EBP,ESP
   mov  AH,0Fh     ; get current vid page to BH
   int  10h        ; via BIOS
   mov  DH,row     ; parameter 1 -> DH
   mov  DL,column  ; parameter 2 -> DL
   mov  AH,2       ; move cursor
   int  10H        ; via BIOS
   mov  ESP,EBP    ; restore
   pop  EBP
   ret
_mvCur   ENDP
         END
```

and pressing the Enter key. The /ML switch tells MASM to turn on case-sensitivity for PUBLICS. This makes good sense because C is a case-sensitive language. Some linkers, however, have case-sensitivity switched off as a default condition. I always assemble with case-sensitivity switched on when preparing functions in assembly. Better to be safe than sorry. Case-sensitivity on will never hurt, but case-sensitivity off might cause a pain if your linker defaults to case-sensitivity on.

Figure 2-14 shows the object disassembly to the Phar Lap-generated MVCUR.OBJ file and FIG. 2-15 shows the object disassembly to the MASM-generated version of MVCUR.OBJ. You can see that they are identical.

2-14 The object disassembly listing for the original MVCUR.OBJ.

```
Module: mvcur1.asm

Segment: '_TEXT' BYTE USE32  00000015 bytes
  0000  55              _MVCUR      push    ebp
  0001  8b ec                       mov     ebp,esp
  0003  b4 0f                       mov     ah,0fH
  0005  cd 10                       int     10H
  0007  8a 75 08                    mov     dh,+8H[ebp]
  000a  8a 55 0c                    mov     dl,+0cH[ebp]
  000d  b4 02                       mov     ah,02H
  000f  cd 10                       int     10H
  0011  8b e5                       mov     esp,ebp
  0013  5d                          pop     ebp
  0014  c3                          ret

No disassembly errors

-----------------------------------------------------------
```

2-15 The object disassembly to the updated version of MVCUR.OBJ.

```
Module: mvcur.ASM
Group: 'DGROUP' _DATA

Segment: '_TEXT' DWORD  00000015 bytes
  0000  55              _mvCur      push    ebp
  0001  8b ec                       mov     ebp,esp
  0003  b4 0f                       mov     ah,0fH
  0005  cd 10                       int     10H
  0007  8a 75 08                    mov     dh,+8H[ebp]
  000a  8a 55 0c                    mov     dl,+0cH[ebp]
  000d  b4 02                       mov     ah,02H
  000f  cd 10                       int     10H
  0011  8b e5                       mov     esp,ebp
  0013  5d                          pop     ebp
  0014  c3                          ret

No disassembly errors

-----------------------------------------------------------
```

Let's take a look at how HELLO3.EXP's size changed with the substitution of the assembly version of the mvCur(...) function.

Program	Size	Parameters
HELLO2.EXP	7948 bytes	Via stack
HELLO3.EXP	7500 bytes	*Via registers
HELLO3.EXP	6364 bytes	*Via regs and assembly mvCur

*function mvCur(...) get parameters from stack

It doesn't take a math wizard to see that knowing your compiler's options and how to convert some functions from C to assembly can really have a powerful impact on your program's size and performance. We saved over 1K bytes just by converting a C-coded mvCur(...) function to an assembly-coded mvCur(...) function. How would a program's size and execution compare if you had 500 or so assembly-coded functions in it, to the same program whose functions had been coded in C? No more need be said.

3
Library header files

All programmers are familiar with the technique of using *header files* to standardize definitions, function prototypes, structures, etc. One positive aspect of using header files is that you do not have to continually define labels, structures, etc. every time you write a new program. Another feature of using header files is that you can individualize certain definitions and structures in order to facilitate the migration of a source file to different programming environments.

In other words, the STDDEF.H file for Watcom C 8.0 will most likely be different from the STDDEF.H file for another compiler. In the case of this book, the TPROTO.H and TSTRUCT.H files have been slightly altered from the files presented in *Building C Libraries: Windows, Menus, & User Interfaces*.

Although alterations have been made to TPROTO.H, the function prototypes retain the same names as when presented for the 16-bit compiler group of Turbo C, Microsoft C, and Watcom C. The names remain the same in order to minimize the problems in having to rewrite C source code designed for use with a 16-bit C compiler to C source code designed for use with a 32-bit C compiler.

Now let's discuss the four header files—TPROTO.H, TSTRUCT.H, KEYBOARD.H, and ASCII.H—individually.

TPROTO.H

This header file defines the function prototypes for the TAB, and "C"erious 386 PM, library. Note that this version differs from the 16-bit compiler version in that there are two new parameters used in defining function prototypes. These parameters are used in defining assembly functions and tell the C compiler that these functions use the on-the-stack parameter passing conventions of, say, Microsoft C.

Let's take the assembly binding called mvCur(...) for example. There are two ways to tell the compiler that this assembly function uses the on-the-stack parameter passing convention method. The first method is to declare the function using CDECL.

1. Default parameter-passing in registers declaration

   void mvCur(int,int);

2. Parameter in passing on-the-stack declaration

   void cdecl mvCur(int,int);

CDECL also tells the C compiler that the function name will contain a pre-underscore. Watcom C uses a post-underscore as default. Look at how the Microsoft C, Watcom C and High C compilers handle function names as they appear in the object module.

Microsoft C	**Watcom C**	**High C**
_mvCur	mvCur_	mvCur

Use CDECL only if your assembly binding is Microsoft-compatible. This means a pre-underscore in the name and parameter passing is on the stack. If your assembly binding is to work with a different compiler then you must use the powerful pragma statement to inform Watcom C 8.0 how to handle function naming and parameter passing.

The *pragma statement* allows you to create idiosyncratic parameter passing for any function. This means the compiler can define any naming convention and any parameter-passing convention. If you are planning to write the most optimized of all libraries for Watcom C 8.0 you will be able to interface your C functions and assembly functions with the elegance of close-to-pure assembly.

It is beyond the scope of this book to describe all the in's and out's of Watcom C's powerful pragma statement as I'm currently concentrating on using assembly bindings that will work with any compiler that uses the on-the-stack method of parameter passing. However, it might help those of you who own Watcom C 8.0 to see how some pragmas are written. In Watcom C 8.0's STDDEF.H file, cdecl is defined using the following pragma:

```
#pragma aux cdecl "_*" parm caller [ ]        \
                value struct float struct routine [eax]   \
                modify [eax ebx ecx edx];
```

If you decide to use the pragma method of redefining function prototypes you would do it in the following way:

```
.
void mvCur(int,int);
.
#pragma aux (cdecl) mvCur;
.
```

See that function mvCur has been prototyped in the standard fashion and then modified using the previously defined cdecl pragma to tell Watcom C 8.0 that mvCur is indeed a Microsoft-compatible function.

Now, what happens if you have some assembly-generated object modules that have been designed to work with MetaWare's High C compiler? The answer is simple. All you need to do is define a pragma that describes the naming and parameter-passing conventions for the High C compiler, and redefine the function prototype with the new High C pragma instead of the cdecl pragma. Here's an example of a High C pragma:

```
#pragma aux H_C "*"          \
            parm caller [ ]        \
            value no8087         \
            modify [eax ecx edx fs gs];
```

Your declaration of function mvCur and then redefinition of mvCur to a High-C-compatible function would look like this:

```
.
void mvCur(int,int);
.
#pragma aux (H_C) mvCur;.
.
```

Figure 3-1 shows the listing to the Watcom C 8.0 version of TPROTO.H.

```
/////////////////////////////////////
//
// TPROTO.H
//
// Function prototypes
//
/////////////////////////////////////

// include files here

#include <keyboard.h>
#include <ascii.h>
#include <tstruct.h>
#include <stddef.h>

// device header structure

struct    devhdr   {
    long       dh_next;
    short      dh_attr;
    unsigned short   dh_strat;
    unsigned short   dh_inter;
    char       dh_name[8];
};


/////////////////////////////////////
//
//
// Disk Routines
//
//
/////////////////////////////////////

long diskFree(void);
DSKINFO *diskInfo(DSKINFO *);
int getdrive(void);
void setdrive(int);

/////////////////////////////////////
//
//
// String Routines
//
//
/////////////////////////////////////

long atob(char *);
long atoh(char *);
void delChar(char *);
int findChar(int, char *);
void insChar(char *, char);
void insNum(char *,int);
```

```
char *memichr(char *,char,int);
char *ritoa(int,char *,int,int,char);
void strCjust(char *);
char *strins(char *,char *,int);
void stripblk(char *);
void strEnul(char *);
void strLjust(char *);
void strRjust(char *);
int strAnal(int *,int *,char *);
char *words(long,char *);
char *word0_19(int);
unsigned char crotl(unsigned char,int);
unsigned char crotr(unsigned char,int);


////////////////////////////////////////
//
//
// Keyboard Routines
//
//
////////////////////////////////////////

void caplkoff();
void caplkon();
char gtChar(void);
int gtKey(void);
char gtScan(void);
int gtKBstat(void);
int gtKBflag(void);
int gtKBflsh(int);
int inpflt(float *, int);
int inpnum(long *, int);
void insoff(void);
void inson(void);
int kbstuff(char);
void numlkoff(void);
void numlkon(void);
int prompt(char *, int);
int promptne(char *, int);
void scrlkoff(void);
void scrlkon(void);


////////////////////////////////////////
//
//
// Cursor Routines
//
//
////////////////////////////////////////

void gtCur(int *, int *);
int g_shape(void);
void mvCur(int, int);
void rmvCur(int, int);
```

```
void offCur(void);
void onCur(void);
void putCR(void);
void putLF(void);
void putCRLF(void);
void ssizeCur(void);
void rsizeCur(void);
void sizeCur(int, int);
void sCloc(void);
void s_shape(int);
void rCloc(void);
void wmvCur(WIND *, int, int);
```

```
//////////////////////////////////////
//
//
// Rectangle Routines
//
//
//////////////////////////////////////
```

```
RECT *setRect(RECT *, int, int, int, int);
void addRect(RECT *, RECT *);
void subRect(RECT *, RECT *);
void dupRect(RECT *, RECT *);
void dsyRect(RECT *);
void offRect(RECT *, int, int );
void boxRect(RECT *, int, int);
void shftRect(RECT *,int, int);
void expdRect(RECT *,int, int);
void clrRect(RECT *);
void fillRect(RECT *, int);
void saveRect(RECT *);
unsigned int sizeRect(RECT *);
void restRect(RECT *);
void scUp(RECT *, int, int);
void scDn(RECT *, int, int);
void cdecl aclrrect(int,int,int,int,int);
```

```
//////////////////////////////////////
//
//
// Sound Routines
//
//
//////////////////////////////////////
```

```
void beep(void);
void bleep(void);
void offSound(void);
void onSound(int);
```

```
///////////////////////////////////////
//
//
// Print Routines
//
//
///////////////////////////////////////

    int prChar(int,char);
    int prInit(int);
    int prScrn(int);
    int prScrnFF(int);
    int prStatus(int);
    int psadd(void *);
    int pscan(void);
    void far *psqueue(void);
    int psremv(int);
    int psrestrt(void);
    int psstat(void);


///////////////////////////////////////
//
//
// Screen Routines
//
//
///////////////////////////////////////

    void ascup(int,int,int,int,int,int,int);
    void bRScrn(void);
    void bSScrn(void);
    int button(char **, char **,int,int,char *,int,int);
    int buttonx(char **, char **, char **, int,int, char *, int,int);
    void clrpage(int, int);
    void copymono(void);
    void copypage(int,int);
    void dialog(char **, int, int, char * ,int);
    int dropmenu(char **, int, int);
    int drpmsmnu(char **, int, int);
    int funckeys(char **, int);
    int intense(int);
    int inverse(int);
    void *popmenu(char **, void **, int, int, char *, int, int);
    void putChr(char);
    void putCRLF(void);
    void putLF(void);
    void putCR(void);
    void putStr(char *);
    int cdecl scrdChar(int,int);
    void scrnClr(unsigned char);
    void vdAttr(int, int, int, int);
    void vdChar(int, int, int);
```

```
void vdChr(int, int, int);
void vdedit(char *, int, int, int, int, int);
void vdHoriz(int, int, int, int);
void vdpATTR(int, int, int, int, int);
void vdpChar(int, int, int, int);
void vdpChr(int, int, int, int);
void vdpHoriz(int, int, int, int, int);
int vdprmne(char *, int, int, int, int);
int vdprompt(char *,int, int, int, int);
void vdpVert(int, int, int, int, int);
void vdpWrite(int, int, int, int, char *, int);
void vdStr(int, int, int, char *, char);
void vdVert(int, int, int, int);
void vdWrite(int, int, int, char *, int);
void vidInit(void);
int vrdChar(int, int);
void wrChar(char, int);
void saveScrn(void);
void restScrn(void);

void cdecl scToken(short int);
void cdecl scChar(short int, short int, short int);
void cdecl scChr(short int, short int, char);
// void cdecl scWrite(short int, short int, short int,char *,short int);
// void cdecl scAttr(short int, short int, short int,short int);



//////////////////////////////////////
//
//
// Window Routines
//
//
//////////////////////////////////////


void clrWind(WIND *);
void dispWind(WIND *);
void dsyWind(WIND *);
void rdImg(WIND *);
void rdWind(WIND *);
void remvWind(WIND *);
void setAttr(WIND *, int);
void setBord(WIND *, int);
void setTitle(WIND *,char *);
WIND *setWind(WIND *, int,int,int,int);
void strtWind(WIND *);
unsigned int sizeImg(WIND *);
void wmvCur(WIND *, int, int);
void wrBox(WIND *);
void wrImg(WIND *);
void wrWind(WIND *);
```

```
void wvdAttr(WIND *, int, int, int,char);
void wvdHoriz(WIND *,int,int,int,int);
int wvdprmne(WIND *, char *, int, int, int, int);
int wvdprmpt(WIND *, char *, int, int, int, int);
void wvdVert(WIND *, int,int,int,int);
void wvdScdn(WIND *, int);
void wvdScup(WIND *, int);
void wvdStr(WIND *, int, int, int, char *, char);
void wvdWrite(WIND *, int, int, int, char *, char);
int wvrdChar(WIND *, int, int);


/////////////////////////////////////////
//
//
// New Window Routines
//
//
/////////////////////////////////////////

void clrtWind(TWIND *);
void disptWin(TWIND *);
void remvtWin(TWIND *);
void settAttr(TWIND *,int);
void settBord(TWIND *,int);
void settTitl(TWIND *, char *);
TWIND *setttWin(TWIND *, int, int, int, int,unsigned int *);
void strttWin(TWIND *);
void tvdAttr(TWIND *, int, int, int, char);
void tvdHoriz(TWIND *, int, int, int, int);
void tvdVert(TWIND *, int, int, int, int);
void tvdWrite(TWIND *, int, int, int, char *, char);
int tvrdChar(TWIND *, int, int);


/////////////////////////////////////////
//
//
// Miscellaneous Routines
//
//
/////////////////////////////////////////

unsigned long bitfld(unsigned long, int, int);
int bitflds(unsigned long, int, int, char *);
void Delay(int, int);
int isqrt(long);
int mkToken(int,int);
int mkAttr(int, int, int, int);
int numpport(void);
int numsport(void);
void setpage(int);
void smbits(int, int, char *, int);
void smbitsv(int, int, unsigned long, int, int);
void sudchar(int, int, int, int);
void ascup(int, int, int, int,int,int,int);
```

3-1 Continued.

```
void gtMode(int *, int *, int *);
void rLpen(LIGHT_PEN *);
int ramSize(void);
void exit_bad(char *);


void DispErr(void);
void ErasErr(void);


// calling convention pragmas
// tell compiler that these
// routines use Microsoft naming
// and on register calling
// conventions

#pragma aux (cdecl) vidInit;

#pragma aux (cdecl) diskFree;
#pragma aux (cdecl) diskInfo;
#pragma aux (cdecl) getdrive;
#pragma aux (cdecl) setdrive;

#pragma aux (cdecl) atob;
#pragma aux (cdecl) atoh;
#pragma aux (cdecl) delChar;
#pragma aux (cdecl) findChar;
#pragma aux (cdecl) insChar;
#pragma aux (cdecl) insNum;
#pragma aux (cdecl) memichr;
#pragma aux (cdecl) msinit;
#pragma aux (cdecl) msstat;
#pragma aux (cdecl) mssetxy;
#pragma aux (cdecl) msstaeh1;
#pragma aux (cdecl) msstaeh2;
#pragma aux (cdecl) msstaeh3;
#pragma aux (cdecl) msvlim;
#pragma aux (cdecl) mssudeh;
#pragma aux (cdecl) msstpage;
#pragma aux (cdecl) msstirat;
#pragma aux (cdecl) msstgcur;
#pragma aux (cdecl) msstexar;
#pragma aux (cdecl) mssetmpr;
#pragma aux (cdecl) mssavetsr;
#pragma aux (cdecl) mssavems;
#pragma aux (cdecl) mssave;
#pragma aux (cdecl) msrmc;
#pragma aux (cdecl) msrestms;
#pragma aux (cdecl) msreleas;
#pragma aux (cdecl) mspress;
#pragma aux (cdecl) mson;
#pragma aux (cdecl) msoff;
#pragma aux (cdecl) mslpon;
```

```
#pragma aux (cdecl) mslpoff;
#pragma aux (cdecl) msinfo;
#pragma aux (cdecl) mshlim;
#pragma aux (cdecl) msgtsens;
#pragma aux (cdecl) msgtpage;
#pragma aux (cdecl) msgsbufs;
#pragma aux (cdecl) msgaeh;
#pragma aux (cdecl) ritoa;
#pragma aux (cdecl) strCjust;
#pragma aux (cdecl) strins;
#pragma aux (cdecl) stripblk;
#pragma aux (cdecl) strEnul;
#pragma aux (cdecl) strLjust;
#pragma aux (cdecl) strRjust;
#pragma aux (cdecl) strAnal;
#pragma aux (cdecl) words;
#pragma aux (cdecl) word0_19;
#pragma aux (cdecl) crotl;
#pragma aux (cdecl) crotr;

#pragma aux (cdecl) caplkoff;
#pragma aux (cdecl) caplkon;
#pragma aux (cdecl) gtChar;
#pragma aux (cdecl) gtKey;
#pragma aux (cdecl) gtScan;
#pragma aux (cdecl) gtKBstat;
#pragma aux (cdecl) gtKBflag;
#pragma aux (cdecl) gtKBflsh;
#pragma aux (cdecl) inpflt;
#pragma aux (cdecl) inpnum;
#pragma aux (cdecl) insoff;
#pragma aux (cdecl) inson;
#pragma aux (cdecl) kbstuff;
#pragma aux (cdecl) numlkoff;
#pragma aux (cdecl) numlkon;
#pragma aux (cdecl) prompt;
#pragma aux (cdecl) promptne;
#pragma aux (cdecl) scrlkoff;
#pragma aux (cdecl) scrlkon;

#pragma aux (cdecl) gtCur;
#pragma aux (cdecl) g_shape;
#pragma aux (cdecl) mvCur;
#pragma aux (cdecl) rmvCur;
#pragma aux (cdecl) offCur;
#pragma aux (cdecl) onCur;
#pragma aux (cdecl) putCR;
#pragma aux (cdecl) putLF;
#pragma aux (cdecl) putCRLF;
#pragma aux (cdecl) ssizeCur;
#pragma aux (cdecl) rsizeCur;
#pragma aux (cdecl) sizeCur;
#pragma aux (cdecl) sCloc;
#pragma aux (cdecl) s_shape;
```

3-1 Continued.

```
#pragma aux (cdecl) rCloc;
#pragma aux (cdecl) wmvCur;
#pragma aux (cdecl) *setRect;
#pragma aux (cdecl) addRect;
#pragma aux (cdecl) subRect;
#pragma aux (cdecl) dupRect;
#pragma aux (cdecl) dsyRect;
#pragma aux (cdecl) offRect;
#pragma aux (cdecl) boxRect;
#pragma aux (cdecl) clrRect;
#pragma aux (cdecl) fillRect;
#pragma aux (cdecl) saveRect;
#pragma aux (cdecl) sizeRect;
#pragma aux (cdecl) restRect;
#pragma aux (cdecl) scUp;
#pragma aux (cdecl) scDn;

#pragma aux (cdecl) beep;
#pragma aux (cdecl) bleep;
#pragma aux (cdecl) offSound;
#pragma aux (cdecl) onSound;

#pragma aux (cdecl) prChar;
#pragma aux (cdecl) prInit;
#pragma aux (cdecl) prScrn;
#pragma aux (cdecl) prScrnFF;
#pragma aux (cdecl) prStatus;
#pragma aux (cdecl) psadd;
#pragma aux (cdecl) pscan;
#pragma aux (cdecl) psqueue;
#pragma aux (cdecl) psremv;
#pragma aux (cdecl) psrestrt;
#pragma aux (cdecl) psstat;

#pragma aux (cdecl) ascup;
#pragma aux (cdecl) bRScrn;
#pragma aux (cdecl) bSScrn;
#pragma aux (cdecl) button;
#pragma aux (cdecl) buttonx;
#pragma aux (cdecl) clrpage;
#pragma aux (cdecl) copymono;
#pragma aux (cdecl) copypage;
#pragma aux (cdecl) dialog;
#pragma aux (cdecl) dropmenu;
#pragma aux (cdecl) drpmsmnu;
#pragma aux (cdecl) funckeys;
#pragma aux (cdecl) ense;
#pragma aux (cdecl) inverse;
#pragma aux (cdecl) popmenu;
#pragma aux (cdecl) putChr;
#pragma aux (cdecl) putCRLF;
#pragma aux (cdecl) putLF;
```

```
#pragma aux (cdecl) putCR;
#pragma aux (cdecl) putStr;
#pragma aux (cdecl) rdChar;
#pragma aux (cdecl) scrnClr;
#pragma aux (cdecl) vdAttr;
#pragma aux (cdecl) vdChar;
#pragma aux (cdecl) vdChr;
#pragma aux (cdecl) vdedit;
#pragma aux (cdecl) vdHoriz;
#pragma aux (cdecl) vdpATTR;
#pragma aux (cdecl) vdpChar;
#pragma aux (cdecl) vdpChr;
#pragma aux (cdecl) vdpHoriz;
#pragma aux (cdecl) vdprmne;
#pragma aux (cdecl) vdprompt;
#pragma aux (cdecl) vdpVert;
#pragma aux (cdecl) vdpWrite;
#pragma aux (cdecl) vdStr;
#pragma aux (cdecl) vdVert;
#pragma aux (cdecl) vdWrite;
#pragma aux (cdecl) vidInit;
#pragma aux (cdecl) vrdChar;
#pragma aux (cdecl) wrChar;
/*
#pragma aux (cdecl) saveScrn;
#pragma aux (cdecl) restScrn;
*/

#pragma aux (cdecl) clrWind;
#pragma aux (cdecl) dispWind;
#pragma aux (cdecl) dsyWind;
#pragma aux (cdecl) rdImg;
#pragma aux (cdecl) rdWind;
#pragma aux (cdecl) remvWind;
#pragma aux (cdecl) setAttr;
#pragma aux (cdecl) setBord;
#pragma aux (cdecl) setTitle;
#pragma aux (cdecl) setWind;
#pragma aux (cdecl) strtWind;
#pragma aux (cdecl) sizeImg;
#pragma aux (cdecl) wmvCur;
#pragma aux (cdecl) wrBox;
#pragma aux (cdecl) wrImg;
#pragma aux (cdecl) wrWind;
#pragma aux (cdecl) wvdAttr;
#pragma aux (cdecl) wvdHoriz;
#pragma aux (cdecl) wvdprmne;
#pragma aux (cdecl) wvdprmpt;
#pragma aux (cdecl) wvdVert;
#pragma aux (cdecl) wvdScdn;
#pragma aux (cdecl) wvdScup;
#pragma aux (cdecl) wvdStr;
/* #pragma aux (cdecl) wvdWrite; */
#pragma aux (cdecl) wvrdChar;
```

```
#pragma aux (cdecl) clrtWind;
#pragma aux (cdecl) disptWin;
#pragma aux (cdecl) remvtWin;
#pragma aux (cdecl) settAttr;
#pragma aux (cdecl) settBord;
#pragma aux (cdecl) settTitl;
#pragma aux (cdecl) settWin;
#pragma aux (cdecl) strttWin;
#pragma aux (cdecl) tvdAttr;
#pragma aux (cdecl) tvdHoriz;
#pragma aux (cdecl) tvdVert;
#pragma aux (cdecl) tvdWrite;
#pragma aux (cdecl) tvrdChar;

#pragma aux (cdecl) bitfld;
#pragma aux (cdecl) bitflds;
#pragma aux (cdecl) Delay;
#pragma aux (cdecl) isqrt;
#pragma aux (cdecl) mkToken;
#pragma aux (cdecl) mkAttr;
#pragma aux (cdecl) numpport;
#pragma aux (cdecl) numsport;
#pragma aux (cdecl) smbits;
#pragma aux (cdecl) smbitsv;
#pragma aux (cdecl) sud;
#pragma aux (cdecl) ascup;
#pragma aux (cdecl) gtMode;
#pragma aux (cdecl) rLpen;
#pragma aux (cdecl) ramSize;
#pragma aux (cdecl) exit_bad;
#pragma aux (cdecl) setpage;

#pragma aux (cdecl) getvec;
#pragma aux (cdecl) setvec;
#pragma aux (cdecl) setCE;

#pragma aux (cdecl) DispErr;
#pragma aux (cdecl) ErasErr;

//
// End of TPROTO.H
//
//////////////////////////////////////
```

TSTRUCT.H

TSTRUCT.H is shown in FIG. 3-2. I have chosen to use 32-bit ints in structures and modify the assembly bindings in order to accommodate the change from 16-bit ints to 32-bit ints.

```
/////////////////////////////////////
//
// TSTRUCT.H
//
// Structures & Function Defines
//
/////////////////////////////////////


// general purpose rectangle structure and defines

#define IMAGE unsigned int

/////////////////////////////////////
//
// WIND structure
//
// Description:
//   Structure which holds parameters
//   of window.
//
/////////////////////////////////////

typedef struct {
    int ul_row;                    // upper left row
    int ul_col;                    // upper left column
    int lr_row;                    // lower right row
    int lr_col;                    // lower right column
    unsigned int img_size;         // window img size
    unsigned int far *img_ptr;     // pointer scrn image
    unsigned int far *wind_ptr;    // pointer wind image
    int box_type;                  // border selection
    int attr;                      // window attribute
    int visible;                   // window on
    int top_offset;                // col offset title
    int top_length;                // length title str
    int show_top;                  // display title
    int bot_offset;                // col offset title
    int bot_length;                // length title str
    int show_bot;                  // display title
    char *t_title;                 // ptr to t title str
    char *b_title;                 // ptr to b title str
} WIND;

/////////////////////////////////////
//
// TWIND structure
//
// Description:
//   Structure which holds parameters
//   of window.
//
/////////////////////////////////////
```

3-2 Continued.

```
typedef struct {
    int ul_row;                  // upper left row
    int ul_col;                  // upper left column
    int lr_row;                  // lower right row
    int lr_col;                  // lower right column
    unsigned int *img_ptr;       // pointer scrn image
    int box_type;                // border selection
    int attr;                    // window attribute
    int visible;                 // window on
    int show_top;                // display title
    char *t_title;               // ptr to t title str
} TWIND;


///////////////////////////////////////
//
// DSKINFO structure
//
// Description:
//  Structure which holds disk information
//
///////////////////////////////////////

typedef struct {
    unsigned char media_descr;   // media descriptor byte
    unsigned int clust_avail;    // # of free clusters on disk
    unsigned int clust_total;    // total # of clusters on disk
    unsigned int sec_p_clust;    // # of sectors per cluster
    unsigned int bytes_p_sec;    // # of bytes per sector
} DSKINFO;


///////////////////////////////////////
//
// VIDEO structure
//
// Description:
//  Video information
//
///////////////////////////////////////


typedef struct {
    int mode;                    // video mode
    int row_width;               // columns per row
    int page;                    // video page
    unsigned int far *scrn;      // pointer to video RAM
} VIDEO;


///////////////////////////////////////
//
// RECT structure definition
//
///////////////////////////////////////
```

```c
typedef struct {
   // upper left row
   int ul_row;

   // upper left column
   int ul_col;

   // lower right row
   int lr_row;

   // lower right column
   int lr_col;

   // pointer to screen image
   unsigned int *image;
} RECT;

/////////////////////////////////////////
//
// CUR_LOCATION structure
//
// Description:
//   Cursor Location
//
/////////////////////////////////////////


typedef struct {
   int row;                         // cursor row
   int column;                      // cursor column
} CUR_LOCATION;


/////////////////////////////////////////
//
// LIGHT_PEN structure
//
// Description:
//   Structure which holds light pen
//   information.
//
/////////////////////////////////////////


typedef struct {
   int status;                      // pen down or up
   int pix_col;                     // pixel column
   int pix_row1;                    // pixel row
   int pix_row2;                    // pixel row
   int ch_row;                      // character row
   int ch_col;                      // character column
}   LIGHT_PEN;
```

3-2 Continued.

```
//////////////////////////////////
//
// Defines for WRBOX
//
//////////////////////////////////


#define S_S_S_S  0
#define S_S_D_D  1
#define D_D_S_S  2
#define D_D_D_D  3


//////////////////////////////////
//
// Defines for MKATTR
//
//////////////////////////////////

#define BLACK    0
#define BLUE     1
#define GREEN    2
#define CYAN     3
#define RED      4
#define MAGENTA 5
#define BROWN    6
#define WHITE    7
#define NORMAL   7
#define REVERSE 112

#define ON_INTENSITY  8
#define OFF_INTENSITY 0
#define ON_BLINK      128
#define OFF_BLINK     0


//////////////////////////////////
//
// Defines for scroll
//
//////////////////////////////////


#define UP_SCROLL   6
#define DOWN_SCROLL 7


//////////////////////////////////
//
// Defines for printer
//
//////////////////////////////////

#define PRINT_TIME_OUT  1
#define IO_ERROR        4
```

```c
#define PRINT_SELECTED  8
#define OUT_OF_PAPER    16
#define ACKNOWLEDGE     32
#define PRINT_NOT_BUSY  64
```

```
///////////////////////////////////
//
//   defines for flush kb buffer and get char
//
///////////////////////////////////
```

```c
#define ON_ECHO_CTRL     1  // on char echo and control-c enabled
#define OFF_ECHO_CTRL_C 7  // off echo and control-c disabled
#define OFF_ECHO         8  // off echo and control-c enabled
```

```
///////////////////////////////////
//
//   defines for kb shift status
//
///////////////////////////////////
```

```c
#define RIGHT_SHIFT 1
#define LEFT_SHIFT  2
#define CTRL_PRESS  4
#define ALT_PRESS   8
#define SCROLL_LOCK 16
#define NUM_LOCK    32
#define CAPS_LOCK   64
#define INSERT_ON   128
```

```
///////////////////////////////////
//
//   defines for MENU routines
//
///////////////////////////////////
```

```c
#define CENTER    0xff
#define NUMBERED  1
#define RESETROW  2
```

```
///////////////////////////////////
//
//   defines for vdEdit
//
///////////////////////////////////
```

```c
#define UPPER 1
```

```
#define LOWER 2
#define NAME  3


///////////////////////////////////////
//
//    defines for mouse routines
//
///////////////////////////////////////

#define LEFTBUTTON   1
#define RIGHTBUTTON  2
#define CNTRBUTTON   4


//
// End of TSTRUCT.H
//
///////////////////////////////////////
```

KEYBOARD.H

KEYBOARD.H, shown in FIG. 3-3, defines many keys and keyboard combinations, which facilitates the development of specialized keyboard handlers.

3-3 The listing to KEYBOARD.H.

```
///////////////////////////////////////
//
// HEYBOARD.H
//
// Description:
//
//  Defintions of keyboard 16 bit codes
//
//
//  Included in TPROTO.H
//
///////////////////////////////////////

// special key codes

#define INSERT       0x5200
#define DELETE       0x5300
#define SPACE        0x3920
#define ESC          0x011b
#define ESCAPE       0x011b
#define PGDN         0x5100
#define PGUP         0x4900
```

```c
#define PERIOD          0x342e
#define TAB             0x0f09
#define RT_SQUARE       0x1b5d
#define LT_SQUARE       0x1a5b
#define RT_BRACKET      0x1b7d
#define LT_BRACKET      0x1a7b
#define CNTL_HOME       0x7700
#define CNTL_END        0x7500
#define CNTL_ENTER      0x1c0a
#define CNTL_BS         0x0e7f
#define HOME            0x4700
#define END             0x4f00
#define s_BS            0x0008
#define BS              0x0e08
#define BACKSPACE       0x0e08
#define s_CR            0x000d
#define CR              0x1c0d
#define ENTER           0x1c0d
#define UP_ARROW        0x4800
#define RIGHT_ARROW     0x4d00
#define LEFT_ARROW      0x4b00
#define DOWN_ARROW      0x5000

// function key codes

#define F1              0x3b00
#define F2              0x3c00
#define F3              0x3d00
#define F4              0x3e00
#define F5              0x3f00
#define F6              0x4000
#define F7              0x4100
#define F8              0x4200
#define F9              0x4300
#define F10             0x4400

// shift special keys

#define SHIFT_TAB       0x0f00
#define SHIFT_HOME      0x4737
#define SHIFT_END       0x4f31
#define SHIFT_INSERT    0x5230
#define SHIFT_DELETE    0x532e
#define SHFT_INSERT     0x5230

// shift functions keys

#define SHFT_F1         0x5400
#define SHFT_F2         0x5500
#define SHFT_F3         0x5600
#define SHFT_F4         0x5700
#define SHFT_F5         0x5800
#define SHFT_F6         0x5900
#define SHFT_F7         0x5a00
```

3-3 Continued.

```
#define SHFT_F8      0x5b00
#define SHFT_F9      0x5c00
#define SHFT_F10     0x5d00

// shift arrow keys

#define SH_R_ARROW   0x4d36
#define SH_L_ARROW   0x4b34
#define SH_U_ARROW   0x4838
#define SH_D_ARROW   0x5032

// control function keys

#define CNTL_F1      0x5e00
#define CNTL_F2      0x5f00
#define CNTL_F3      0x6000
#define CNTL_F4      0x6100
#define CNTL_F5      0x6200
#define CNTL_F6      0x6300
#define CNTL_F7      0x6400
#define CNTL_F8      0x6500
#define CNTL_F9      0x6600
#define CNTL_F10     0x6700
#define CNTL_LEFTA   0x7300
#define CNTL_RIGHTA  0x7400

// alt function keys

#define ALT_F1       0x6800
#define ALT_F2       0x6900
#define ALT_F3       0x6a00
#define ALT_F4       0x6b00
#define ALT_F5       0x6c00
#define ALT_F6       0x6d00
#define ALT_F7       0x6e00
#define ALT_F8       0x6f00
#define ALT_F9       0x7000
#define ALT_F10      0x7100

// alt alpha keys

#define ALT_A        0x1e00
#define ALT_B        0x3000
#define ALT_C        0x2e00
#define ALT_D        0x2000
#define ALT_E        0x1200
#define ALT_F        0x2100
#define ALT_G        0x2200
#define ALT_H        0x2300
#define ALT_I        0x1700
#define ALT_J        0x2400
#define ALT_K        0x2500
```

```c
#define ALT_L          0x2600
#define ALT_M          0x3200
#define ALT_N          0x3100
#define ALT_O          0x1800
#define ALT_P          0x1900
#define ALT_Q          0x1000
#define ALT_R          0x1300
#define ALT_S          0x1f00
#define ALT_T          0x1400
#define ALT_U          0x1600
#define ALT_V          0x2f00
#define ALT_W          0x1100
#define ALT_X          0x2d00
#define ALT_Y          0x1500
#define ALT_Z          0x2c00

// control alpha keys

#define CNTL_A         0x1e01
#define CNTL_B         0x3002
#define CNTL_C         0x2e03
#define CNTL_D         0x2004
#define CNTL_E         0x1205
#define CNTL_F         0x2106
#define CNTL_G         0x2207
#define CNTL_H         0x2308
#define CNTL_I         0x1709
#define CNTL_J         0x240a
#define CNTL_K         0x250b
#define CNTL_L         0x260c
#define CNTL_M         0x320d
#define CNTL_N         0x310e
#define CNTL_O         0x180f
#define CNTL_P         0x1910
#define CNTL_Q         0x1011
#define CNTL_R         0x1312
#define CNTL_S         0x1f13
#define CNTL_T         0x1414
#define CNTL_U         0x1615
#define CNTL_V         0x2f16
#define CNTL_W         0x1117
#define CNTL_X         0x2d18
#define CNTL_Y         0x1519
#define CNTL_Z         0x2c1a

// numbers

#define K_0            0x0b30
#define K_1            0x0231
#define K_2            0x0332
#define K_3            0x0433
#define K_4            0x0534
#define K_5            0x0635
#define K_6            0x0736
```

```
#define K_7          0x0837
#define K_8          0x0938
#define K_9          0x0a39

// alt numbers

#define ALT_0        0x8100
#define ALT_1        0x7800
#define ALT_2        0x7900
#define ALT_3        0x7a00
#define ALT_4        0x7b00
#define ALT_5        0x7c00
#define ALT_6        0x7d00
#define ALT_7        0x7e00
#define ALT_8        0x7f00
#define ALT_9        0x8000

// more special keys

#define K_SPACE   0x3920
#define K_EXCLAM  0x0221
#define K_QUOTE   0x2822
#define K_POUND   0x0423
#define K_DOLLAR  0x0524
#define K_PERCENT 0x0625
#define K_AND     0x0826
#define K_APOST   0x2827
#define K_LPAREN  0x0A28
#define K_RPAREN  0x0B29
#define K_STAR    0x092A
#define K_PLUS    0x0D2B
#define K_COMMA   0x332C
#define K_MINUS   0x0C2D
#define K_PERIOD  0x342E
#define K_FSLASH  0x352F
#define K_COLON   0x273A
#define K_SCOLON  0x273B
#define K_LESS    0x333C
#define K_EQUAL   0x0D3D
#define K_GREAT   0x343E
#define K_QUEST   0x353F
#define K_AMPER   0x0340

// upper case keys

#define K_A          0x1E61 - 0x20
#define K_B          0x3062 - 0x20
#define K_C          0x2E63 - 0x20
#define K_D          0x2064 - 0x20
#define K_E          0x1265 - 0x20
#define K_F          0x2166 - 0x20
#define K_G          0x2267 - 0x20
```

```
#define K_H        0x2368 - 0x20
#define K_I        0x1769 - 0x20
#define K_J        0x246A - 0x20
#define K_K        0x2568 - 0x20
#define K_L        0x266C - 0x20
#define K_M        0x326D - 0x20
#define K_N        0x316E - 0x20
#define K_O        0x186F - 0x20
#define K_P        0x1970 - 0x20
#define K_Q        0x1071 - 0x20
#define K_R        0x1372 - 0x20
#define K_S        0x1F73 - 0x20
#define K_T        0x1474 - 0x20
#define K_U        0x1675 - 0x20
#define K_V        0x2F76 - 0x20
#define K_W        0x1177 - 0x20
#define K_X        0x2D78 - 0x20
#define K_Y        0x1579 - 0x20
#define K_Z        0x2C7A - 0x20

// more special keys

#define K_LBRACK   0x1A5B
#define K_BSLASH   0x2B5C
#define K_RBRACK   0x1B5D
#define K_KARAT    0x075E
#define K_UNDER    0x0C5C

// lower case keys

#define K_a        0x1E61
#define K_b        0x3062
#define K_c        0x2E63
#define K_d        0x2064
#define K_e        0x1265
#define K_f        0x2166
#define K_g        0x2267
#define K_h        0x2368
#define K_i        0x1769
#define K_j        0x246A
#define K_k        0x2568
#define K_l        0x266C
#define K_m        0x326D
#define K_n        0x316E
#define K_o        0x186F
#define K_p        0x1970
#define K_q        0x1071
#define K_r        0x1372
#define K_s        0x1F73
#define K_t        0x1474
#define K_u        0x1675
#define K_v        0x2F76
#define K_w        0x1177
```

3-3 Continued.

```
#define K_x        0x2D78
#define K_y        0x1579
#define K_z        0x2C7A
```

```
//
// End of KEYBOARD.H
//
/////////////////////////////////////
```

ASCII.H

ASCII.H, shown in FIG. 3-4, contains some common definitions.

3-4 The listing to ASCII.H.

```
/////////////////////////////////////
//
// ASCII.H
//
// Description:
//  Common ascii descriptions which
//  use an 'a' prefix. This is done
//  to prevent duplicate definitions.
//
//  These definitions are used in library
//  files.
//
//  This file in included in TPROTO.H.
//
/////////////////////////////////////
```

```
#define    aNUL     0  //       null \0 delimeter
#define    aSOH     1  // ^A - start of heading
#define    aSTX     2  // ^B - start of text
#define    aETX     3  // ^C - end of text
#define    aEOT     4  // ^D - end of transmission
#define    aENQ     5  // ^E - inquiry
#define    aACK     6  // ^F - affirm acknowledgement
#define    aBEL     7  // ^G - audible bell
#define    aBS      8  // ^H - backspace
#define    aTAB     9  // ^I - horizontal tab
#define    aLF     10  // ^J - line feed
#define    aVT     11  // ^K - vertical tab
#define    aFF     12  // ^L - form feed
#define    aCR     13  // ^M - carriage return
#define    aSO     14  // ^N - shift out
#define    aSI     15  // ^O - shift in
#define    aDCE    16  // ^P - data link escape
#define    aDC1    17  // ^Q - device control 1
```

```c
#define    aDC2        18 // ^R - device control 2
#define    aDC3        19 // ^S - device control 3
#define    aDC4        20 // ^T - device control 4
#define    aNAK        21 // ^U - neg acknowledge
#define    aSYN        22 // ^V - synchronous idle
#define    aETB        23 // ^W - end of transmission
#define    aCAN        24 // ^X - cancel
#define    aEM         25 // ^Y - end of medium
#define    aSUB        26 // ^Z - substitute
#define    aESC        27 //      escape
#define    aFS         28 //      file sererator
#define    aGS         29 //      group seperator
#define    aRS         30 //      record seperator
#define    aUS         31 //      unlinked seperator
#define    aSPC        32 //      space

#define    aCODE       94 // ^ indicates printer command follows
#define    aHCR        aEOT // Hard carriage return
#define    aCENTER     'C' // code to center line
#define    aDOUBLE     'D' // double strike toggle
#define    aEXPAND     'E' // emphasize toggle
#define    aSUPERS     'S' // superscript toggle
#define    aITALIC     'I' // italics toggle
#define    aBOLD       'B' // bold toggle

#define    aTRUE       1  // true
#define    aFALSE      0  // false

#define    ONE_COL     1  // 1 column format
#define    TWO_COL     2  // 2 column format
#define    ONE_TOP     3
#define    TWO_TOP     4
#define    ONE_BOT     5
#define    TWO_BOT     6
#define    TWO_LR      7
#define    TWO_R       8
#define    TWO_UR      9
#define    TWO_TB      10
#define    VONE_COL    11 // word per chart format
#define    XONE_COL    81 // 1 column format
#define    XTWO_COL    82 // 2 column format
#define    XTHREE_COL  83 // 3 column format
#define    XONE_TOP    84
#define    XTWO_TOP    85
#define    XTHREE_TOP  86
#define    XONE_BOT    87
#define    XTWO_BOT    88
#define    XTHREE_BOT  89
#define    XTHREE_LR   90
#define    XTHREE_R    91
#define    XTHREE_P1   92
#define    XTHREE_P2   93
#define    XTHREE_TB   94
#define    XTHREE_UR   95
```

3-4 Continued.

```
#define    XTHREE_2T  96
#define    XTHREE_2B  97

//
// End of ASCII.H
//
///////////////////////////////////////////
```

Summary

Now that the TPROTO.H, TSTRUCT.H, KEYBOARD.H and ASCII.H header files have been presented. It's time to begin the actual library-building process. The definitions presented in these files will be used throughout this book and will speed the development of all the library functions and the suite of programs that will demonstrate the performance of every function.

4
Library routines:
Controlling the cursor

For the most part, controlling the blinking cursor is a simple operation that is accomplished through the use of BIOS interrupt 10H's various functions. Please note, however, that it is not within the scope of this book to present a comprehensive list of the BIOS interrupt functions with their appropriate register-calling conventions. There are many fine DOS programmer's reference manuals that cover BIOS and DOS information.

Ten cursor-control functions are presented in this chapter:

gtCur(...)	Gets current cursor location
mvCur(...)	Moves cursor to row and column
rmvCur(...)	Moves cursor relative to current location
sCloc(...)	Saves current cursor location
rCloc(...)	Restores previously saved cursor location
offCur(...)	Turns off the cursor
onCur(...)	Turns on the cursor
sizeCur(...)	Sets cursor size
ssizeCur(...)	Saves current cursor size
rsizeCur(...)	Restores previously saved cursor size

One final note: the syntax for most functions is clearly demarked in the demonstration program's source code. Most function presentations are followed by a demonstration program showing how the function is called and works. Overall, each of these function-demonstration programs combine to form a TAB-library-validation suite. When a function has been deemed as complex, a separate syntactic description will be presented in the function description section. Examining each demonstration program is the best way to understand how each function is called.

Get cursor location
Function: gtCur(...)

Note that the gtCur(...) function uses the Watcom C 8.0 int386 function, as compared to the int86 function used by the 16-bit compiler group.

GTCUR.C, shown in FIG. 4-1, is the source code for the gtCur(...) function. Let's compile GTCUR.C using the WCL386 compile-and-link utility program. When I am building a library I create a batch file for compiling

4-1 The source code listing to GTCUR.C.

```
///////////////////////////////////////
//
// GTCUR.C
//
// Description:
//  Gets the current current cursor
//  location on page 0
//
// Entry:
//  int *row -> current row
//  int *col -> current column
//
///////////////////////////////////////

#include <dos.h>
#include <tproto.h>

void
gtCur(int *row,int *col)
{
union REGS ir,or;
ir.h.bh = 0;
ir.h.ah = 3;
int386(0x10,&ir,&or);
*row = (int)or.h.dh;
*col = (int)or.h.dl;
}
```

and linking operations. For compiling the source code to library modules I use a batch file called CC.BAT. This simple file is:

```
wcl386 /c %1.c
```

The /c switch tells WCL386 to invoke the compiler and not the linker. To compile GTCUR.C simply type:

```
CC GTCUR
```

and press the Enter key. The WCL386 compile-and-link utility will do the rest.

To add the object module to a library I use another batch file called WADDLIB.BAT. The "W" stands for Watcom in this batch file. I have other ADDLIB-type batch files for different library manager programs. This way I don't have to remember the specific syntax for each library manager program. It is much easier for me to remember the batch file names. For example, the Phar Lap package contains a library-manager program. Let's have a look at the ADDLIB.BAT file for Phar Lap:

```
386lib \ book \ lib \ tab -ADD %1 %2 %3 %4 %5 %6
```

Let's look at the WADDLIB.BAT file for the Watcom library-manager program:

```
wlib \ book \ lib \ tab + %1
```

If I wanted to use the Phar Lap library-manager program to add GTCUR.OBJ to TAB.LIB I'd simply type

```
ADDLIB gtcur
```

and press the Enter key. If I decided to use the Watcom library-manager program to add the GTCUR.OBJ to TAB.LIB, I'd simply type

```
WADDLIB gtcur
```

and press the Enter key. Note that the syntax of the library manager for the Watcom linker and the Phar Lap linker are very different. As you can see, however, batch files can make it easy to use different compilers, linkers, or library managers.

Now that you've created and added the GTCUR.OBJ object module to your TAB.LIB file, it's time to present the program to test the gtCur(...) function. This program is called CUR1.C and is shown in FIG. 4-2.

```
///////////////////////////////////
//
// CUR1.C
//
// Description:
//   Tests function gtCur(...)
//
///////////////////////////////////

// include files here

#include <stdio.h>
#include <tproto.h>

void main(void);

void
main()
{
int row,col;

// get current cursor position

gtCur(&row,&col);

// report cursor position to screen

printf("\nRow=%02d Col=%02d\n",row,col);

}
```

Using WCL386 to compile and link CUR2.C is very easy. I've created a batch file called CCL.BAT to invoke the compile-and-link utility program. CCL.BAT is:

```
wcl386 %1 c:\book\lib\tab.lib
```

As you can see, WCL386 compiles parameter %1 and links the .OBJ file with the TAB.LIB file. To compile and link CUR1.C using CCL.BAT simply type

```
CCL CUR1
```

and press the Enter key. Once the compiler and linker have done their magic you'll find a file named CUR1.EXP on your disk. To run this file using the Phar Lap DOS extender simply type

```
RUN386 CUR1
```

and press the Enter key. CUR1.EXP will run as expected.

In the descriptions for subsequent functions I will not present the batch files again. I'll refer to them by name. If you are using High C or some other 32-bit C compiler simply create batch files with the same name that invoke the appropriate program-development tools with the appropriate tool syntax.

Move the cursor
Function: mvCur(...)

The mvCur(...) function was discussed earlier in the book. It is presented here in its proper place for inclusion in your TAB.LIB protected mode library. This version of MVCUR.ASM shown in FIG. 4-3 will be assembled using Microsoft's MASM 5.1.

As with the WCL386 compile-and-link utility I have created a batch file to assemble my source using MASM 5.1. The batch file AMASM.BAT looks like this:

```
MASM /ML %1;
```

To invoke MASM to assemble MVCUR.ASM using AMASM.BAT simply type

```
AMASM MVCUR
```

and press the Enter key. MVCUR will assemble in virtually no time at all (ah, the pleasures of assemblers!) and you may add the MVCUR.OBJ object module to your TAB.LIB library file using the WADDLIB.BAT file presented earlier.

Now that you've assembled MVCUR.ASM and added MVCUR.OBJ to your library it's time to see if it works as billed. Compile CUR2.C, shown in FIG. 4-4, and link the resultant CUR2.OBJ object module with your TAB.LIB file. Running CUR2.EXP demonstrates how to move the cursor to a specified row and column location.

Relative move of cursor
Function: rmvCur(...)

There will be times when you might want to move the cursor to a position relative to its current location. I know that I've used a routine like this in certain parts of data-entry routines. Function rmvCur(...) uses both gtCur(...) and mvCur(...) to do the trick. The process is quite simple:

1. Get the current cursor location
2. Adjust row and column by offsets passed as parameters to rmvCur(...)
3. Move the cursor to new location

4-3 The source code listing to MVCUR.ASM.

```
;////////////////////////////////////
;//
;// MVCUR.ASM
;//
;// Description:
;//  Moves cursor
;//
;// Entry:
;//  P1 short int row
;//  P2 short int col
;//
;////////////////////////////////////////

; declare 80386 code

  .386

; parameters

row    EQU [EBP+8]
column EQU [EBP+12]

; declare model & code segment

  DOSSEG

  .MODEL SMALL

  .CODE

; declare _mvCur public

  PUBLIC  _mvCur

; begin procedure

_mvCur PROC
    push  EBP        ; set stack frame
    mov   EBP,ESP
    mov   AH,0Fh     ; get current vid page to BH
    int   10h        ; via BIOS
    mov   DH,row     ; parameter 1 -> DH
    mov   DL,column  ; parameter 2 -> DL
    mov   AH,2       ; move cursor
    int   10H        ; via BIOS
    mov   ESP,EBP    ; restore
    pop   EBP
    ret
_mvCur ENDP
    END
```

4-4 The source code listing to CUR2.C.

```
///////////////////////////////////////
//
// CUR2.C
//
// Description:
//   Tests function mvCur(...)
//
///////////////////////////////////////

// include files here

#include <stdio.h>
#include <tproto.h>

void main(void);

void
main()
{
int row,col;

// move cursor to row 10, col 10

mvCur(10,10);

// get the current cursor location

gtCur(&row,&col);

// report current cursor location to the screen

printf("\nRow=%02d Col=%02d\n",row,col);

}
```

RMVCUR.C, shown in FIG. 4-5 on page 68, is the source code for the rmv-Cur(...) function. Once you've created the file, compile it and add the resultant object module to your TAB.LIB file.

Now that the RMVCUR.OBJ object module has been safely tucked away in your TAB.LIB file, it's time to test rmvCur(...)'s functionality. Compile CUR3.C, shown in FIG. 4-6 on page 69, and link the resultant CUR3.OBJ object module with your TAB.LIB file. Running CUR3.EXP demonstrates how to move the cursor to a position relative to the current cursor location.

Save and restore cursor location
Functions: sCloc(...), rCloc(...)

There are times when you will need to save the cursor location, commence an operation requiring movement of the cursor, and then restore the cursor to its original location. If you wished, you could use gtCur(...) and save

```
//////////////////////////////////////
//
// RMVCUR.C
//
// Description:
//  Moves the cusor relative to the current
//  cursor location
//
// Entry:
//   int r_offset -> row offset
//   int c_offset -> col offset
//
//////////////////////////////////////

#include <tproto.h>

void
rmvCur(int r_offset,int c_offset)
{
int row,column;
gtCur(&row,&column);
row += r_offset;
column += c_offset;
mvCur(row,column);
}
```

the row and column location of the cursor to memory. Then when you wanted to restore the cursor's original location you could simply use mvCur(...) to restore the cursor's location. Or you could use the sCloc(...) and rCloc(...) functions.

In a sense, sCloc(...) and rCloc(...) provide a quick shortcut to saving and restoring the cursor's location. The sCloc(...) function gets the current cursor location and stores it to *static memory* (local to a source file). The rCloc(...) function grabs the cursor's row and column values from static memory and then moves the cursor as directed by those previously saved values. Basically, sCloc(...) and rCloc(...) are program development time-saver functions.

SCLOC.C, shown in FIG. 4-7 on page 70, contains the source code for both sCloc(...) and rCloc(...). Compile SCLOC.C and add the resultant SCLOC. OBJ object module to your TAB.LIB file.

The program CUR4.C, shown in FIG. 4-8 on page 71, demonstrates the use of the sCloc(...) and rCloc(...) functions. Compile CUR4.C and link the resultant CUR4.OBJ object module with your TAB.LIB file. Running CUR4.EXP demonstrates how to save the current cursor location, change the cursor location, and restore the cursor to the previously saved cursor location.

4-6 The source code listing to CUR3.C.

```
/////////////////////////////////////////
//
// CUR3.C
//
// Description:
//   Tests function rmvCur(...)
//
/////////////////////////////////////////

// include files here

#include <stdio.h>
#include <tproto.h>

void main(void);

void
main()
{
int row,col;

// move the cursor to row 0, col 0

mvCur(0,0);

// incrementing by row and col

for(row=0,col=0;row<23;row++,col++)
   {

   // move cursor to row & col
   mvCur(row,col);

   // print message to screen starting at row, col
   printf("This line starts at row %02d, column %02d",row,col);

   }

}
```

Turn cursor on and off
Functions: onCur(...), offCur(...)

There are certain screen displays that look, from an aesthetic viewpoint, much prettier with the cursor turned off. In effect, the cursor functions as a magnet for the user's eyes and will seek to grab the user's attention. That is all well if the cursor is at the screen's focus. If the screen, say, is just popping up an information window, the blinking cursor can really prove to be a distraction.

```
///////////////////////////////////////
//
// SCLOC.C
//
// Description:
//
//   Saves and restores the current cursor
//   location
//
///////////////////////////////////////

// include files here

#include <dos.h>
#include <tproto.h>

// variables local to this file

static unsigned char c_row;
static unsigned char c_col;

// save the current cursor location

void
sCloc()
{
union REGS ir,or;
ir.h.ah = 0x03;
ir.h.bh = 0x00;
int386(0x10,&ir,&or);
c_row = or.h.dh;
c_col = or.h.dl;
}

// restore previously saved cursor location

void
rCloc()
{
mvCur((int)c_row,(int)c_col);
}
```

The onCur(...) function turns the cursor on, which means it is visible. The offCur(...) function turns the cursor off, which means it is invisible. ONCUR.C, shown in FIG. 4-9, is the source code for onCur(...) and offCur(...). Compile ONCUR.C and add the resultant object module ONCUR.OBJ to your TAB library.

Note that onCur(...) and offCur(...) call functions named s_shape(...) and g_shape(...). These two functions are assembly files and are shown in FIGS. 4-10 and 4-11, respectively. Assemble both S_SHAPE.ASM and G_SHAPE.ASM and add the resultant object modules to your TAB library.

```
///////////////////////////////////////
//
// CUR4.C
//
// Description:
//   Tests function sCloc(...)
//                   rCloc(...)
//
///////////////////////////////////////

// include files here

#include <stdio.h>
#include <tproto.h>

void main(void);

void
main()
{
int row,col;

// save the current cursor location

sCloc();

// set cursor to page top

mvCur(5,40);

// print message to the screen at row 5 col 40

printf("Message printed at 5,40");

// restore proviously saved cursor location

rCloc();

}
```

The program CUR5.C, shown in FIG. 4-12, tests whether onCur(...) and offCur(...) function properly. Compile CUR5.C and link the resultant CUR5.OBJ object module with your TAB.LIB file. Running CUR5.EXP shows how to turn the cursor on and off.

Change cursor size
Function: sizeCur(...)

The sizeCur(...) function permits you to change the cursor's size. Depending on the graphics card in your computer, a blinking cursor can basically

```
/////////////////////////////////////
//
// ONCUR.C
//
// Description:
//   Turns the cursor on
//
/////////////////////////////////////

// include files here

#include <stdio.h>
#include <tproto.h>

// defines here

#define C_MASK 0x2000

// externs here

extern void s_shape(int);
extern int g_shape(void);

void
onCur()
{
s_shape(g_shape() & ~C_MASK);
}


/////////////////////////////////////
//
// offCur(...)
//
// Description:
//   Turns the cursor off
//
/////////////////////////////////////

void
offCur()
{
s_shape(g_shape() | C_MASK);
}
```

assume a rectangular shape of varying height. In the CGA mode the cursor cell contains eight rows and in the EGA mode the cursor contains 14 rows. Note how these numbers correspond with the character cell height of the CGA and EGA text displays.

4-10 The source code listing to S_SHAPE.ASM.

```
;/////////////////////////////////////////
;//
;//   S_SHAPE.ASM
;//
;// Description;
;//        Restore cursor shape

;// 386 instructions

    .386

;// first parameter

shape     EQU [EBP+8]

;// new style directives

    DOSSEG

    .MODEL SMALL

    .CODE

    PUBLIC  _s_shape

_s_shape PROC
    push  EBP
    mov   EBP,ESP
    mov   CX,shape       ; cur shape -> CX
    mov   AH,1           ; set chape func
    int   10H            ; video bios
    mov   ESP,EBP
    pop   EBP
    ret
_s_shape ENDP

    END
```

It is very simple to change the cursor's size. You pass the top scan row (beginning with 0 at the top) and the end scan row (the bottom of the cursor) to the sizeCur(...) function. The cursor's size then changes. Changing the cursor size can add sophistication to your display. For example, let's say that you are writing a text editor and that this editor has a character insert mode and a character overstrike mode. You could tell the user which mode you are in by printing a message in some window and/or you could adjust the cursor size. Changing the cursor size gives the user instant feedback and is a classier method.

```
;/////////////////////////////////////
;//
;//  G_SHAPE.ASM
;//
;// Description;
;//     get cursor shape

;// 386 instructions

   .386

;// new style directives

   DOSSEG

   .MODEL SMALL

   .CODE


   PUBLIC  _g_shape
_g_shape PROC
   push  EBP
   mov   EBP,ESP
   mov   AH,3     ; GET_CURS
   int   10H      ; video bios
   mov   AX,CX    ; shape -> AX
   mov   ESP,EBP
   pop   EBP
   ret
_g_shape ENDP
         END
```

The sizeCur(...) function changes the cursor size via the BIOS. SIZE-CUR.C, shown in FIG. 4-13, is the source code for this function. Compile SIZECUR.C and add the resultant SIZECUR.OBJ object module to your TAB library file.

The program CUR6.C, shown in FIG. 4-14, tests the sizeCur(...) function. Compile CUR6.C and link the resultant CUR6.OBJ object module with your TAB.LIB file. Running CUR6.EXP shows how to change the size of the cursor.

Save and restore cursor size
Functions: ssizeCur(...), rsizeCur(...)

As with saving the cursor location, and restoring the cursor location I have provided time-saver functions to save and restore the previously saved cursor size. Functions ssizeCur(...) (save cursor size) and rsizeCur(...) (restore previ-

```
/////////////////////////////////////
//
// CUR5.C
//
// Description:
//   Tests function offCur(...)
//                  onCur(...)
//
/////////////////////////////////////

// include files here

#include <stdio.h>
#include <tproto.h>

void main(void);

void
main()
{
int row,col;

// save the current cursor location

sCloc();

// turn the cursor off

offCur();

// set cursor to page top

mvCur(5,40);

// print message to the screen at row 5 col 40

printf("Message printed at 5,40");

// wait here

getchar();

// restore proviously saved cursor location

rCloc();

// turn the cursor on

onCur();

}
```

```
//////////////////////////////////////
//
// SIZECUR.C
//
// Description:
//  Set the cursor size
//
//////////////////////////////////////

// include files here

#include <dos.h>
#include <tproto.h>


void
sizeCur(int start,int end)
{
union REGS ir,or;
char lsb,msb;

// cast 32 bit ints to 8 bits

lsb = (char)end;
msb = (char)start;

// set regs and call BIOS

ir.h.ah = 0x01;
ir.h.cl = lsb;
ir.h.ch = msb;
int386(0x10,&ir,&or);
}
```

ously saved cursor size) use static memory in the same fashion as in SCLOC.C.

SSIZECUR.C, shown in FIG. 4-15, contains the code for functions ssize-Cur(...) and rsizeCur(...). Compile SSIZECUR.C and add the resultant SSIZE-CUR.OBJ object module to your TAB library file.

CUR7.C, shown in FIG. 4-16, tests the ssizeCur(...) and rsizeCur(...) functions. Compile CUR7.C and link the resultant CUR7.OBJ object module with your TAB.LIB file. Running CUR7.EXP shows how to save the cursor size, change the cursor size, and restore the previously saved cursor size.

4-14 The source code listing to CUR6.C.

```
/////////////////////////////////////
//
// CUR6.C
//
// Description:
//  Tests function sizeCur(...)
//
/////////////////////////////////////

// include files here

#include <stdio.h>
#include <tproto.h>

void main(void);

void
main()
{
// message 1

printf("Press any key to change cursor size.");
putchar(10);

// wait here

getchar();

// set the cursor size

sizeCur(0,12);


// message 2

printf("Press any key to restore cursor size.");
putchar(10);

// wait here

getchar();

// set cursor size

sizeCur(11,12);

}
```

```
/////////////////////////////////////
//
// SSIZECUR.C
//
// Description:
//   Save current cursor shape
//
/////////////////////////////////////

// include files here

#include <dos.h>
#include <tproto.h>

// declare variable local to this file

static unsigned char _CL,_CH;

void
ssizeCur()
{
union REGS ir,or;

// get cursor size

ir.h.ah = 0x03;
ir.h.bh = 0x00;
int386(0x10,&ir,&or);

// save to static unsigned chars

_CH = or.h.ch;
_CL = or.h.cl;
}


/////////////////////////////////////
//
// Description:
//   Restores the previously savec
//   cursor shape
//
/////////////////////////////////////


void
rsizeCur()
{
union REGS ir,or;

// set registers
```

```
ir.h.cl = _CL;
ir.h.ch = _CH;

// function set cursor size

ir.h.ah = 0x01;
int386(0x10,&ir,&or);
}
```

4-16 The source code listing to CUR7.C.

```
/////////////////////////////////////////
//
// CUR7.C
//
// Description:
//   Tests function rsizeCur(...)
//                  ssizeCur(...)
//
/////////////////////////////////////////

// include files here

#include <stdio.h>
#include <tproto.h>

void main(void);

void
main()
{

// save current cursor shape

// message 1

printf("Press any key to change cursor size.");
putchar(13);

// wait here

getchar();

// set the cursor size

sizeCur(0,12);


// message 2
```

4-16 Continued.

```
printf("Press any key to restore cursor size.");
putchar(13);

// wait here

getchar();

// restore previously saved cursor size

rsizeCur();

}
```

Summary

Chapter 4 focused on cursor-handling routines. These routines will prove very useful in data-entry screens and in video routines that are dependent on the BIOS. As you can see, the 10 functions presented give you powerful control over the cursor.

The cursor category of chapter 4 was used to demonstrate one method of library building. The suggested library-building procedure consisted of:

1. Creating a library category
2. Creating a list of category functions
3. Writing the source for the function
4. Compiling or assembling the function
5. Adding the resultant object module to the library
6. Testing whether the function works as billed

Chapter 5 takes a long and careful look at screen-handling routines.

5

Library routines: Screen-handling functions

Chapter 5 starts with a cursory discussion of text-mode architecture and screen-handling strategies. If the information on writing to the screen using the BIOS or the direct memory access route isn't clear enough for you, I refer you to *Building C Libraries: Windows, Menus, & User Interfaces*.

Writing to the screen in the protected mode using C is very simple. However, to write to the screen with speed and text-attribute control is not as simple. This chapter is basically divided into two sections. The first section involves writing to the screen using the computer's BIOS, and the second section demonstrates how to use a DOS extender's local descriptor table to directly access screen memory.

In the end, it is conceptually easier to write to the screen using direct memory access as opposed to the BIOS. This is true because text mode screens hold the character value, foreground color, background color, foreground intensity, and foreground blink in two contiguous bytes. The first byte holds the character value (a, b, c, etc.), and the second byte holds the attribute value (foreground color, background color, foreground intensity, foreground blink).

Because a text mode screen is 80 characters wide it is very simple to calculate row placement. In color text mode the start of the screen is located at segment 0xB800. Address 0xB800 is the *character's address* and 0xB801 is the *character's attribute*. If you wanted to write a character a row below the one at 0xB800 you would simply add a value of 160 bytes to 0xB800 to get 0xB80. Table 5-1 shows an abbreviated screen memory map.

Table 5-1   An Abbreviated Color Text Memory Display

Address	Screen Row	Column	Function value
0xB800	0	0	Character
0xB801	0	0	Attribute
0xB802	0	1	Character
0xB003	0	1	Attribute
.			
.			
0xB8A0	1	0	Character
0xB8A1	1	0	Attribute

On the other hand, using the BIOS requires that you keep track of cursor location. The BIOS also does not support some very convenient screen-handling needs. For example, let's say that you want to highlight a string of text on the screen using the BIOS. You need to:

1. Read the string from the screen into memory
2. Rewrite the string to the screen using a new video attribute

Finally, for the most part, whenever the BIOS operates on the screen, it does so sluggishly.

If you were using the direct-memory-access method of writing to the screen, here's how you would do it: Change the attribute bytes for the designated screen string.

Phar Lap adds one additional reason for accessing direct screen memory when writing to the screen. The Phar Lap DOS extender automatically sets up an LDT segment selector which points directly to the screen. This permits you to directly access screen memory. One powerful feature of the Phar Lap DOS extender is that the screen segment selector (1Ch) is automatically updated whenever you change video modes. Sometimes the video RAM might start at 0xB800, other times at 0xB000, and still other times at 0xA000. The Phar Lap DOS extender automatically adjusts the 1Ch memory selector to point directly to screen RAM whenever the video mode is changed via BIOS. Although it is beyond the scope of this book for me to present EGA or VGA graphics routines that access the graphics displays through memory selector 1Ch, I can verify that it is no more difficult to port assembly-based direct memory access graphics subroutines to 80386 protected mode than porting the text-based routines from 8086 real mode.

If writing to the screen via direct memory access seems to win hands down over using the BIOS then why do I present BIOS routines and direct memory access routines? Because different DOS extenders map different local descriptor tables to the screen. For example, the Phar Lap DOS extender maps local descriptor table 1C (Hex) to the screen. Fair enough. So you write nifty screen routines using the 1C (Hex) LDT and then try to run them using another DOS extender. They won't work!

If you want your .EXP program not to be tied to one DOS extender then using the BIOS becomes a viable alternative (even though I wince when it comes to watching the BIOS write to the screen). If your .EXP program is married to a single DOS extender then you can write to the screen using direct memory access.

Before a list of screen-management functions is presented there are a few terms I'd like to operationally define. A *character* is an 8-bit value that holds information concerning the character shape displayed on the screen. An *attribute* is an 8-bit value that holds information concerning a character's color, intensity, and blink information. A *token* is a 16-bit short int that appends an 8-bit attribute to an 8-bit character.

In all, there are 22 screen-handling functions presented in chapter 5. Two building block functions are:

mkAttr(...)   Makes a screen attribute
mkToken(...) Makes a screen token

There are 11 functions that write to the screen using the BIOS. They are:

scrnClr(...)   Clears the screen
scrdChar(...)   Reads a character and attribute from screen
scChar(...)   Writes a character and attribute to screen
scToken(...)   Writes token to screen
scChr(...)   Writes character to screen
scWrite(...)   Writes string to screen
scAttr(...)   Changes screen attributes only
scVert(...)   Draws a vertical text bar
scHoriz(...)   Draws a horizontal text bar
scsaveScrn(...) Saves screen image
screstScrn(...) Restores previously saved screen

There are nine functions that write to the screen using direct memory access. They are:

vrdChar(...)	Reads a character and attribute from screen
vdChar(...)	Writes a character and attribute to screen
vdChr(...)	Writes character to screen
vdWrite(...)	Writes string to screen
vdAttr(...)	Changes screen attributes only
vdVert(...)	Draws a vertical text bar
vdHoriz(...)	Draws a horizontal text bar
saveScrn(...)	Saves screen image
restScrn(...)	Restores previously saved screen

Make a screen attribute
Function: mkAttr(...)

The mkAttr(...) function receives predefined values (included by TPROTO.H) that calculate the 8-bit attribute value. MKATTR.ASM, shown in FIG. 5-1, is the source code for this function. Assemble MKATTR.ASM and add the resultant MKATTR.OBJ object module to your TAB.LIB file. The routines that show mkAttr(...)'s syntax are shown later in FIG. 5-4.

5-1 The source code listing to MKATTR.ASM.

```
;//////////////////////////////////////
;//
;// MKATTR.ASM
;//
;// Description
;//  Make a screen attribute byte
;//
;// Entry:
;//  int foreground color
;//  int background color
;//  int intensity
;//  int blink on off
;//
;// Returns:
;//  8 bit attribute in AL
;//
;//////////////////////////////////////
```

```
       .386

    ;// parameters on stack

    fore_c    EQU [EBP+8]
    back_c    EQU [EBP+12]
    inten_t   EQU [EBP+16]
    blink_t   EQU [EBP+20]

    ;// set up segment order, model and code

       DOSSEG

       .MODEL SMALL

       .CODE

    ;// make procedure public

       PUBLIC _mkAttr

    ;// mkAttr procedure

    _mkAttr proc
       push   EBP
       mov    EBP,ESP
       xor    AX,AX        ; 0 -> AX
       mov    ax,back_c    ; back ground color to AL
       mov    CL,4         ; prep shift 4 left
       shl    ax,CL        ; means AL * 16
       or     ax,fore_c    ; or foreground color
       or     ax,inten_t   ; or intensity
       or     ax,blink_t   ; or blink
       mov    ESP,EBP
       pop    EBP
       ret
    _mkAttr   ENDP

       END
```

Make a token
Function: mkToken(...)

The mkToken(...) function receives two parameters. The first contains the 8-bit character value and the second parameter contains the 8-bit attribute value. Function mkToken(...) returns a 16-bit screen token in AX.

MKTOKEN.ASM, shown in FIG. 5-2, is the source code for the mkToken(...) function. Assemble MKTOKEN.ASM and add the resultant MKTO-KEN.OBJ object module to your TAB.LIB file. The syntax and test program for mkToken(...) will be forthcoming.

5-2 The source code listing to MKTOKEN.ASM.

```
;//////////////////////////////////
;//
;// MKTOKEN.ASM
;//
;// Description:
;//   Converts 8 bit character and
;//   8 bit attribute into 16 bit
;//   screen token.
;//
;//  Entry:
;//    Parameter 1: 8 bit character
;//    Parameter 2: 8 bit attribute
;//
;//  Returns:
;//    16 bit screen token in AX
;//
;//////////////////////////////////


    .386

;// parameters on stack

char EQU [EBP+8]
attr EQU [EBP+12]

;// set up segment order, model and code

    DOSSEG

    .MODEL SMALL

    .CODE

;// make procedure public

    PUBLIC  _mkToken

_mkToken proc
    push  EBP
    mov   EBP,ESP
    mov   AL,char
    mov   AH,attr
    mov   ESP,EBP
    pop   EBP
    ret
_mkToken ENDP

    END
```

WRITING TO THE SCREEN VIA BIOS
Clear the screen
Function: scrnClr(...)

The scrnClr(...) function clears the screen using a predefined screen attri-
bute and moves the text cursor to row 0, column 0. The screen attribute
value is created using function mkAttr(...).

SCRNCLR.ASM, shown in FIG. 5-3, is the source code for the scrnClr(...)
function. Assemble SCRNCLR.ASM and add the resultant SCRNCLR.OBJ
object module to your TAB.LIB file.

5-3 The source code listing to SCRNCLR.ASM.

```
;////////////////////////////////////
;
; SCRNCLR.ASM
;
; Description:
;   Clears the screen using the normal
;   attribute (white on black -7) and
;   relocates the cursor to row 0, col 0
;
;////////////////////////////////////

; Enable 386 assembly instructions

    .386

;// parameters on stack

s_a EQU [EBP+8]

; Simplified MASM 5.0+ directives

    DOSSEG

    .MODEL SMALL

    .CODE

; delcare procedure as public

    PUBLIC  _scrnClr

_scrnClr proc
    push  EBP       ; set stack frame
    mov   EBP,ESP
    xor   ax,ax    ; lines to _scroll 0
```

```
mov    cx,ax    ; UL row to 0
                ; UL column to 0
mov    DH,24    ; LR row to 24
mov    DL,79    ; LR column to 70
mov    BH,s_a   ; screen attribute
mov    AH,6     ; vid _scroll up function
int    10H      ; bios do it
mov    AH,15    ; state int -> page to BH
int    10H
mov    DX,0     ; row & col to 0
mov    AH,2     ; reset cursor position
int    10H
mov    ESP,EBP  ; restore stack and base pointer
pop    EBP
ret

_scrnClr ENDP

END

;///////////////////////////////////
```

The program SCRN1.C, shown in FIG. 5-4, demonstrates the use of the mkAttr(...) and scrnClr(...) functions. Compile SCRN1.C and link the resultant SCRN1.OBJ object module with your TAB.LIB file. When you execute SCRN1.EXP using the Phar Lap DOS extender the screen will clear with the foreground white, the background blue, foreground-intensity on, and foreground-blink off.

5-4 The source code listing to SCRN1.C.

```
///////////////////////////////////
//
// SCRN1.C
//
// Description:
//   Tests function scrnClr(...)
//
///////////////////////////////////

// include files here

#include <tproto.h>

void main(void);

void
main()
{
```

```
// Clears the screen with the following
// screen attribute:
//     WHITE      -> foreground
//     BLUE       -> background
//     INTENSITY  -> intensity on
//     BLINK      -> blink off

scrnClr(mkAttr(WHITE,BLUE,ON_INTENSITY,OFF_BLINK));

}
```

Read character and attribute at cursor location
Function: scrdChar(...)

The scrdChar(...) function reads the screen token from a specified screen row and column location. The cursor is moved to the specified screen location when this call is used. The screen token is returned in AX, the standard C return register for 16-bit values. Register AH, the MSB of AX, holds the screen attribute, and register AL, the LSB of AX, holds the character value.

SCRDCHAR.ASM, shown in FIG. 5-5, is the source code for the scrdChar(...) function. Assemble SCRDCHAR.ASM and add the resultant SCRD-CHAR.OBJ object module to your TAB.LIB file.

5-5 The source code listing to SCRDCHAR.ASM.

```
;//////////////////////////////////////
;//
;// SCRDCHAR.ASM
;//
;// Description:
;//  Reads a screen token at the current
;//  cursor location (moves the cursor
;//  to that screen location).
;//
;// Entry:
;//  Parameter 1: row
;//  Parameter 2: column
;//
;//////////////////////////////////////

    .386


;// parameters on stack

row    EQU [EBP+8]
column EQU [EBP+12]


;// set up segment order, model and code
```

```
    DOSSEG

    .MODEL SMALL

    .CODE

;// make procedure public

    PUBLIC  _scrdChar

_scrdChar PROC
    push  EBP
    mov   EBP,ESP
    mov   AH,OFh     ; get current page to BH
    int   10h        ; via BIOS
    mov   DH,row     ; parameter 1 -> DH
    mov   DL,column  ; parameter 2 -> DL
    mov   AH,02h     ; move cursor
    int   10h        ; via BIOS
    mov   AH,08h     ; screen token to AX
    int   10h        ; via BIOS
    mov   ESP,EBP
    pop   EBP
    ret
_scrdChar ENDP

    END
```

Now take a look at SCRN2.C, shown in FIG. 5-6, to see how the scrd-Char(...) function is used. Compile SCRN2.C and link the resultant SCRN2.OBJ object module with your TAB.LIB file. Running SCRN2.EXP demonstrates how to read a character and attribute (token) at a specified screen row and column location.

5-6 The source code listing to SCRN2.C.

```
////////////////////////////////////
//
// SCRN2.C
//
// Description:
//  Tests function scrdChar(...)
//
////////////////////////////////////

// include files here

#include <tproto.h>

void main(void);
```

```
void
main()
{
char hello[12];      // text buffer
int col;             // counter

// Clears the screen with the following
// screen attribute:
//     WHITE     -> foreground
//     BLUE      -> background
//     INTENSITY -> intensity on
//     BLINK     -> blink off

scrnClr(mkAttr(WHITE,BLUE,ON_INTENSITY,OFF_BLINK));

// print message

printf("Hello Chuck!");

// read text to buffer

for(col=0; col<12; col++)
   hello[col] = (char)scrdChar(0,col);

// Clears the screen with the following
// screen attribute:
//     WHITE     -> foreground
//     RED       -> background
//     INTENSITY -> intensity off
//     BLINK     -> blink on

scrnClr(mkAttr(WHITE,RED,OFF_INTENSITY,ON_BLINK));

// print buffer

puts(hello);


}
```

Write character and attribute at a cursor location
Function: scChar(...)

The scChar(...) function writes a screen token at a specified screen row and column location. SCCHAR.ASM, shown in FIG. 5-7, is the source code for this function. Assemble SCCHAR.ASM and add the resultant SCCHAR.OBJ object module to your TAB.LIB file.

Now take a look at SCRN3.C, shown in FIG. 5-8, to see how the scChar(...) function is used. Compile SCRN3.C and link the SCRN3.OBJ object module with your TAB.LIB file. Running SCRN3.EXP demonstrates how to write a character and attribute (token) at a specified row and column.

5-7 The source code listing to SCCHAR.ASM.

```
;//////////////////////////////////
;
; SCCHAR.ASM
;
; Description:
;   Writes a token (char + attribute) to
;   location row & column. The cursor is
;   relocated at row/col location
;
;//////////////////////////////////

; Enable 386 assembly instructions

    .386

; define parameters and offsets

prow   EQU BYTE PTR [EBP+8]
pcol   EQU BYTE PTR [EBP+12]
ptoken EQU WORD PTR [EBP+16]

; Simplified MASM 5.0+ directives

    DOSSEG

    .MODEL SMALL

    .CODE

; delcare procedure as public

    PUBLIC _scChar

_scChar PROC
    push EBP        ; set stack frame
    mov  EBP,ESP
    mov  AH,2       ; Move cursor function
    xor  BH,BH      ; on page 0
    mov  DH,prow    ; to row
    mov  DL,pcol    ; and column
    int  10h        ; via the BIOS.
    mov  ECX,1      ; Write 1 character
    mov  AX,ptoken  ; by placing char in AL
    mov  BL,AH      ; attribute in BL
    mov  AH,09h     ; char write function
    int  10h        ; via BIOS
    mov  ESP,EBP    ; restore stack and base pointer
    pop  EBP
    ret
_scChar    ENDP

    END
```

```
////////////////////////////////////
//
// SCRN3.C
//
// Description:
//   Tests function scChar(...)
//
////////////////////////////////////

// include files here

#include <tproto.h>

void main(void);

void
main()
{
char hello[] = "Hello Chuck!";    // text buffer
int attr;          // attribute
int row,col;       // counter
int token;         // screen token
int offset;        // column offset

// Clears the screen with the following
// screen attribute:
//     WHITE      -> foreground
//     BLUE       -> background
//     INTENSITY -> intensity on
//     BLINK      -> blink off

attr = mkAttr(WHITE,BLUE,ON_INTENSITY,OFF_BLINK);

// Write text from buffer to screen

for(row=0,offset=0; row<20; row++,offset++)
   for(col=0; col<12; col++)
      {
      token = mkToken(hello[col],attr);
      scChar(row,col+offset,token);
      }

}
```

Write character and attribute at current cursor location
Function: scToken(...)

The scToken(...) function writes a screen token at the current cursor location. SCTOKEN.ASM, shown in FIG. 5-9, is the source code for this function. Assemble SCTOKEN.ASM and add the resultant SCTOKEN.OBJ object module to your TAB.LIB file.

```
;/////////////////////////////////////
;
; SCTOKEN.ASM
;
; Description:
;   Writes a token (char + attribute) at
;   current cursor location.
;
;/////////////////////////////////////

; Enable 386 assembly instructions

    .386

; define parameters and offsets

ptoken EQU WORD PTR [EBP+8]

; Simplified MASM 5.0+ directives

    DOSSEG

    .MODEL SMALL

    .CODE

; delcare procedure as public

    PUBLIC _scToken

_scToken proc
    push EBP          ; set stack frame
    mov  EBP,ESP
    mov  ECX,1        ; Write 1 character
    mov  AX,ptoken    ; by placing char in AL
    mov  BL,AH        ; attribute in BL
    mov  AH,09h       ; char write function
    int  10h          ; via BIOS
    mov  ESP,EBP      ; restore stack and base pointer
    pop  EBP
    ret
_scToken    ENDP

    END
```

SCRN4.C, shown in FIG. 5-10, demonstrates the use of the scToken(...) function. Compile SCRN4.C and link the resultant SCRN4.OBJ object module with your TAB.LIB file. Running SCRN4.EXP demonstrates how to write a character and attribute (token) to the cursor's current location.

5-10 The source code listing to SCRN4.C.

```
/////////////////////////////////////////
//
// SCRN4.C
//
// Description:
//   Tests function scToken(...)
//
/////////////////////////////////////////

// include files here

#include <tproto.h>

void main(void);

void
main()
{
char hello[] = "Hello Chuck!";    // text buffer
int attr;         // attribute
int row,col;      // counter
int token;        // screen token
int offset;       // column offset

// set screen attribute:
//      WHITE      -> foreground
//      BLUE       -> background
//      INTENSITY  -> intensity on
//      BLINK      -> blink off

attr = mkAttr(WHITE,BLUE,ON_INTENSITY,OFF_BLINK);

// Write text from buffer to screen

for(row=0,offset=0; row<20; row++,offset++)
   for(col=0; col<12; col++)
      {
      token = mkToken(hello[col],attr);
      mvCur(row,col+offset);
      scToken(token);
      }

}
```

Write character to screen at cursor location
Function: scChr(...)

The scChr(...) function writes an 8-bit character to the screen at a specified screen row and column location. The existing screen attribute remains unchanged.

SCCHR.ASM, shown in FIG. 5-11, is the source code for the scChr(...) function. Assemble SCCHR.ASM and add the resultant SCCHR.OBJ object module to your TAB.LIB file.

Now take a look at SCRN5.C, shown in FIG. 5-12, to see how the scChr(...) function is used. Compile SCRN5.C and link the resultant SCRN5.OBJ object module with your TAB.LIB file. Running SCRN5.EXP demonstrates how to write a character to the screen at a specified row and column screen location.

5-11   The source code listing to SCCHR.ASM.

```
;////////////////////////////////////
;//
;// SCCHR.ASM
;//
;// Description:
;//    Writes a character to
;//    location row & column. The cursor is
;//    relocated at row/col location
;//
;// Entry:
;//    Parameter 1: row
;//    Parameter 2: column
;//    Parameter 1: character
;//
;////////////////////////////////////

;// Enable 386 assembly instructions

    .386

;// define parameters and offsets

prow   EQU BYTE PTR [EBP+8]
pcol   EQU BYTE PTR [EBP+12]
ptoken EQU WORD PTR [EBP+16]

;// Simplified MASM 5.0+ directives

    DOSSEG

    .MODEL SMALL

    .CODE

;// delcare procedure as public

    PUBLIC _scChr

_scChr proc
    push  EBP
    mov   EBP,ESP
```

```
        mov    BH,0
        mov    dh,prow
        mov    dl,pcol
        mov    AH,2
        int    10H
        mov    AX,ptoken
        mov    AH,0Ah
        mov    CX,1
        int    10h
        mov    ESP,EBP
        pop    EBP
        ret
_scChr  ENDP

        END
```

5-12 The source code listing to SCRN5.C.

```
//////////////////////////////////////
//
// SCRN5.C
//
// Description:
//   Tests function scChr(...)
//
//////////////////////////////////////

// include files here

#include <tproto.h>

void main(void);

void
main()
{
char hello[] = "Hello Chuck!";   // text buffer
int attr;        // attribute
int row,col;     // counter
int token;       // screen token
int offset;      // column offset

// set the attribute char
//     WHITE     -> foreground
//     BLUE      -> background
//     INTENSITY -> intensity on
//     BLINK     -> blink off

attr = mkAttr(WHITE,BLUE,ON_INTENSITY,OFF_BLINK);

scrnClr(attr);

// reset the attribute char
```

```
//     WHITE      -> foreground
//     RED        -> background
//     INTENSITY  -> intensity on
//     BLINK      -> blink off

attr = mkAttr(WHITE,RED,ON_INTENSITY,OFF_BLINK);

// Write text from buffer to screen
// retaining screen attribute

for(col=0; col<12; col++)
   scChr(0,col,hello[col]);

// Write text from buffer to screen
// with new screen attribute

for(col=0; col<12; col++)
   scChar(1,col,mkToken(hello[col],attr));

}
```

Write string to screen
Function: scWrite(...)

The scWrite(...) function writes a string of a specified length, in bytes, at a screen row and column using a specified attribute. This function can prove very useful in creating pretty screen displays. The syntax of the scWrite(...) function is:

scWrite(*row,col,length,string,attr*);

where *row*   = screen row to start video write (an int value)
    col   = screen column to start video write (an int value)
    length = number of string bytes to write (an int value)
    string = pointer to character string (a char * value)
    attr   = video attribute of string write (an int value)

SCWRITE.C, shown in FIG. 5-13, is the source code for the scWrite(...) function. Compile SCWRITE.C and add the resultant SCWRITE.OBJ object module to your TAB.LIB file.

Now compile SCRN6.C, shown in FIG. 5-14, and link the resultant SCRN6.OBJ object module with your TAB.LIB file. Running SCRN6.EXP demonstrates how to use the scWrite(...) function to write a string of a specified length to the screen at a specified row and column location with a specified video attribute.

5-13 The source code listing to SCWRITE.C.

```
//////////////////////////////////////////
//
// SCWRITE.C
//
// Description:
//  Writes a string of length bytes to
//  the screen using a specified attribute
//
// Entry:
//  parameter 1: row
//  parameter 2: col
//  parameter 3: number of string bytes to write
//  parameter 4: pointer to string
//  parameter 5: screen attribute
//
//////////////////////////////////////////

// include files here

#include <tproto.h>

void
scWrite(short int r, short int c, short int l, char *p, short int a)
{
int cnt;
short int token;

for(cnt=0; cnt<l; cnt++)
    {
    mvCur(r,c++);
    token = mkToken(*p++,a);
    scToken(token);
    }
}
```

5-14 The source code listing to SCRN6.C.

```
//////////////////////////////////////////
//
// SCRN6.C
//
// Description:
//  Tests function scWrite(...)
//
//////////////////////////////////////////

// include files here

#include <tproto.h>
```

5-14 Continued.

```c
void main(void);

void
main()
{
char hello[] = "Hello Chuck!";    // text buffer
int attr;        // attribute
int row,col;     // counter
int token;       // screen token
int offset;      // column offset

// set the attribute char
//      WHITE       -> foreground
//      BLUE        -> background
//      INTENSITY -> intensity on
//      BLINK       -> blink off

attr = mkAttr(WHITE,BLUE,ON_INTENSITY,OFF_BLINK);

scrnClr(attr);

// reset the attribute char
//      WHITE       -> foreground
//      RED         -> background
//      INTENSITY -> intensity on
//      BLINK       -> blink off

attr = mkAttr(WHITE,RED,ON_INTENSITY,OFF_BLINK);

// Write text from buffer to screen
// using attribute

scWrite(0,0,12,hello,attr);

// reset the attribute char
//      WHITE       -> foreground
//      GREEN        -> background
//      INTENSITY -> intensity on
//      BLINK       -> blink off

attr = mkAttr(WHITE,GREEN,ON_INTENSITY,OFF_BLINK);

// Write text from buffer to screen
// using attribute

scWrite(1,0,12,hello,attr);


}
```

_____

Write attributes
Function: scAttr(...)

The scAttr(...) function changes a specified number of display attributes starting at screen row and column. This function is useful in creating menus that use highlight-bar schemes.

SCATTR.C, shown in FIG. 5-15, is the source code for the scAttr(...) function. Compile SCATTR.C and add the resultant SCATTR.OBJ object module to your TAB.LIB file.

5-15 The source code listing to SCATTR.C.

```
//////////////////////////////////////
//
// SCATTR.C
//
// Description:
//   Changes a specified number of screen characters'
//   attribute while not altering the displayed
//   character.
//
// Entry:
//   parameter 1: row
//   parameter 2: column
//   parameter 3: attributes to change
//   parameter 4: attribute
//
//////////////////////////////////////

// include files here

#include <tproto.h>

// buffer local to file

static char vd1_buff[160];


void
scAttr(short int row,short int col,short int length,short int attr)
{
short int r,c,count,val;
r = row;
c = col;
// read screen bytes into buffer
for(count=0; count<length; count++)
    vd1_buff[count] = (char)scrdChar(r,c++);

// write previously read screen string to
```

5-15 Continued.

```
// screen in exact location with the new
// screen attribute

scWrite(row,col,length,(char *)vd1_buff,attr);
}
```

Now take a look at SCRN7.C, shown in FIG. 5-16, to see how the scAttr(...) function is used. Compile SCRN7.C and link the resultant SCRN7.OBJ object module with your TAB.LIB file. Running SCRN7.EXP demonstrates how to change a section of screen's video attributes without altering the characters.

5-16 The source code listing to SCRN7.C.

```
//////////////////////////////////////
//
// SCRN7.C
//
// Description:
//   Tests function scAttr(...)
//
//////////////////////////////////////

// include files here

#include <tproto.h>

void main(void);

void
main()
{
char hello[] = "Hello Chuck!";   // text buffer
int attr;        // attribute
int row,col;     // counter
int token;       // screen token
int offset;      // column offset

// set the attribute char
//     WHITE      -> foreground
//     BLUE       -> background
//     INTENSITY -> intensity on
//     BLINK      -> blink off

attr = mkAttr(WHITE,BLUE,ON_INTENSITY,OFF_BLINK);

// clear the screen
```

```
    scrnClr(attr);
    // print buffer to screen

    printf("%s\n",hello);
    printf("%s\n",hello);

    // reset the attribute char
    //    WHITE      -> foreground
    //    RED        -> background
    //    INTENSITY -> intensity on
    //    BLINK      -> blink off

    attr = mkAttr(WHITE,RED,ON_INTENSITY,OFF_BLINK);

    // Change attribute for 12 bytes starting
    // at row 0, col 0

    scAttr(0,0,12,attr);

    // reset the attribute char
    //    WHITE       -> foreground
    //    GREEN        -> background
    //    INTENSITY -> intensity on
    //    BLINK       -> blink off

    attr = mkAttr(WHITE,GREEN,ON_INTENSITY,OFF_BLINK);

    // Change attribute for 12 bytes starting
    // at row 1, col 0

    scAttr(1,0,12,attr);


}
```

Write vertical bar
Function: scVert(...)

The scVert(...) function writes a vertical bar with a specified attribute at screen row and column locations. This function is useful in dividing your display screen into visual sections.

SCVERT.C, shown in FIG. 5-17, is the source code for the scVert(...) function. Compile SCVERT.C and add the resultant SCVERT.OBJ object module to your TAB.LIB file.

Then compile SCRN8.C, shown in FIG. 5-18, and link the resultant SCRN8.OBJ object module with your TAB.LIB file. Running SCRN8.EXP demonstrates how to use the scVert(...) function to draw a vertical bar starting at a specified screen location of specified height and attribute.

5-17 The source code listing to SCVERT.C.

```
//////////////////////////////////////
//
// SCVERT.C
//
// Description:
//  Draws in text mode a vertical line
//  in the screen with a specified
//  attribute.
//
// Entry:
//  Parameter 1: row
//  Parameter 2: column
//  Parameter 3: height in rows
//  Parameter 4: attribute
//
//////////////////////////////////////

// include files here

#include <tproto.h>

void
scVert(int row, int col, int length, int attr)
{
char buf179[80] = {
    179,179,179,179,179,179,179,179,179,179,
    179,179,179,179,179,179,179,179,179,179,
    179,179,179,179,179,179,179,179,179,179,
    179,179,179,179,179,179,179,179,179,179,
    179,179,179,179,179,179,179,179,179,179,
    179,179,179,179,179,179,179,179,179,179,
    179,179,179,179,179,179,179,179,179,179,
    179,179,179,179,179,179,179,179,179,179 };
int ctr;

// write vertical column

for(ctr=row; ctr<row+length; ctr++)
    scWrite(ctr,col,1,buf179,attr);
}
```

5-18 The source code listing to SCRN8.C.

```
//////////////////////////////////////
//
// SCRN8.C
//
// Description:
//  Tests function scVert(...)
//
//////////////////////////////////////
```

```
// include files here

#include <tproto.h>

void main(void);

void
main()
{
int attr;        // attribute

// set the attribute char
//      WHITE      -> foreground
//      BLUE       -> background
//      INTENSITY -> intensity on
//      BLINK      -> blink off

attr = mkAttr(WHITE,BLUE,ON_INTENSITY,OFF_BLINK);

// clear the screen

scrnClr(attr);

// reset the attribute char
//      WHITE      -> foreground
//      RED        -> background
//      INTENSITY -> intensity on
//      BLINK      -> blink off

attr = mkAttr(WHITE,RED,ON_INTENSITY,OFF_BLINK);

// draw a vertical line on the text screen

scVert(1,1,21,attr);

}
```

Write horizontal bar
Function: scHoriz(...)

The scHoriz(...) function draws a horizontal line a specified length of characters with a specified attribute starting at screen row and column. This function used in combination with the scVert(...) function will prove useful in drawing rectangles and windows on your screen.

SCHORIZ.C, shown in FIG. 5-19, is the source code for the scHoriz(...) function. Compile SCHORIZ.C and add the resultant SCHORIZ.OBJ object module to your TAB.LIB file.

Now take a look at SCRN9.C, shown in FIG. 5-20, to see how the scHoriz(...) function is used. Compile SCRN9.C and link the resultant

5-19 The source code listing to SCHORIZ.C.

```
//////////////////////////////////////
//
// SCHORIZ.C
//
// Description:
//  Writes a horizontal bar in the text
//  mode using a specified screen
//  attribute.
//
// Entry:
//  parameter 1: row
//  parameter 2: column
//  parameter 3: width of bar in bytes
//  parameter 4: attribute
//
//////////////////////////////////////

// include files here

#include <tproto.h>

void
scHoriz(int row, int col, int length, int attr)
{
char buf196[80] = {
    196,196,196,196,196,196,196,196,196,196,
    196,196,196,196,196,196,196,196,196,196,
    196,196,196,196,196,196,196,196,196,196,
    196,196,196,196,196,196,196,196,196,196,
    196,196,196,196,196,196,196,196,196,196,
    196,196,196,196,196,196,196,196,196,196,
    196,196,196,196,196,196,196,196,196,196,
    196,196,196,196,196,196,196,196,196,196 };

// write horizontal bar

scWrite(row,col,length,buf196,attr);

}
```

5-20 The source code listing to SCRN9.C.

```
//////////////////////////////////////
//
// SCRN9.C
//
// Description:
//  Tests function scHoriz(...)
//
//////////////////////////////////////
```

```
// include files here

#include <tproto.h>
#include <stdio.h>

void main(void);

void
main()
{
int attr;       // attribute
int token;      // screen token
int row;        // row counter

// set the attribute char
//      WHITE       -> foreground
//      BLUE        -> background
//      INTENSITY   -> intensity on
//      BLINK       -> blink off

attr = mkAttr(WHITE,BLUE,ON_INTENSITY,OFF_BLINK);

// clear the screen

scrnClr(attr);

// reset the attribute char
//      WHITE       -> foreground
//      RED         -> background
//      INTENSITY   -> intensity on
//      BLINK       -> blink off

attr = mkAttr(WHITE,RED,ON_INTENSITY,OFF_BLINK);

// draw a box on the screen

scVert(1,1,21,attr);
scVert(1,40,21,attr);
scHoriz(1,1,40,attr);
scHoriz(21,1,40,attr);

// write upper left corner character
token = mkToken(218,attr);
scChar(1,1,token);

// write upper right corner character
token = mkToken(191,attr);
scChar(1,40,token);

// write lower left corner character
token = mkToken(192,attr);
scChar(21,1,token);

// write klower right corner character
```

5-20 Continued.

```
token = mkToken(217,attr);
scChar(21,40,token);

// fill in box with attribute
for(row=1; row<21; row++)
    scAttr(row,1,40,attr);

// write title for the box
scWrite(1,13,14," Chucky's Box ",attr);

// wait for key press

getch();

}
```

SCRN9.OBJ object module with your TAB.LIB file. Running SCRN9.EXP demonstrates how to draw a horizontal bar on the screen starting at a specified screen location of a specified length and attribute.

Save and restore the screen
Functions: scsaveScrn(...), screstScrn(...)

The scsaveScrn(...) function saves the existing screen image to memory and the screstSrcn(...) function restores the previously saved screen image to the screen. These routines will prove useful when you draw a window that overlays a section of the screen. You can remove the window by simply restoring the previously saved screen. Of course, this method won't work well if your program dictates the use of a few overlapping windows. Fear not, however, as there will be much more on window management later in the text.

　　SCSASAVE.C, shown in FIG. 5-21, is the source code for both the scsaveScrn(...) and screstScrn(...) functions. Compile SCSASAVE.C and add the resultant object module to your TAB.LIB file.

5-21 The source code listing to SCSASCRN.C.

```
//////////////////////////////////////
//
// SCSASAVE.C
//
// Description:
//   Saves screen and restores screen
//   via BIOS.
//
//////////////////////////////////////
```

```
// include files here

#include <stdio.h>
#include <tproto.h>
#include <dos.h>

static short int sbuff[2000];

///////////////////////////////////////
//
// Saves the screen via BIOS
// access to sbuff buffer
//
///////////////////////////////////////

void
scsaveScrn()
{
int row,col;
short int *ptr;
ptr=sbuff;
for(row=0; row<25; row++)
   for(col=0; col<80; col++)
      *ptr++ = scrdChar(row,col);
}


///////////////////////////////////////
//
// Restores the screen via BIOS
// access from sbuff buffer
//
///////////////////////////////////////

void
screstScrn()
{
union REGS ir,or;
int row,col;
short int *ptr;
short int token;

ptr=sbuff;
for(row=0; row<25; row++)
   for(col=0; col<80; col++)
      scChar(row,col,*ptr++);
}
```

Then look at SCRN10.C, shown in FIG. 5-22, which demonstrates the use of the scsaveScrn(...) and screstScrn(...) functions by presenting a pop-up window program. Compile SCRN10.C and link the resultant SCRN10.OBJ object module with your TAB.LIB file. Running SCRN10.EXP will demonstrate one method of popping up a window by restoring the screen image under the window overlay.

```
///////////////////////////////////
//
// SCRN10.C
//
// Description:
//  Tests function scsaveScrn(...)
//                 screstScrn(...)
//
///////////////////////////////////

// include files here

#include <tproto.h>
#include <stdio.h>

void main(void);

void
main()
{
int attr;       // attribute
int token;      // screen token
int row;        // row counter

// save the cursor location

sCloc();

// turn off the cursor

offCur();

// save the screen image

scsaveScrn();

// set the attribute char
//      WHITE     -> foreground
//      BLUE      -> background
//      INTENSITY -> intensity on
//      BLINK     -> blink off

attr = mkAttr(WHITE,BLUE,ON_INTENSITY,OFF_BLINK);

// clear the screen

scrnClr(attr);

// reset the attribute char
//      WHITE     -> foreground
//      RED       -> background
```

```
//      INTENSITY -> intensity on
//      BLINK      -> blink off

attr = mkAttr(WHITE,RED,ON_INTENSITY,OFF_BLINK);

// draw a box on the screen

scVert(1,1,21,attr);
scVert(1,40,21,attr);
scHoriz(1,1,40,attr);
scHoriz(21,1,40,attr);

// write upper left corner character
token = mkToken(218,attr);
scChar(1,1,token);

// write upper right corner character
token = mkToken(191,attr);
scChar(1,40,token);
// write lower left corner character
token = mkToken(192,attr);
scChar(21,1,token);

// write klower right corner character
token = mkToken(217,attr);
scChar(21,40,token);

// fill in box with attribute
for(row=1; row<21; row++)
    scAttr(row,1,40,attr);

// write title for the box

scWrite(1,13,14," Chucky's Box ",attr);

// wait for key press

getch();

// restore the screen image

screstScrn();

// turn on the cursor

onCur();

// restore the cursor location

rCloc();


}
```

Watch the performance of SCRN10.C, but don't despair. When the direct memory access version of this program is presented later in the chapter you'll clearly see why direct memory access is always preferred over BIOS screen access in all situations where it won't cause disaster.

WRITING TO THE SCREEN VIA DIRECT MEMORY ACCESS
Read character and attribute
Function: vrdChar(...)

The vrdChar(...) function performs the same way as the scrdChar(...) function. Note that the sc prefix refers to BIOS-based screen functions and the v[r]d prefix refers to direct-memory-access-based functions.

The vrdChar(...) function permits you to read a 16-bit screen token from a specified row and column screen location. Note that the version of vrd-Char(...) shown in FIG. 5-23 has been designed to work with the Phar Lap DOS extender. If you are using another DOS extender, simply replace the 1Ch memory selector value of the Phar Lap DOS extender with the memory selector used by your DOS extender in all the following vd... direct-screen-access video routines.

VRDCHAR.ASM, shown in FIG. 5-23, is the source code for the vrd-Char(...) function. Assemble VRDCHAR.ASM and add the resultant object module to your TAB.LIB file.

5-23 The source code listing to VRDCHAR.ASM.

```
;/////////////////////////////////
;//
;// VRDCHAR.ASM
;//
;// Description:
;//  Reads a screen token at the current
;//  cursor location (moves the cursor
;//  to that screen location). This routine
;//  has been designed to work with the
;//  Pharlap DOS extender.
;//
;// Entry:
;//  Parameter 1: row
;//  Parameter 2: column
;//
;/////////////////////////////////

    .386
```

```
prow    EQU BYTE PTR [EBP+8]
pcol    EQU BYTE PTR [EBP+12]


    DOSSEG

    .MODEL SMALL

    .CODE

    PUBLIC   _vrdChar

_vrdChar PROC
    push  EBP
    mov   EBP,ESP
    push  DI
    push  SI
    mov   CX,1Ch
    mov   ES,CX           ; reset extra seg

    xor   AX,AX           ; 0 -> AX
    mov   AL,prow          ; row -> AL
    mov   BL,160          ; 80 chars wide * 2
    mul   BL             ; row * scrn width  -> AX
    mov   CL,pcol          ; column to CL
    XOR   CH,CH           ; 0 -> CH
    shl   CX,1           ; col * 2
    add   AX,CX           ; column + (row * scrn width)
    mov   DI,AX           ; point DI to scrn

    mov   AX,WORD PTR ES:[DI]

    pop   SI
    pop   DI

    mov   ESP,EBP
    pop   EBP
    ret
_vrdChar ENDP

    END
```

Now look at SCRN11.C, shown in FIG. 5-24, to see how the vrdChar(...) function is used. Compile SCRN11.C and link the resultant SCRN11.OBJ object module with your TAB.LIB file. Running SCRN11.EXP demonstrates how to read a character and attribute (token) from a specified screen location.

```
/////////////////////////////////////
//
// SCRN11.C
//
// Description:
//   Tests function vrdChar(...)
//
/////////////////////////////////////

// include files here

#include <tproto.h>

void main(void);

void
main()
{
char hello[12];      // text buffer
int col;             // counter

// Clears the screen with the following
// screen attribute:
//     WHITE      -> foreground
//     BLUE       -> background
//     INTENSITY -> intensity on
//     BLINK      -> blink off

scrnClr(mkAttr(WHITE,BLUE,ON_INTENSITY,OFF_BLINK));

// print message

printf("Hello Chuck!");

// read text to buffer

for(col=0; col<12; col++)
   hello[col] = (char)vrdChar(0,col);

// Clears the screen with the following
// screen attribute:
//     WHITE      -> foreground
//     RED        -> background
//     INTENSITY -> intensity off
//     BLINK      -> blink on

scrnClr(mkAttr(WHITE,RED,OFF_INTENSITY,ON_BLINK));

// print buffer

puts(hello);

}
```

Write character and attribute
Function: vdChar(...)

The vdChar(...) function works the same way as the scChar(...) function with the exception that it uses direct memory access to write to the screen. The vdChar(...) function permits you to write a 16-bit screen token to the screen at a specified row and column location.

VDCHAR.ASM, shown in FIG. 5-25, is the source code for the vdChar(...) function. Assemble VDCHAR.ASM and add the resultant object module to your TAB.LIB file.

5-25 The source code listing to VDCHAR.ASM.

```
;//////////////////////////////////////
;
; VDCHAR.ASM
;
; Description:
;    Writes a token (char + attribute) to
;    location row & column. The cursor is
;    relocated at row/col location. This
;    routine has been designed to work
;    with the Pharlap DOS extender.
;
;//////////////////////////////////////

; Enable 386 assembly instructions

    .386

; define parameters and offsets

prow   EQU BYTE PTR [EBP+8]
pcol   EQU BYTE PTR [EBP+12]
ptoken EQU WORD PTR [EBP+16]

; Simplified MASM 5.0+ directives

    DOSSEG

    .MODEL SMALL

    .CODE

; delcare procedure as public


    PUBLIC   _vdChar


_vdChar PROC
    push  EBP
```

```
    mov    EBP,ESP
    push   DI
    push   SI
    mov    CX,1Ch
    mov    ES,CX          ; reset extra seg

    xor    AX,AX          ; 0 -> AX
    mov    AL,prow        ; row -> AL
    mov    BL,160         ; 80 chars wide * 2
    mul    BL             ; row * scrn width  -> AX
    mov    CL,pcol        ; column to CL
    xor    CH,CH          ; 0 -> CH
    shl    CX,1           ; col * 2
    add    AX,CX          ; column + (row * scrn width)
    mov    DI,AX          ; point DI to scrn

    mov    AX,ptoken      ; token to AX
    stosw                 ; AX -> screen

    pop    SI
    pop    DI

    mov    ESP,EBP
    pop    EBP
    ret

_vdChar   ENDP

    END
```

Now compile SCRN12.C, shown in FIG. 5-26, and link the resultant SCRN12.OBJ object module with your TAB.LIB file. Running SCRN12.EXP demonstrates how to use the vdChar(...) function to write a character and attribute (token) to the screen at a specified screen location. The vdChar(...) function works much faster than the scChar(...) function.

5-26 The source code listing to SCRN12.C.

```
///////////////////////////////////
//
// SCRN12.C
//
// Description:
//  Tests function vdChar(...)
//
///////////////////////////////////
```

```
// include files here

#include <tproto.h>

void main(void);

void
main()
{
char hello[] = "Hello Chuck!";    // text buffer
int attr;         // attribute
int row,col;      // counter
int token;        // screen token
int offset;       // column offset

// Clears the screen with the following
// screen attribute:
//      WHITE      -> foreground
//      BLUE       -> background
//      INTENSITY  -> intensity on
//      BLINK      -> blink off

attr = mkAttr(WHITE,BLUE,ON_INTENSITY,OFF_BLINK);

// Write text from buffer to screen

for(row=0,offset=0; row<20; row++,offset++)
   for(col=0; col<12; col++)
      {
      token = mkToken(hello[col],attr);
      vdChar(row,col+offset,token);
      }

}
```

Write a char Function: vdChr(...)

The vdChr(...) function writes an 8-bit character to the screen at a specified location using direct memory access. VDCHR.ASM, shown in FIG. 5-27, is the source code for this function. Assemble VDCHR.ASM and add the resultant VDCHR.OBJ object module to your TAB.LIB file.

Now take a look at SCRN13.C, shown in FIG. 5-28, to see how the vdChr(...) function is used. Assemble SCRN13.C and link the resultant SCRN13.OBJ object module with your TAB.LIB file. Running SCRN13.EXP demonstrates how to write a character to the screen at a specified screen location. The screen attribute remains unchanged.

5-27 The source code listing to VDCHR.ASM.

```
;////////////////////////////////////
;//
;// VDCHR.ASM
;//
;// Description:
;//    Writes a character to
;//    location row & column. The cursor is
;//    relocated at row/col location. This
;//    has been disigned to work with the
;//    Pharlap DOS extender.
;//
;// Entry:
;//    Parameter 1: row
;//    Parameter 2: column
;//    Parameter 3: character
;//
;////////////////////////////////////

;// Enable 386 assembly instructions

   .386

;// define parameters and offsets

prow   EQU BYTE PTR [EBP+8]
pcol   EQU BYTE PTR [EBP+12]
pchar  EQU WORD PTR [EBP+16]

;// Simplified MASM 5.0+ directives

   DOSSEG

   .MODEL SMALL

   .CODE

;// delcare procedure as public

   PUBLIC   _vdChr

_vdChr PROC
   push  EBP
   mov   EBP,ESP
   push  DI
   push  SI
   mov   CX,1Ch
   mov   ES,CX          ; reset extra seg

   xor   AX,AX          ; 0 -> AX
   mov   AL,prow         ; row -> AL
   mov   BL,160          ; 80 chars wide * 2
   mul   BL             ; row * scrn width  -> AX
```

```
        mov     CL,pcol         ; column to CL
        xor     CH,CH           ; 0 -> CH
        shl     CX,1            ; col * 2
        add     AX,CX           ; column + (row * scrn width)
        mov     DI,AX           ; point DI to scrn

        mov     AX,pchar        ; char to AL
        stosb                   ; AL -> screen

        pop     SI
        pop     DI

        mov     ESP,EBP
        pop     EBP
        ret

_vdChr  ENDP

        END
```

5-28 The source code listing to SCRN13.C.

```
/////////////////////////////////////////
//
// SCRN13.C
//
// Description:
//   Tests function vdChr(...)
//
/////////////////////////////////////////

// include files here

#include <tproto.h>

void main(void);

void
main()
{
char hello[] = "Hello Chuck!";    // text buffer
int attr;       // attribute
int row,col;    // counter
int token;      // screen token
int offset;     // column offset

// set the attribute char
//      WHITE     -> foreground
//      BLUE      -> background
//      INTENSITY -> intensity on
//      BLINK     -> blink off
```

```
attr = mkAttr(WHITE,BLUE,ON_INTENSITY,OFF_BLINK);

scrnClr(attr);

// reset the attribute char
//    WHITE     -> foreground
//    RED       -> background
//    INTENSITY -> intensity on
//    BLINK     -> blink off

attr = mkAttr(WHITE,RED,ON_INTENSITY,OFF_BLINK);

// Write text from buffer to screen
// retaining screen attribute

for(col=0; col<12; col++)
   vdChr(0,col,hello[col]);

// Write text from buffer to screen
// with new screen attribute

for(col=0; col<12; col++)
   vdChar(1,col,mkToken(hello[col],attr));

// set cursor below screen writes

mvCur(5,0);

}
```

Write a string
Function: vdWrite(...)

The vdWrite(...) function writes a string of length characters and attribute to the screen at a specified row and column screen location via the direct-memory-access method. The syntax for the vdWrite(...) function is identical to the scWrite(...) function presented earlier in this chapter.

VDWRITE.ASM, shown in FIG. 5-29, is the source code for the vdWrite(...) function. Assemble VDWRITE.ASM and add the resultant VDWRITE.OBJ object module to your TAB.LIB file.

Now compile SCRN14.C, shown in FIG. 5-30, and link the resultant SCRN14.OBJ object module with your TAB.LIB file. Running SCRN14.EXP demonstrates how to use the vdWrite(...) function to write a string of specified length at a specified screen location and attribute to the screen.

```
;//////////////////////////////////////
;//
;// VDWRITE.ASM
;//
;// Description:
;//  Writes a string of length bytes to
;//  the screen using a specified attribute.
;//  This routine is designed to work with
;//  the Pharlap DOS extender.
;//
;// Entry:
;//  parameter 1: row
;//  parameter 2: col
;//  parameter 3: number of string bytes to write
;//  parameter 4: pointer to string
;//  parameter 5: screen attribute
;//
;//////////////////////////////////////

        .386

prow     EQU BYTE PTR [EBP+8]
pcol     EQU BYTE PTR [EBP+12]
plen     EQU DWORD PTR [EBP+16]
pptr     EQU WORD PTR [EBP+20]
pattr    EQU BYTE PTR [EBP+24]


    DOSSEG

    .MODEL SMALL

    .CODE

    PUBLIC  _vdWrite

_vdWrite    PROC

    push EBP
    mov  EBP,ESP

    push DI
    push SI
    push DS
    push ES

    mov  CX,1Ch
    mov  ES,CX          ; reset extra seg

    mov  SI,pptr        ; pointer to string
```

5-29 Continued.

```
    xor    AX,AX            ; 0 -> AX
    mov    AL,prow          ; row -> AL
    mov    BL,160           ; 160 = (80 chars wide * 2)
    mul    BL               ; row * scrn width  -> AX
    mov    CL,pcol          ; column to CL
    xor    CH,CH            ; 0 -> CH
    shl    CX,1             ; col * 2
    add    AX,CX            ; column + (row * scrn width)
    mov    DI,AX            ; point DI to scrn

    cld                     ; direction increment
    mov    ECX,plen         ; string length -> CX
    mov    AH,pattr         ; make word token

vdr1:
    lodsb                   ; get byte from string
    stosw                   ; token to screen
    loop   vdr1
done:
    pop    ES
    pop    DS
    pop    SI
    pop    DI

; restore ES and BP

    mov    ESP,EBP
    pop    EBP
    ret

_vdWrite ENDP

        END
```

5-30 The source code listing to SCRN14.C.

```
///////////////////////////////////
//
// SCRN14.C
//
// Description:
//   Tests function vdWrite(...)
//
///////////////////////////////////

// include files here

#include <tproto.h>
```

```
void main(void);

void
main()
{
char hello[] = "Hello Chuck!";    // text buffer
int attr;         // attribute
int row,col;      // counter
int token;        // screen token
int offset;       // column offset

// set the attribute char
//      WHITE      -> foreground
//      BLUE       -> background
//      INTENSITY -> intensity on
//      BLINK      -> blink off

attr = mkAttr(WHITE,BLUE,ON_INTENSITY,OFF_BLINK);

scrnClr(attr);

// reset the attribute char
//      WHITE      -> foreground
//      RED        -> background
//      INTENSITY -> intensity on
//      BLINK      -> blink off

attr = mkAttr(WHITE,RED,ON_INTENSITY,OFF_BLINK);

// Write text from buffer to screen
// using attribute

vdWrite(0,0,12,hello,attr);

// reset the attribute char
//      WHITE      -> foreground
//      GREEN       -> background
//      INTENSITY -> intensity on
//      BLINK      -> blink off

attr = mkAttr(WHITE,GREEN,ON_INTENSITY,OFF_BLINK);

// Write text from buffer to screen
// using attribute

vdWrite(1,0,12,hello,attr);

// adjust cursor

mvCur(5,0);

}
```

Write attribute
Function: vdAttr(...)

The vdAttr(...) function changes the screen text attributes of predetermined
length starting at row and column. This function will prove very useful
when writing data-entry and user-interface routines.

VDATTR.ASM, shown in FIG. 5-31, is the source code for the vdAttr(...)
function. Assemble VDATTR.ASM and add the resultant VDATTR.OBJ
object module to your TAB.LIB file.

5-31   The source code listing to VDCHAR.ASM.

```
;////////////////////////////////////
;//
;// VDATTR.ASM
;//
;// Description:
;//  Changes a specified number of screen characters'
;//  attribute while not altering the displayed
;//  character. This routine has been disegned to
;//  work with the Pharlap DOS extender.
;//
;// Entry:
;//   parameter 1: row
;//   parameter 2: column
;//   parameter 3: attributes to change
;//   parameter 4: attribute
;//
;////////////////////////////////////


    .386

prow   EQU BYTE PTR [EBP+8]
pcol   EQU BYTE PTR [EBP+12]
plen   EQU DWORD PTR [EBP+16]
pattr  EQU BYTE PTR [EBP+20]


    DOSSEG

    .MODEL SMALL

    .CODE

    PUBLIC   _vdAttr

_vdAttr PROC
    push  EBP
    mov   EBP,ESP

    push  DI
```

```
        push  SI
        mov   CX,1Ch
        mov   ES,CX        ; reset extra seg

        xor   AX,AX        ; 0 -> AX
        mov   AL,prow      ; row -> AL
        mov   BL,160       ; 80 chars wide * 2
        mul   BL           ; row * scrn width  -> AX
        mov   CL,pcol      ; column to CL
        xor   CH,CH        ; 0 -> CH
        shl   CX,1         ; col * 2
        add   AX,CX        ; column + (row * scrn width)
        mov   DI,AX        ; point DI to scrn


        cld                ; direction increment
        mov   ECX,plen     ; string length parameter

        mov   AL,pattr     ; attribute to AL
vdr1:
        inc   DI           ; bypass character byte
        stosb              ; AL -> screen
        loop  vdr1

        pop   SI
        pop   DI

        mov   ESP,EBP
        pop   EBP
        ret
_vdAttr ENDP

        END
```

Now take a look at SCRN15.C, shown in FIG. 5-32 on page 126, to see how the vdAttr(...) function is used. Compile SCRN15.C and link the resultant SCRN15.OBJ object module with your TAB.LIB file. Running SCRN15.EXP demonstrates how to alter a specified number of screen character attributes at a specified screen location.

Write vertical bar Function: vdVert(...)

The vdVert(...) function draws a vertical line of height rows with an attribute starting at a specified row and column screen location. This routine will prove useful in dividing your display screen into organized sections.

VDVERT.C, shown in FIG. 5-33, is the source code for the vdVert(...) function. Compile VDVERT.C and add the resultant VDVERT.OBJ object module to your TAB.LIB file.

```
//////////////////////////////////
//
// SCRN15.C
//
// Description:
//  Tests function vdAttr(...)
//
//////////////////////////////////

// include files here

#include <tproto.h>

void main(void);

void
main()
{
char hello[] = "Hello Chuck!";    // text buffer
int attr;        // attribute
int row,col;     // counter
int token;       // screen token
int offset;      // column offset

// set the attribute char
//      WHITE      -> foreground
//      BLUE       -> background
//      INTENSITY  -> intensity on
//      BLINK      -> blink off

attr = mkAttr(WHITE,BLUE,ON_INTENSITY,OFF_BLINK);

// clear the screen

scrnClr(attr);


// print buffer to screen

printf("%s\n",hello);
printf("%s\n",hello);

// reset the attribute char
//      WHITE      -> foreground
//      RED        -> background
//      INTENSITY  -> intensity on
//      BLINK      -> blink off

attr = mkAttr(WHITE,RED,ON_INTENSITY,OFF_BLINK);

// Change attribute for 12 bytes starting
```

```
// at row 0, col 0

vdAttr(0,0,12,attr);

// reset the attribute char
//      WHITE       -> foreground
//      GREEN       -> background
//      INTENSITY -> intensity on
//      BLINK       -> blink off

attr = mkAttr(WHITE,GREEN,ON_INTENSITY,OFF_BLINK);

// Change attribute for 12 bytes starting
// at row 1, col 0

vdAttr(1,0,12,attr);


}
```

5-33 The source code listing to VDVERT.C.

```
/////////////////////////////////////////////
//
// VDVERT.C
//
// Description:
//   Draws in text mode a vertical line
//   in the screen with a specified
//   attribute. This routine has been
//   designed to work with the Pharlap
//   DOS extender.
//
// Entry:
//   Parameter 1: row
//   Parameter 2: column
//   Parameter 3: height in rows
//   Parameter 4: attribute
//
/////////////////////////////////////////////

#include <tproto.h>

void
vdVert(int row, int col, int length, int attr)
{
int ctr;

for(ctr=row; ctr<row+length; ctr++)
   vdChar(ctr,col,mkToken(179,attr));
}
```

Now compile SCRN16.C, shown in FIG. 5-34, and link the resultant SCRN16.OBJ object module with your TAB.LIB file. Running SCRN16.EXP demonstrates how to use the vdVert(...) function to draw a vertical bar at a specified screen location of specified height with a specified attribute.

5-34 The source code listing to SCRN16.C.

```
//////////////////////////////////////
//
// SCRN16.C
//
// Description:
//  Tests function vdVert(...)
//
//////////////////////////////////////

// include files here

#include <tproto.h>

void main(void);

void
main()
{
int attr;        // attribute

// set the attribute char
//     WHITE      -> foreground
//     BLUE       -> background
//     INTENSITY -> intensity on
//     BLINK      -> blink off

attr = mkAttr(WHITE,BLUE,ON_INTENSITY,OFF_BLINK);

// clear the screen

scrnClr(attr);

// reset the attribute char
//     WHITE      -> foreground
//     RED        -> background
//     INTENSITY -> intensity on
//     BLINK      -> blink off

attr = mkAttr(WHITE,RED,ON_INTENSITY,OFF_BLINK);

// draw a vertical line on the text screen

vdVert(1,1,21,attr);
```

```
// adjust the cursor

mvCur(22,0);
}
```

Write horizontal bar
Function: vdHoriz(...)

The vdHoriz(...) function draws a horizontal line of width columns with the attribute starting at a specified row and column screen location. This routine used in combination with the vdVert(...) function will prove useful in drawing box outlines of your screen displays.

VDHORIZ.C, shown in FIG. 5-35, is the source code for the vdHoriz(...) function. Compile VDHORIZ.C and add the resultant VDHORIZ.OBJ object module to your TAB.LIB file.

5-35 The source code listing to VDHORIZ.C.

```
/////////////////////////////////////////
//
// VDHORIZ.C
//
// Description:
//   Writes a horizontal bar in the text
//   mode using a specified screen
//   attribute. This routine has been
//   designed to work with the Pharlap
//   DOS extender.
//
// Entry:
//   parameter 1: row
//   parameter 2: column
//   parameter 3: width of bar in bytes
//   parameter 4: attribute
//
/////////////////////////////////////////


#include <tproto.h>

void
vdHoriz(int row, int col, int length, int attr)
{
int cnt;

for(cnt=col; cnt<col+length; ++cnt)
   vdChar(row,cnt,mkToken(196,attr));

}
```

Then take a look at SCRN17.C, shown in FIG. 5-36. This program demonstrates the use of the vdHoriz(...) function in combination with other vd...(...) genre functions to pop-up a window in rapid fashion on your screen. Compile SCRN17.C and link the resultant SCRN17.OBJ object module with your TAB.LIB file. Running SCRN17.EXP demonstrates the powerful synergy between the vd...(...) genre functions.

5-36 The source code listing to SAVESCRN.C.

```
////////////////////////////////////////
//
// SCRN17.C
//
// Description:
//   Tests function vdHoriz(...)
//
////////////////////////////////////////

// include files here

#include <tproto.h>
#include <stdio.h>

void main(void);

void
main()
{
int attr;        // attribute
int token;       // screen token
int row;         // row counter

// turn off the cursor

offCur();

// set the attribute char
//      WHITE      -> foreground
//      BLUE       -> background
//      INTENSITY  -> intensity on
//      BLINK      -> blink off

attr = mkAttr(WHITE,BLUE,ON_INTENSITY,OFF_BLINK);

// clear the screen

scrnClr(attr);

// reset the attribute char
```

```
//      WHITE      -> foreground
//      RED        -> background
//      INTENSITY  -> intensity on
//      BLINK      -> blink off

attr = mkAttr(WHITE,RED,ON_INTENSITY,OFF_BLINK);

// draw a box on the screen

vdVert(1,1,21,attr);
vdVert(1,40,21,attr);
vdHoriz(1,1,40,attr);
vdHoriz(21,1,40,attr);

// write upper left corner character
token = mkToken(218,attr);
vdChar(1,1,token);

// write upper right corner character
token = mkToken(191,attr);
vdChar(1,40,token);

// write lower left corner character
token = mkToken(192,attr);
vdChar(21,1,token);

// write klower right corner character
token = mkToken(217,attr);
vdChar(21,40,token);

// fill in box with attribute

for(row=1; row<21; row++)
   vdAttr(row,1,40,attr);

// write title for the box

vdWrite(1,13,14," Chucky's Box ",attr);

// wait for key press

getch();

// turn on the cursor

onCur();

// clear the screen with the normal attribute

scrnClr(7);

}
```

Save and restore screen
Functions: saveScrn(...), restScrn(...)

The saveScrn(...) function saves the screen to an internal memory buffer using direct memory access. The restScrn(...) function restores the previously saved screen to the visible screen. These screen-save and screen-restore routines are much faster than the BIOS screen-save and screen-restore routines.

SCRNSAVE.C, shown in FIG. 5-37, is the source code for both the saveScrn(...) and restScrn(...) functions. Compile SCRNSAVE.C and add the resultant SAVESCRN.OBJ object module to your TAB.LIB file.

5-37 The source code listing to SCRNSAVE.C.

```
////////////////////////////////////
//
// SCRNSAVE.C
//
// Description:
//   Saves screen and restores screen
//   via direct memory. (Pharlap version)
//
////////////////////////////////////

// include files here

#include <stdio.h>
#include <tproto.h>

static short int sbuff[2000];

////////////////////////////////////
//
// Saves the screen via direct memory
// access to sbuff buffer
//
////////////////////////////////////

void
saveScrn()
{
int row,col;
short int *ptr;
ptr=sbuff;
for(row=0; row<25; row++)
   for(col=0; col<80; col++)
      *ptr++ = vrdChar(row,col);
}
```

```
/////////////////////////////////////
//
// Restores the screen via direct memory
// access from sbuff buffer
//
/////////////////////////////////////

void
restScrn()
{
int row,col;
short int *ptr;
ptr=sbuff;
for(row=0; row<25; row++)
   for(col=0; col<80; col++)
       vdChar(row,col,*ptr++);
}
```

Now take a look at SCRN18.C, shown in FIG. 5-38. This program acts as a visual summary demonstrating why accessing the screen via direct-memory access is preferable to BIOS-based methods of writing to the screen.

5-38 The source code listing to SCRN18.C.

```
/////////////////////////////////////
//
// SCRN18.C
//
// Description:
//  Tests function saveScrn(...)
//                 restScrn(...)
//
/////////////////////////////////////

// include files here

#include <tproto.h>
#include <stdio.h>

void main(void);

void
main()
{
int attr;       // attribute
int token;      // screen token
int row;        // row counter

// BIOS version of pop up
```

5-38 Continued.

```
// save the cursor location

sCloc();

// turn off the cursor

offCur();

// save the screen image

scsaveScrn();

// set the attribute char
//      WHITE     -> foreground
//      BLUE      -> background
//      INTENSITY -> intensity on
//      BLINK     -> blink off

attr = mkAttr(WHITE,BLUE,ON_INTENSITY,OFF_BLINK);

// clear the screen

scrnClr(attr);

// reset the attribute char
//      WHITE     -> foreground
//      RED       -> background
//      INTENSITY -> intensity on
//      BLINK     -> blink off

attr = mkAttr(WHITE,RED,ON_INTENSITY,OFF_BLINK);

// draw a box on the screen

scVert(1,1,21,attr);
scVert(1,40,21,attr);
scHoriz(1,1,40,attr);
scHoriz(21,1,40,attr);

// write upper left corner character
token = mkToken(218,attr);
scChar(1,1,token);

// write upper right corner character
token = mkToken(191,attr);
scChar(1,40,token);

// write lower left corner character
token = mkToken(192,attr);
scChar(21,1,token);

// write klower right corner character
```

```c
        token = mkToken(217,attr);
        scChar(21,40,token);

        // fill in box with attribute
        for(row=1; row<21; row++)
            scAttr(row,1,40,attr);

        // write title for the box

        scWrite(1,13,14," Chucky's Box ",attr);

        // wait for key press

        getch();

        // restore the screen image

        screstScrn();

        // save the screen image using direct
        // video access

        saveScrn();

        // print try again message

        printf("\n\nPress any key for Direct Video Access Demo");

        // wait here

        getch();

        // set the attribute char
        //      WHITE     -> foreground
        //      BLUE      -> background
        //      INTENSITY -> intensity on
        //      BLINK     -> blink off

        attr = mkAttr(WHITE,BLUE,ON_INTENSITY,OFF_BLINK);

        // clear the screen

        scrnClr(attr);

        // reset the attribute char
        //      WHITE     -> foreground
        //      RED       -> background
        //      INTENSITY -> intensity on
        //      BLINK     -> blink off

        attr = mkAttr(WHITE,RED,ON_INTENSITY,OFF_BLINK);

        // draw a box on the screen
```

5-38 Continued.

```
vdVert(1,1,21,attr);
vdVert(1,40,21,attr);
vdHoriz(1,1,40,attr);
vdHoriz(21,1,40,attr);

// write upper left corner character
token = mkToken(218,attr);
vdChar(1,1,token);

// write upper right corner character
token = mkToken(191,attr);
vdChar(1,40,token);

// write lower left corner character
token = mkToken(192,attr);
vdChar(21,1,token);

// write lower right corner character
token = mkToken(217,attr);
vdChar(21,40,token);

// fill in box with attribute
for(row=1; row<21; row++)
   vdAttr(row,1,40,attr);

// write title for the box

vdWrite(1,13,14," Chucky's Box ",attr);

// wait for key press

getch();

// restore the screen image

restScrn();

// turn on the cursor

onCur();

// restore the cursor location

rCloc();


}
```

Summary

This chapter presented a substantial base of protected mode screen-handling routines. The sc... set of routines used the BIOS to access the screen and the vd... set of routines accessed the screen via direct memory access. It was demonstrated that using direct memory access for screen-handling methods produces very professional-looking programs.

It was explained that direct memory access can be accomplished by using an LDT segment selector, which is usually provided by your DOS extender. The demonstration programs in this chapter were specifically designed to work with the Phar Lap DOS extender.

6
Library routines: Sound-generation functions

Ah, sound. There's always been something about a computer generating sounds (and moving objects about the screen) that brings a smile to my face. I started programming years back on the classic Atari 800 computer. Sound generation was greatly simplified by the built-in sound chip called Pokey. When I began exploring the Atari ST's MIDI (Musical Instrument Digital Interface) I found wondrous delight in writing a MIDI sequencer and having the ST play my Casio keyboard synthesizer far better than I ever imagined possible.

Alas, when I arrived in the IBM PC and clone world I felt sad when I learned of the pitiful sound capabilities of the PC. There's no default hardware, Pokey, MIDI interface, or sound chip of any sort. PC's however, can emit an annoying beep from a built-in transistor radio-type maintenance speaker. There are sound boards for the PC, but I do not know one person who owns one. Writing sound-generation routines that tweak the pathetic speaker seems like the most sensible thing for a programmer to do.

On the plus side of getting your PC to generate sound, trying to find creative solutions in a severely restricting environment can prove to be a rewarding experience. As testimony of my belief in that view, I asked my wife for a mechanical pencil and a monk's robe for my 40th birthday a while back. But that's another story...

Chapter 6 presents two basic sound-generation routines and explores some different ways to get the most from them. The two sound routines presented in this chapter are:

onSound(...)   Sets the speaker vibrating at a defined rate
offSound(...)   Stops the speaker from vibrating

From the functions onSound(...) and offSound(...) two building-block canned sound routines are presented. They are:

beep(...)   Generates a beep-type sound
bleep(...) Generates a bleep-type sound

Before presenting the four routines I want to explore the notion of sound in the limited context of the PC's capabilities. Those of you familiar with sound remember that *sound* is just a vibration of a medium at a frequency that our ear and attendant biological apparatus converts into impulses that our brains turn into meaning. In sound generation you can control such variables as:

Quality   **Description**

Volume   Intensity of vibration
Pitch   Vibrations per second
Duration   When vibration starts and stop

It seems astonishing to me that all the sounds we hear are variations on changing *volume* (loudness), *pitch* (frequency) and *duration* (when sound starts and when it ends). The reality of sound is somewhat easy to describe, but the reality of how sound enters consciousness seems mind boggling (for me that is).

Looking specifically at the PC's speaker, it is somewhat easy to get it vibrating by using the PC's timer. You can start it vibrating at a rate, change the rate, and stop the vibration. Although these sound-control mechanisms seem quite limiting at first glance, let's look at how they can be enriched.

Changing the volume of sound over time is called *amplitude modulation*. Because the PC's timer can be used to control frequency of vibration and not volume, you can only control sound volume with sound on, or sound off. This allows you to introduce a *square wave*—a wave that immediately jumps to a specified volume, stays at that volume for a designated time, and abruptly returns to 0—into your sound-generation algorithms. A square wave is terribly limiting, but better than nothing.

Changing a sound's frequency over time is called *frequency modulation* and frequency modulation is very easy to accomplish with the PC's speaker. Let's scope out frequency modulation a bit.

A pure tone can be called a *carrier*. Let's say you have a carrier wave at a frequency of 1000 cycles per second. If you want to modulate the carrier tone's frequency you can alternate shifting the tone from say, 900 cycles per second to 1100 cycles per second and back. You can create a larger modulation by creating a shift range of, say, 200 to 1800 cycles per second. You can shift the tone's frequency, say, 100 times a second, 18 times a second, or two times a second. There's nothing sacred about the numbers used in these examples. Changing the shift of the frequency modulation or the rate of the modulation changes the quality of the sound.

That's not all. You don't have to keep a constant carrier tone. You could vary the carrier tone over time while keeping the frequency modulation shift and rate constant. Or you could vary the carrier frequency, the frequency modulation shift, and the frequency modulation rate all at the same time.

If you get the picture that you can create funky sounds with your PC, you're right. Figure 6-8, shown later in this chapter, is the source code to SOUND3.C. This demonstration program presents some funky sounds by playing with the carrier frequency, the frequency modulation shift, and the frequency modulation rate. However, sound should be heard and not written about. When the time is right for you, type in the listing to SOUND3.C and play away. I've just scratched the surface of sound generation on the PC and you can do a lot more.

Oh, one final note: if you've written a sound effects editor or timer interrupt sound function and are willing to share it, I'd love to see it. Otherwise I'll just have to write my own when I have some spare time.

Playing a tone from the PC's speaker
Functions: onSound(...), offSound(...)

The onSound(...) function starts the timers vibrating the PC's speaker back and forth. You control the frequency of the vibration by passing one parameter. The offSound(...) function stops the PC's speaker from vibrating.

ONSOUND.ASM, shown in FIG. 6-1 on page 142, and OFFSOUND. ASM, shown in FIG. 6-2 on page 143, are the source codes for the onSound(...) and offSound(...) functions, respectively. Assemble ONSOUND.ASM and add the resultant ONSOUND.OBJ object module to your TAB.LIB file. Then assemble OFFSOUND.ASM and add the resultant OFFSOUND.OBJ object module to your TAB.LIB file.

Delay a sound
Function: Delay(...)

The Delay(...) function receives two variables that control the duration of the delay. The duration of the Delay(...) function is also controlled by the speed of your PC. Compile the source code DELAY.C, shown in FIG. 6-3, and add the resultant DELAY.OBJ object module to your TAB.LIB file.

6-1 The source code listing to ONSOUND.ASM.

```
;/////////////////////////////////////
;//
;// ONSOUND.ASM
;//
;// Description:
;//    Turns the sound output
;//    via the timer on at a
;//    specified rate
;//
;// Entry:
;//   Parameter 1: tone
;//
;// Exit:
;//   (nothing)
;//
;/////////////////////////////////////

     .386

tone    EQU [EBP+8]

    DOSSEG

    .MODEL SMALL

    .CODE

        PUBLIC  _onSound

_onSound PROC
    push   EBP
    mov    EBP,ESP
    mov    AL,0b6H  ; tell timer prep for new sound
    out    43H,AL
    mov    AX,tone  ; new tone to timer, LSB
    out    42H,AL
    mov    AL,AH     ; MSB -> LSB
    out    42H,AL    ; LSB -> timer
    in     AL,61H    ; enable speaker output via time
    or     AL,3
    out    61H,AL
    mov    ESP,EBP
    pop    EBP
    ret
_onSound ENDP

    END
```

6-2 The source code listing to OFFSOUND.ASM.

```
;///////////////////////////////////////
;//
;// OFFSOUND.ASM
;//
;// Description:
;//   Turns the sound output
;//   via the timer off
;//
;// Entry:
;//   (nothing)
;//
;// Exit:
;//   (nothing)
;//
;///////////////////////////////////////


    .386

    DOSSEG

    .MODEL SMALL

    .CODE

    PUBLIC  _offSound

_offSound PROC
    in   AL,61H ; disable speaker
    and  AL,0fcH ; output via timer
    out  61H,AL
    ret
_offSound ENDP

    END
```

6-3 The source code listing to DELAY.C.

```
///////////////////////////////////////
//
// DELAY.C
//
// Description:
//  Simple delay.
//
// Entry:
//  Parameter 1: outer loop counter
```

```
// Parameter 2: inner loop counter
//
// Exit:
//  (nothing)
//
/////////////////////////////////////////

// include files

#include <tproto.h>

void
Delay(val1,val2)
int val1,val2;
{
int cnt1,cnt2;
for(cnt1=0; cnt1<val1; cnt1++)
    for(cnt2=0; cnt2<val2; cnt2++)
       cnt2=cnt2;
}
```

Make a beep sound
Function: beep(...)

The beep(...) function beeps the speaker when called by sending a single carrier frequency to the speaker and not altering the frequency over time. Compile the source code BEEP.C, shown in FIG. 6-4, and add the resultant BEEP.OBJ object module to your TAB.LIB file.

6-4 The source code listing to BEEP.C.

```
/////////////////////////////////////////
//
// BEEP.C
//
// Description:
//  Produces a constant tone from the
//  speaker.
//
/////////////////////////////////////////

// include files

#include <tproto.h>

void
beep()
{
```

```
short int cnt;
onSound(500);
for(cnt=0; cnt<200; cnt++)
   Delay(100,20);
offSound();
}
```

Now take a look at SOUND1.C, shown in FIG. 6-5. This program demonstrates the use of the onSound(...), offSound(...), Delay(...), and beep(...) functions. Compile SOUND1.C and link the resultant SOUND1.OBJ object module with your TAB.LIB file. Running SOUND1.EXP plays the beep.

6-5 The source code listing to SOUND1.C.

```
/////////////////////////////////////////
//
// SOUND1.C
//
// Description:
//   Tests: onSound(...)
//          offSound(...)
//          Delay(...)
//          beep(...)
//
/////////////////////////////////////////

// include files

#include <stdio.h>
#include <tproto.h>

// function prototypes

void main(void);

void
main()
{
// constant tone beep

beep();

}
```

Make a bleep sound
Function: bleep(...)

The bleep(...) function bleeps the speaker. A bleep sound is worth a thousand words, so I won't try to describe the sound. Compile the source code

BLEEP.C, shown in FIG. 6-6, and add the resultant BLEEP.OBJ object module to your TAB.LIB file.

Now compile SOUND2.C, shown in FIG. 6-7, and link the resultant SOUND2.OBJ object module with your TAB.LIB file. Running SOUND2. EXP shows how to use the bleep(...) function to play a bleep from the PC's speaker.

6-6   The source code listing to BLEEP.C.

```
/////////////////////////////////////
//
// BLEEP.C
//
// Description:
//   Sweeping tone sound.
//
/////////////////////////////////////

// include files

#include <tproto.h>

void
bleep()
{
int count;
for(count=1000; count>10; count -= 5)
   {
   onSound(count);
   Delay(100,20);
   }
offSound();
}
```

6-7   The source code listing to SOUND2.C.

```
/////////////////////////////////////
//
// SOUND2.C
//
// Description:
//   Tests: bleep(...)
//
/////////////////////////////////////

// include files

#include <stdio.h>
#include <tproto.h>
```

```
// function prototypes

void main(void);

void
main()
{
// constant tone beep

bleep();

}
```

Funky sound program

The program SOUND3.C, shown in FIG. 6-8, demonstrates how to create some funky sounds. These funky sounds are created using some of the frequency modulation techniques discussed earlier in this chapter. Examine SOUND3.C's comments for more information on how the sounds are produced. Function gt Key ( ) is presented in FIG. 7-1, on page 160, which is necessary to run the program listed in FIG. 6-8.

6-8 The source code listing to SOUND3.C.

```
/////////////////////////////////////
//
// SOUND3.C
//
// Description:
//   Sound demonstration program
//
/////////////////////////////////////

// include files

#include <stdio.h>
#include <tproto.h>

// function prototypes

void main(void);
void snd1(void);
void snd2(void);
void snd3(void);
void snd4(void);
void snd5(void);
void snd6(void);
void snd7(void);
void snd8(void);
```

```
void snd9(void);
void snd10(void);
void snd11(void);
void snd12(void);
void snd13(void);

void
main()
{
// constant tone beep
printf("Constant tone beep -> Press any key to hear\n");
gtKey();
bleep();
printf("Press any key to continue\n");

// wait for key press

gtKey();

// constant tone beep
printf("Sweeping bleep -> Press any key to hear\n");
gtKey();
bleep();
printf("Press any key to continue\n");

// wait for key press

gtKey();

// FM demo 1
printf("FM Demo 1 -> Press any key to hear\n");
gtKey();
snd1();
printf("Press any key to continue\n");

// wait for key press

gtKey();

// FM demo 2
printf("FM Demo 2 -> Press any key to hear\n");
gtKey();
snd2();
printf("Press any key to continue\n");

// wait for key press

gtKey();

// FM demo 3
printf("FM Demo 3 -> Press any key to hear\n");
gtKey();
```

```c
    snd3();
    printf("Press any key to continue\n");

    // wait for key press

    gtKey();

    // FM demo 4
    printf("FM Demo 4 -> Press any key to hear\n");
    gtKey();
    snd4();
    printf("Press any key to continue\n");

    // wait for key press

    gtKey();

    // FM demo 5
    printf("FM Demo 5 -> Press any key to hear\n");
    gtKey();
    snd5();
    printf("Press any key to continue\n");

    // wait for key press

    gtKey();

    // FM demo 6
    printf("FM Demo 6 -> Press any key to hear\n");
    gtKey();
    snd6();
    printf("Press any key to continue\n");

    // wait for key press

    gtKey();

    // FM demo 7
    printf("FM Demo 7 -> Press any key to hear\n");
    gtKey();
    snd7();
    printf("Press any key to continue\n");

    // wait for key press

    gtKey();

    // FM demo 8
    printf("FM Demo 8 -> Press any key to hear\n");
    gtKey();
    snd8();
    printf("Press any key to continue\n");

    // wait for key press
```

6-8 Continued.

```
gtKey();

// FM demo 9
printf("FM Demo 9 -> Press any key to hear\n");
gtKey();
snd9();
printf("Press any key to continue\n");

// wait for key press

gtKey();

// FM demo 10
printf("FM Demo 10 -> Press any key to hear\n");
gtKey();
snd10();
printf("Press any key to continue\n");

// wait for key press

gtKey();

// FM demo 11
printf("FM Demo 11 -> Press any key to hear\n");
gtKey();
snd11();
printf("Press any key to continue\n");

// wait for key press

gtKey();

// FM demo 12
printf("FM Demo 12 -> Press any key to hear\n");
gtKey();
snd12();
printf("Press any key to continue\n");

// wait for key press

gtKey();

// FM demo 13
printf("FM Demo 13 -> Press any key to hear\n");
gtKey();
snd13();
printf("Press any key to continue\n");

// wait for key press

gtKey();

}
```

```
//////////////////////////////////////
//
// Slight variance FM on constant tone with
// fast frequency shift
//
//////////////////////////////////////

void
snd1()
{
int cnt;
int tone;

tone = 100;
for(cnt=0; cnt<200; cnt++)
    {
    onSound(1000+tone);
    Delay(100,50);
    onSound(1000-tone);
    Delay(100,50);
    }
offSound();
}


//////////////////////////////////////
//
// Large variance FM on constant tone with
// fast frequency shift
//
//////////////////////////////////////

void
snd2()
{
int cnt;
int tone;

tone = 700;
for(cnt=0; cnt<200; cnt++)
    {
    onSound(1000+tone);
    Delay(100,50);
    onSound(1000-tone);
    Delay(100,50);
    }
offSound();
}



//////////////////////////////////////
//
// Slight variance FM on constant tone with
// slow frequency shift
//
//////////////////////////////////////
```

Funky sound program   151

6-8 Continued.

```
void
snd3()
{
int cnt;
int tone;

tone = 100;
for(cnt=0; cnt<50; cnt++)
   {
   onSound(1000+tone);
   Delay(400,50);
   onSound(1000-tone);
   Delay(400,50);
   }
offSound();
}
```

```
///////////////////////////////////
//
// Large variance FM on constant tone with
// slow frequency shift
//
///////////////////////////////////

void
snd4()
{
int cnt;
int tone;

tone = 700;
for(cnt=0; cnt<50; cnt++)
   {
   onSound(1000+tone);
   Delay(400,50);
   onSound(1000-tone);
   Delay(400,50);
   }
offSound();
}
```

```
///////////////////////////////////
//
// Slight variance FM on sweep up tone with
// fast frequency shift
//
///////////////////////////////////

void
snd5()
{
int cnt;
```

```
  int tone;
  int sweep;

  tone = 100;

  for(sweep=0,cnt=0; cnt<200; sweep += 20,cnt++)
     {
     onSound(sweep+tone);
     Delay(100,50);
     onSound(sweep-tone);
     Delay(100,50);
     }
  offSound();
  }


//////////////////////////////////////
//
// Large variance FM on sweep up tone with
// fast frequency shift
//
//////////////////////////////////////

void
snd6()
{
int cnt;
int tone;
int sweep;

tone = 700;
for(sweep=0,cnt=0; cnt<200; sweep+=20,cnt++)
   {
   onSound(sweep+tone);
   Delay(100,50);
   onSound(sweep-tone);
   Delay(100,50);
   }
offSound();
}



//////////////////////////////////////
//
// Slight variance FM on constant tone with
// slow frequency shift
//
//////////////////////////////////////

void
snd7()
{
int cnt;
int tone;
int sweep;
```

```
tone = 100;
for(sweep=500,cnt=0; cnt<50; sweep+=80,cnt++)
   {
   onSound(sweep+tone);
   Delay(400,50);
   onSound(sweep-tone);
   Delay(400,50);
   }
offSound();
}


//////////////////////////////////////
//
// Large variance FM on constant tone with
// slow frequency shift
//
//////////////////////////////////////

void
snd8()
{
int cnt;
int tone;
int sweep;

tone = 700;
for(sweep=500,cnt=0; cnt<50; sweep+=80,cnt++)
   {
   onSound(sweep+tone);
   Delay(400,50);
   onSound(sweep-tone);
   Delay(400,50);
   }
offSound();
}


//////////////////////////////////////
//
// Slight variance FM on sweep down tone with
// fast frequency shift
//
//////////////////////////////////////

void
snd9()
{
int cnt;
int tone;
int sweep;

tone = 100;
```

```
    for(sweep=2000,cnt=0; cnt<200; sweep -= 20,cnt++)
       {
       onSound(sweep+tone);
       Delay(100,50);
       onSound(sweep-tone);
       Delay(100,50);
       }
    offSound();
    }


/////////////////////////////////////
//
// Large variance FM on sweep down tone with
// fast frequency shift
//
/////////////////////////////////////

void
snd10()
{
int cnt;
int tone;
int sweep;

tone = 700;
for(sweep=2000,cnt=0; cnt<200; sweep-=20,cnt++)
   {
   onSound(sweep+tone);
   Delay(100,50);
   onSound(sweep-tone);
   Delay(100,50);
   }
offSound();
}



/////////////////////////////////////
//
// Slight variance FM on sweep down tone with
// slow frequency shift
//
/////////////////////////////////////

void
snd11()
{
int cnt;
int tone;
int sweep;

tone = 100;
for(sweep=2000,cnt=0; cnt<50; sweep-=80,cnt++)
```

```
    {
    onSound(sweep+tone);
    Delay(400,50);
    onSound(sweep-tone);
    Delay(400,50);
    }
offSound();
}


/////////////////////////////////////
//
// Large variance FM on sweep down tone with
// slow frequency shift
//
/////////////////////////////////////

void
snd12()
{
int cnt;
int tone;
int sweep;

tone = 700;
for(sweep=2000,cnt=0; cnt<50; sweep-=80,cnt++)
    {
    onSound(sweep+tone);
    Delay(400,50);
    onSound(sweep-tone);
    Delay(400,50);
    }
offSound();
}


/////////////////////////////////////
//
// Varying FM rate on constant tone with
// slow frequency shift
//
/////////////////////////////////////

void
snd13()
{
int cnt;
int tone;
int sweep;

tone = 20;
for(cnt=0; cnt<50;cnt++)
```

```
    {
    onSound(1000+tone);
    Delay(400,50);
    onSound(1000-tone);
    Delay(400,50);
    tone+=10;
    }
offSound();
}
```

Summary

Sound-generation capabilities of a stock PC or clone are quite limited. You can use the PC's timer to evoke a tone from the limited range PC speaker. By controlling the tone's frequency over time you can create some funky sounds.

7
Library routines:
Reading the keyboard

Although the BIOS keyboard functions are rudimentary in nature, you can build upon them to create more powerful keyboard-read routines. Each key on your keyboard is defined by a 16-bit value. This 16-bit value is comprised of a combination of an 8-bit character code and an 8-bit scan code.

16-Bit Key Code

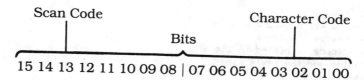

The keyboard functions in this chapter permit you to easily access the full 16-bit key code, the 8-bit character code, or the 8-bit scan code. All the 16-bit key codes are defined in the KEYBOARD.H file, presented in chapter 3.

When reading one keystroke there are two possible program sequences you might be interested in considering. The first would be to stop program execution and wait for a keystroke. Once the keystroke is received it is processed and the program continues on its merry way. The second sequence calls for the program to check if a keystroke is waiting without stopping execution. If a keystroke is waiting, then you can grab it and process the resultant key code and alter program execution in the required fashion.

Chapter 7 presents seven keyboard routines. They are:

gtKey(...)	Gets 16-bit char and scan code combo
gtChar(...)	Gets 8-bit char
gtScan(...)	Gets 8-bit scan code
gtKBflag(...)	Gets keyboard flag status
gtBKstat(...)	Gets key wait status
prompt(...)	Gets string from keyboard
inpnium(...)	Gets 32-bit int string from keyboard

Get scan and character code
Function: gtKey(...)

The gtKey(...) function stops program execution and waits for a key press. The scan code and character code are returned in the least significant word of the 32-bit int. These 16-bit scan and character key codes are defined in the KEYBOARD.H header file presented in chapter 3.

GTKEY.ASM, shown in FIG. 7-1, is the source code for the gtKey(...) function. Assemble GTKEY.ASM and add the resultant GTKEY.OBJ object module to your TAB.LIB file.

7-1 The source code to GTKEY.ASM.

```
;//////////////////////////////////
;//
;// GTKEY.ASM
;//
;// Description:
;//  Waits for a key press. When a
;//  key is presses the key's
;//  character code is placed in the
;//  AL register and the key's scan
;//  code is placed in the AH
;//  register.
;//
;// Entry:
;//  (nothing)
;//
;// Exit:
;//  AL -> key's character code
```

```
;//  AH -> key's scan code
;//
;//////////////////////////////////////

    .386

    DOSSEG

    .MODEL SMALL

    .CODE

    PUBLIC  _gtKey

_gtKey PROC
    push   EBP
    mov    EBP,ESP
    mov    AH,0
    int    16H
    mov    ESP,EBP
    pop    EBP
    ret
_gtKey    ENDP

    END
```

Compile KEY1.C, shown in FIG. 7-2, and link the resultant KEY1.OBJ object module to your TAB.LIB file. Running KEY1.EXP demonstrates how to use the gtKey(...) function to stop a program's execution and get the character and scan code of the key press.

7-2 The source code listing to KEY1.C.

```
//////////////////////////////////////
//
// KEY1.C
//
// Description:
//  Demonstrates the use of:
//  gtKey(...)
//
//////////////////////////////////////

// include files

#include <stdio.h>
#include <tproto.h>

// function prototypes
```

7-2 Continued.

```
void main(void);

void
main()
{
short int key;

// wait for key press

key = gtKey();

// print the key code 16 bit value

printf("\nThe 16 bit key value is 0x%04X\n",key);

}
```

Get a character
Function: gtChar(...)

The gtChar(...) function stops program execution and returns an 8-bit character value in an 8-bit char. GTCHAR.ASM, shown in FIG. 7-3, is the source code for this function. Assemble GTCHAR.ASM and add the resultant GTCHAR.OBJ object module to your TAB.LIB file.

7-3 The source code listing to GTCHAR.ASM.

```
;//////////////////////////////////
;//
;// GTCHAR.ASM
;//
;// Description:
;//   Waits for a key press. When a
;//   key is presses the key's
;//   character code is placed in the
;//   AL register. AH holds 0.
;//
;// Entry:
;//   (nothing)
;//
;// Exit:
;//   AL -> key's character code
;//
;//////////////////////////////////

    .386

    DOSSEG
```

```
        .MODEL SMALL

        .CODE

        PUBLIC  _gtChar

_gtChar PROC
        push    EBP
        mov     EBP,ESP
        mov     AH,0
        int     16H
        mov     AH,0
        mov     ESP,EBP
        pop     EBP
        ret

_gtChar ENDP

        END
```

Now take a look at KEY2.C, shown in FIG. 7-4, to see how the gtChar(...) function is used. Compile KEY2.C and link the resultant KEY2.OBJ object module with your TAB.LIB file. Running KEY2.EXP demonstrates how to stop program execution and get a key press' character code.

7-4   The source code listing to KEY2.C.

```
////////////////////////////////////////
//
// KEY2.C
//
// Description:
//  Demonstrates the use of:
//  gtChar(...)
//
////////////////////////////////////////

// include files

#include <stdio.h>
#include <tproto.h>

// function prototypes

void main(void);

void
main()
{
```

```
char key;

// wait for key press

key = gtChar();

// print the key code 16 bit value

printf("\nThe key character is: %c\n",key);

}
```

Get scan code
Function: gtScan(...)

The gtScan(...) function stops program execution, waits for a key press, and returns the 8-bit scan code in a char. GTSCAN.ASM, shown in FIG. 7-5, is the source code for this function. Assemble GTSCAN.ASM and add the resultant GTSCAN.OBJ object module to your TAB.LIB file.

7-5 The source code listing to GTSCAN.ASM.

```
;//////////////////////////////////
;//
;// GTSCAN.ASM
;//
;// Description:
;//   Waits for a key press. When a
;//   key is presses the key's
;//   SCAN code is placed in the
;//   AL register. AH holds 0.
;//
;// Entry:
;//   (nothing)
;//
;// Exit:
;//   AL -> key's SCAN code
;//
;//////////////////////////////////

    .386

    DOSSEG

    .MODEL SMALL

    .CODE
```

```
        PUBLIC  _gtScan

_gtScan PROC
    push  EBP
    mov   EBP,ESP
    mov   AH,0      ; get key function
    int   16H      ; via BIOS int 16h
    mov   AL,AH    ; transfer scan code to AL
    mov   AH,0      ; make 8 bit 'char' return
    mov   ESP,EBP
    pop   EBP
    ret
_gtScan   ENDP

    END
```

Compile KEY3.C, shown in FIG. 7-6, and link the resultant KEY3.OBJ object module to your TAB.LIB file. Running KEY3.EXP demonstrates how to use the gtScan(...) function to stop program execution and get the scan code of the key press.

7-6 The source code listing to KEY3.C.

```
/////////////////////////////////////
//
// KEY3.C
//
// Description:
//  Demonstrates the use of:
//  gtScan(...)
//
/////////////////////////////////////

// include files

#include <stdio.h>
#include <tproto.h>

// function prototypes

void main(void);

void
main()
{
char key;

do
```

```
{
// wait for key press

key = gtScan();

// print the key code 16 bit value

printf("\nThe key's scan code is: 0x%02X",key);

// keep looping until F10 pressed

} while (key != (F10>>8));

printf("\n\nF10 key pressed so return to DOS\n");

}
```

Get shift flag status
Function: gtKBflag(...)

The gtKBflag(...) function does not wait for a key press and returns the 8-bit shift status flags in an int. The shift flag status values are:

Bit 7 6 5 4 3 2 1 0	Key pressed	Decimal value
0 0 0 0 0 0 0 1	Right shift	001
0 0 0 0 0 0 1 0	Left shift	002
0 0 0 0 0 1 0 0	Control	004
0 0 0 0 1 0 0 0	Alt	008
0 0 0 1 0 0 0 0	Scroll on	016
0 0 1 0 0 0 0 0	Num on	032
0 1 0 0 0 0 0 0	Caps on	064
1 0 0 0 0 0 0 0	Insert toggle	128

GTKBFLAG.ASM, shown in FIG. 7-7, is the source code for the gtKBflag(...) function. Assemble GTKBFLAG.ASM and add the resultant GTKBFLAG.OBJ object module to your TAB.LIB file.

KEY4.C, shown in FIG. 7-8, demonstrates the use of the gtKBflag(...) function. Compile KEY4.C and link the resultant KEY4.OBJ object module with your TAB.LIB file. Running KEY4.EXP demonstrates how to read the shift key status without stopping program execution.

```
;////////////////////////////////////
;//
;// GTKBFLAG.ASM
;//
;// Descritption:
;//  Returns the keyboard status
;//  flags.
;//
;//  Bit             Key
;//  7 6 5 4 3 2 1 0 Pressed
;//  --------------------------------
;//  0 0 0 0 0 0 0 1  Right shift
;//  0 0 0 0 0 0 1 0  Left shift
;//  0 0 0 0 0 1 0 0  Control
;//  0 0 0 0 1 0 0 0  ALT
;//  0 0 0 1 0 0 0 0  Scroll on
;//  0 0 1 0 0 0 0 0  Num on
;//  0 1 0 0 0 0 0 0  Caps on
;//  1 0 0 0 0 0 0 0  Insert toggled
;//
;// Entry:
;//  (nothing)
;//
;// Exit:
;//  AL -> keyboard status flags
;//
;////////////////////////////////////


    .386

    DOSSEG

    .MODEL SMALL

    .CODE


    PUBLIC  _gtKBflag

_gtKBflag PROC
    push  EBP
    mov   EBP,ESP
    mov   AH,2   ; key flag stat function
    int   16H    ; via BIOS 16h
    mov   AH,0   ; return 8 bit 'char'
    mov   ESP,EBP
    pop   EBP
    ret
_gtKBflag ENDP

    END
```

```
//////////////////////////////////
//
// KEY4.C
//
// Description:
//  Demonstrates the use of:
//  gtKBflag(...)
//
//////////////////////////////////

// include files

#include <stdio.h>
#include <tproto.h>


// function prototypes

void main(void);

void
main()
{
char flag;

for(;;)
   {
   // get flag status

   flag = gtKBflag();

   // Right shift pressed?

   if( (flag & RIGHT_SHIFT) )
      printf("Right Shift, ");

   // Left shift pressed?

   if( (flag & LEFT_SHIFT) )
      printf("Left Shift, ");

   // Control pressed?

   if( (flag & CTRL_PRESS) )
      printf("Control, ");

   // ALT pressed?

   if( (flag & ALT_PRESS) )
      printf("Alt, ");

   // Scroll on?
```

```
if( (flag & SCROLL_LOCK) )
    printf("Scroll, ");

// NUMLOCK on?

if( (flag & NUM_LOCK) )
    printf("Num, ");

// CAPS on?

if( (flag & CAPS_LOCK) )
    printf("Caps, ");

// newline

printf("\n");

// INSERT on?

    if( (flag & INSERT_ON) )
        {
        printf("Insert, ");
        break;
        }

    }

}
```

Get key waiting status
Function: gtKBstat(...)

The gtKBstat(...) function does not wait for a keystroke and returns a NULL when there is no key waiting in the keyboard buffer. If a key is waiting, the 16-bit scan and character key code of the key press is returned as an int.

GTKBSTAT.ASM, shown in FIG. 7-9, is the source code for the gtKBstat(...) function. Assemble GTKBSTAT.ASM and add the GTKBSTAT.OBJ object module to your TAB.LIB file.

Then take a look at KEY5.C, shown in FIG. 7-10. This program demonstrates the use of the gtKBstat(...) function. Compile KEY5.C and link the resultant KEY5.OBJ object module with your TAB.LIB file. Executing KEY5.EXP demonstrates how to get the scan and character code from a key press without stopping program execution.

Get string from keyboard
Function: prompt(...)

The prompt(...) function gets a string of predetermined length from the keyboard, echoes the characters to the screen, and returns the string to a

7-9 The source code listing to GTKBSTAT.ASM.

```
;//////////////////////////////////
;//
;// GTKBSTAT.ASM
;//
;// Description:
;//  Checks to see if a keystroke is
;//  waiting.
;//
;// Entry:
;//  (nothing)
;//
;// Exit:
;//  Returns
;//    0                 -> on no key waiting
;//    16 bit Key Code -> on key waiting
;//
;//////////////////////////////////

    .386

    DOSSEG

    .MODEL SMALL

    .CODE

    PUBLIC  _gtKBstat

_gtKBstat PROC
    push  EBP
    mov   EBP,ESP
    mov   AH,1    ; kb stat function
    int   16H    ; keybd int
    jnz   yeskey ; jmp on no key waiting
    mov   AX,0   ; no key wait return 0
    jmp   keyexit

yeskey:          ; otherwise return scan & char
    mov   AH,0
    int   16H

keyexit:
    mov   ESP,EBP
    pop   EBP
    ret
_gtKBstat ENDP

    END
```

7-10 The source code listing to KEY5.C.

```
//////////////////////////////////////
//
// KEY5.C
//
// Description:
//  Demonstrates the use of:
//  gtKBstat(...)
//
//////////////////////////////////////

// include files

#include <stdio.h>
#include <tproto.h>

// function prototypes

void main(void);

void
main()
{
short int key;

for(;;)
   {
   // get key press status

   key = gtKBstat();

   // if no key waiting

   if(!key)
      printf("No key waiting\n");

   // key is waiting so print key
   else
      {
      printf("The key's 16 bit code is: 0x%04X",key);
      printf("\nPress any key to continue\n");
      gtKey();
      }

   // break loop and return to DOS if
   // F10 key is pressed

   if(key==F10)
      break;
   }

}
```

character buffer. The Backspace key deletes a character and moves the cursor to the left. Pressing the Escape key terminates the prompt(...) function and returns aFALSE. Pressing the Enter key terminates the prompt(...) function and returns aTRUE. The syntax for the prompt(...) function is

```
ret_val = prompt(string,length);
```

where ret_val = an int that returns aTRUE when function prompt(...) is terminated with the Enter key and aFALSE when function prompt(...) is terminated with the Escape key

string = a character gotten from the keyboard and placed in the buffer pointed to by char *string.

length = the length of the keyboard-generated string (an int value)

PROMPT.C, shown in FIG. 7-11, is the source code for the prompt(...) function. Compile PROMPT.C and add the resultant PROMPT.OBJ object module to your TAB.LIB file.

7-11 The source code listing to PROMPT.C.

```
/////////////////////////////////////
//
// PROMPT.C
//
// Description
//   Gets a string from the keyboard and
//   places it in a designated buffer.
//
//   ESC terminates prompt
//   Back Space works
//   ENTER terminates prompt
//
// ENTRY:
//   Parameter 1: char * to response buffer
//   Parameter 2: length of character field
//
// Exit:
//   aTRUE -> prompt terminated by ENTER
//   aFALSE -> prompt terminated by ESC
//
/////////////////////////////////////

#include <string.h>
#include <tproto.h>
#include <stdio.h>

int
prompt(char *response,int length)
{
```

```c
int key,exit;
int row,column;
int start,stop;
int ret_val;

// start cur location

gtCur(&row,&column);

// set column start and stop and index to response[]

start = column;
stop = start + length;

// looping condition

exit=aFALSE;

do
    {
    // adjust cursor position

    mvCur(row,column);

    // wait and get key press

    key = gtKey();

    // evaluate key press

    switch(key)
        {
        // is ENTER key

        case ENTER:
            ret_val = aTRUE;
            exit = aTRUE;
            break;

        // is ESCAPE key

        case ESCAPE:
        ret_val = aFALSE;
        exit = aTRUE;
        break;

    // another key

    default:

        // mask out scan code

        key &=0x00ff;
```

7-11 Continued.

```
// is ascii?

if( (key>=0x20)&&(key<=0x7d) )
    {
    // if END of response field not met

    if(column<stop)
        {
        // adjust cursor

        mvCur(row,column);

        // print the character

        scChr(row,column,key);

        // put the key in response buffer

        *response++ = (char)key;

        // adjust column value

        column++;
        }

    else
        // illegal key gets beep

        beep();
    }

// key is BACKSPACE

if(key==aBS)
    {
    // not at column 0

    if(column>start)
        {
        // adjust column and char *

        column--;
        response--;

        // move the cursor

        mvCur(row,column);

        // print a space

        scChr(row,column,' ');
```

```
        // null out buffer

        *response = (char)aNUL;
        }

    else
        // beep sound

                beep();
            }

            break;

        }

    } while(!exit);

*response = 0;

return(ret_val);

}
```

Look at KEY6.C, shown in FIG. 7-12, which demonstrates the use of the prompt(...) function. Compile KEY6.C and link the resultant KEY6.OBJ object module with your TAB.LIB file. Running KEY6.EXP demonstrates how to get a string from the keyboard and place it in a buffer.

7-12   The source code listing to KEY6.C.

```
//////////////////////////////////////////////
//
// KEY6.C
//
// Description:
//  Demonstrates the use of:
//   prompt(...)
//
//////////////////////////////////////////////

// include files

#include <stdio.h>
#include <tproto.h>

// function prototypes

void main(void);

void
```

```
main()
{
// buffer for prompt(...) response

char buffer[26];

// save the screen

saveScrn();

// turn off the cursor

offCur();

// save the cursor location

sCloc();

// save the size of the cursor

ssizeCur();

// clear the screen with designated attribute

scrnClr(mkAttr(WHITE,BLUE,OFF_INTENSITY,OFF_BLINK));

// re-size the cursor

sizeCur(0,14);

// print the message to the screen

printf("Test of: if(prompt(buffer,25))\n");

// print the prompt before input

printf("Enter String: ");

// highlight 25 bytes where string is entered

vdAttr(1,14,25,mkAttr(BLACK,WHITE,OFF_INTENSITY,OFF_BLINK));

// call prompt for string input

if(prompt(buffer,25))
    {
    // prompt(...) terminated with ENTER key press

    // report string length

    printf("\nSize of response is %d\n",strlen(buffer));
```

```
        // report string content

        printf("Input response is: %s\n",buffer);
        }
    else
        // prompt(...) terminated with ESCAPE key press

        // report message

        printf("\nESCAPE KEY PRESSED - NO ACTION\n");

    // turn the cursor off

    offCur();

    // print restore screen message

    printf("\nPress key to restore screen and return to DOS\n");

    // wait for key press

    gtKey();

    // restore original screen

    restScrn();

    // restore previously saved cursor size

    rsizeCur();

    // restore previously saved cursor location

    rCloc();

    // turn on the cursor

    onCur();

    }
```

Get a decimal number
Function: inpnum(...)

The inpnum(...) function allows the program's user to enter a long decimal number from the keyboard. The number is echoed on the screen starting at the current cursor location. The inpnum(...) function is terminated when the program's user presses the Enter key or the Escape key. When the Enter key is pressed inpnum(...) returns aTRUE and when the Escape is pressed inpnum(...) returns aFALSE. Function inpnum(...) permits the use of numeric keys (0 – 9), Backspace, Escape, and Enter. All other keys produce a beep.

The syntax of the inpnum(...) function is:

ret_val = inpnum(val,length);

where ret_val   holds aTRUE when function inpnum(...) terminates with an Enter key and aFALSE when function inpnum(...) terminates with an Escape key (an int value)

val =   a long pointer that receives the long value of the entered decimal number (long * val)

length =   the number of digits the program's user may enter for the decimal long (an int value)

INPNUM.C, shown in FIG. 7-13, is the source code for the inpnum(...) function. Compile INPNUM.C and add the resultant INPNUM.OBJ object module to your TAB.LIB file.

7-13   The source code listing to INPNUM.C.

```
//////////////////////////////////////
//
// INPNUM.C
//
// Description
//   Gets an integer string from the keyboard and
//   places it in a designated buffer.
//
//   ESC terminates prompt
//   Back Space works
//   ENTER terminates prompt
//
// ENTRY:
//   Parameter 1: long * to value entered
//   Parameter 2: length of number field
//
// Exit:
//   aTRUE -> prompt terminated by ENTER
//   aFALSE -> prompt terminated by ESC
//
//////////////////////////////////////

// include files here

#include <string.h>
#include <ctype.h>
#include <stdlib.h>
#include <tproto.h>

int
inpnum(long *val,int length)
```

```
{
int key,exit;
int row,column;
int start,stop;
int ret_val;
char response[50];
char *cptr;

// set character pointer

cptr = (char *)response;

// clear buffer

memset(response,'\0',50);

// start cur location

gtCur(&row,&column);

// set column start and stop and index to response[]

start = column;
stop = start + length;

// looping condition

exit=aFALSE;

do
    {
    // set cursor location

    mvCur(row,column);

    // get key press

    key = gtKey();

    // filter key press
switch(key)
    {
    // ENTER key pressed

    case ENTER:

        // return aTRUE

        ret_val = aTRUE;

        // return long value

        *val = atol(response);
```

7-13 Continued.

```
    // set loop break flag

    exit = aTRUE;

    break;

// ESCAPE key pressed

case ESCAPE:

    // return aFALSE

    ret_val = aFALSE;

    // break keyboard loop

    exit = aTRUE;

    break;

// evaluate key

default:

    // mask scan code

    key &=0x00ff;

    // is ASCII ?

    if( (key>=0x20)&&(key<=0x7d) )
        {
        // if column < end

        if(column<stop)
            {
            // move the cursor

            mvCur(row,column);

            // is key a digit? or minus?

            if( isdigit(key) || key=='-' )
                {
                // yes so print character

                scChr(row,column,key);

                // stuff ascii digit to buffer

                *cptr++ = (char)key;
```

```
        // adjust column

        column++;
        }
            else
                // not digit so beep

                beep();

            }
        else

            // beep here

            beep();
        }

    // is key a back space?

    if(key==aBS)
        {

        // if yes -> is cursor not at start?

        if(column>start)
            {
            // decrement column

            column--;

            // decrement pointer to buffer

            cptr--;

            // adjust the cursor

            mvCur(row,column);

            // print a space character

            scChr(row,column,' ');

            // stuff NULL in buffer

            *cptr = (char)aNUL;

            }

        else

            // else beep

            beep();
```

```
        }

      break;

   }

 } while(!exit);

// return key press code

return(ret_val);
}
```

___

Now look at KEY7.C, shown in FIG. 7-14. This program demonstrates the use of the inpnum(...) function. Compile KEY7.C and link the resultant KEY7.OBJ object module with your TAB.LIB file. Running KEY7.EXP demonstrates how to get a long int from the keyboard.

7-14 The source code listing to KEY7.C.

___

```
/////////////////////////////////////
//
// KEY7.C
//
// Description:
//  Demonstrates the use of:
//  inpnum(...)
//
/////////////////////////////////////

// include files

#include <stdio.h>
#include <tproto.h>

// function prototypes

void main(void);

void
main()
{
long val;

// save the screen

saveScrn();

// turn off the cursor
```

```
offCur();

// save the cursor location
sCloc();

// save the size of the cursor
ssizeCur();

// clear the screen with designated attribute

scrnClr(mkAttr(WHITE,BLUE,OFF_INTENSITY,OFF_BLINK));

// re-size the cursor
sizeCur(0,14);

// print the message to the screen
printf("Test of: if(inpnum(val,10))\n");

// print the prompt before input
printf("Enter Number: ");

// highlight 25 bytes where string is entered
vdAttr(1,14,25,mkAttr(BLACK,WHITE,OFF_INTENSITY,OFF_BLINK));

// call prompt for string input
if(inpnum(&val,10))
    // inpnum(...) terminated with ENTER key press

    // report string length

    printf("\nValue entered is: %d\n",val);
else
    // prompt(...) terminated with ESCAPE key press
    // report message

    printf("\nESCAPE KEY PRESSED - NO ACTION\n");
// turn the cursor off
offCur();

// print restore screen message
printf("\nPress key to restore screen and return to DOS\n");
```

7-14 Continued.

```
// wait for key press

gtKey();

// restore original screen

restScrn();

// restore previously saved cursor size

rsizeCur();

// restore previously saved cursor location

rCloc();

// turn on the cursor

onCur();

}
```

A simple data-entry program

KEY8.C, shown in FIG. 7-15, shows how to create a simple data-entry window by using many functions that have been previously presented in the book. The prompt(...) function is used to enter the name and address data. Compile KEY8.C and link the resultant KEY8.OBJ object module with your TAB.LIB file. Running KEY8.EXP demonstrates one way to program a data-entry window with highlighted keyboard input.

7-15 The source code listing to KEY8.C.

```
///////////////////////////////////////
//
// KEY8.C
//
// Description:
//  Demonstrates the creation of DATA ENTRY card:
//
///////////////////////////////////////

// include files

#include <stdio.h>
#include <string.h>
#include <tproto.h>

// function prototypes
```

```
void main(void);
void print_card(void);
short int add_record(void);
void verify_c_rec(void);


// name and address structure definition

typedef struct {
    int   number;
    char name[26];
    char street[41];
    char city[26];
    char state[3];
    char zip[6];
    char area_code[4];
    char phone[9];
    } NAD;

//////////////////////////////////////
//
// declaration of data
//

// declare structure for client record

NAD c_rec;

// declare default current record number

int rec_number = 5568;

// space buffer data

char buff32[] = {
    32,32,32,32,32,32,32,32,32,32,
    32,32,32,32,32,32,32,32,32,32,
    32,32,32,32,32,32,32,32,32,32,
    32,32,32,32,32,32,32,32,32,32,
    32,32,32,32,32,32,32,32,32,32,
    32,32,32,32,32,32,32,32,32,32,
    32,32,32,32,32,32,32,32,32,32,
    32,32,32,32,32,32,32,32,32,32,
    32,32,32,32,32,32,32,32,32,32,
    32,32,32,32,32,32,32,32,32,32 };

//////////////////////////////////////
//
// main(...)
//
// Description:
//   Program start
//
//////////////////////////////////////
```

7-15 Continued.

```
void
main()
{
///////////////////
// save the screen

saveScrn();

///////////////////
// turn off the cursor

offCur();

///////////////////
// save the cursor location

sCloc();

///////////////////
// save the size of the cursor

ssizeCur();

///////////////////
// clear the screen with designated attribute

scrnClr(mkAttr(WHITE,BLUE,OFF_INTENSITY,OFF_BLINK));

///////////////////
// re-size the cursor

sizeCur(0,14);

///////////////////
// print data entry card

print_card();

///////////////////
// data entry

add_record();

///////////////////
// test to see if data
// correctly entered
// in c_rec...

verify_c_rec();

///////////////////
// turn the cursor off
```

```
    offCur();

    ///////////////////////
    // wait for key press

    gtKey();

    ///////////////////////
    // restore original screen

    restScrn();

    ///////////////////////
    // restore previously saved cursor size

    rsizeCur();

    ///////////////////////
    // restore previously saved cursor location

    rCloc();

    ///////////////////////
    // turn on the cursor

    onCur();

}

/////////////////////////////////////////
//
// print_card(...)
//
// Description:
//   Prints the data entry card to the
//   screen.
//
/////////////////////////////////////////

// card data

char row1[] =
"Client Number:                              ";

char row2[] =
"Client Name:                                ";

char row3[] =
"Street Address:                             ";

char row4[] =
"City:                    State:   Zip:      ";

char row5[] =
```

7-15 Continued.

```
"Area Code:        Phone:                              ";

void
print_card()
{
int attr;

//////////////////
// set attribute

attr = mkAttr(BLACK,WHITE,OFF_INTENSITY,OFF_BLINK);

/////////////////////////
// write screen messages

vdWrite(1,1,50,row1,attr);
vdWrite(2,1,50,row2,attr);
vdWrite(3,1,50,row3,attr);
vdWrite(4,1,50,row4,attr);
vdWrite(5,1,50,row5,attr);
}


/////////////////////////////////////////
//
// add_record(...)
//
// Description:
//   Keyboard add_record for data entry
//
/////////////////////////////////////////


// cursor placement

static int c_cur[8] [2] =
   {

   1,17,
   2,15,
   3,17,
   4,6,
   4,35,
   4,43,
   5,11,
   5,23 };

// card item defaults to client name

int item = 1;


short int
```

```
add_record()
{
int done;
short int key, ret_val, attr1, attr2;
char temp[80];

////////////////////////////////////
// set data entry attributes

// static card item attribute

attr1 = mkAttr(BLACK,WHITE,OFF_INTENSITY,OFF_BLINK);

// adding new item attribute

attr2 = mkAttr(WHITE,RED,ON_INTENSITY,OFF_BLINK);

////////////////////////////////////
// clear temp buffer

memset(temp,'\0',20);

////////////////////////////////////
// clear c_rec structure

memset(&c_rec,'\0',sizeof(c_rec));

////////////////////////////////////
// update current record

c_rec.number = ++rec_number;

////////////////////////////////////
// display current record number

sprintf(temp,"%06d",c_rec.number);
vdWrite(c_cur[0][0],c_cur[0][1],6,temp,attr1);

////////////////////////////////////
// enter client name item

done = aFALSE;
do
   {
   // clear c_rec.name

   memset(c_rec.name,'\0',25);

   // set item entry space attribute

   vdWrite(c_cur[1][0],c_cur[1][1],25,buff32,attr2);

   // move cursor to item start
```

7-15 Continued.

```
   mvCur(c_cur[1][0],c_cur[1][1]);

   // enter item

   } while(!prompt(c_rec.name,25));

// item entered so re-write in card item attribute

vdAttr(c_cur[1][0],c_cur[1][1],25,attr1);

//////////////////////////////////////
// enter client street item

done = aFALSE;
do
   {
   // clear c_rec.street

   memset(c_rec.street,'\0',40);

   // set item entry space attribute

   vdWrite(c_cur[2][0],c_cur[2][1],30,buff32,attr2);

   // move cursor to item start

   mvCur(c_cur[2][0],c_cur[2][1]);

   // enter item

   } while(!prompt(c_rec.street,30));

// item entered so re-write in card item attribute

vdAttr(c_cur[2][0],c_cur[2][1],30,attr1);

//////////////////////////////////////
// enter client city item

done = aFALSE;
do
   {
   // clear c_rec.city

   memset(c_rec.city,'\0',25);

   // set item entry space attribute

   vdWrite(c_cur[3][0],c_cur[3][1],20,buff32,attr2);

   // move cursor to item start

   mvCur(c_cur[3][0],c_cur[3][1]);
```

```
                        // enter item

                        } while(!prompt(c_rec.city,20));

        // item entered so re-write in card item attribute

        vdAttr(c_cur[3][0],c_cur[3][1],20,attr1);

        /////////////////////////////////////////////
        // enter client state item

        done = aFALSE;
        do
            {
            // clear c_rec.city

            memset(c_rec.state,'\0',2);

            // set item entry space attribute

            vdWrite(c_cur[4][0],c_cur[4][1],2,buff32,attr2);
            // move cursor to item start

            mvCur(c_cur[4][0],c_cur[4][1]);

            // enter item

            } while(!prompt(c_rec.state,2));

        // item entered so re-write in card item attribute

        vdAttr(c_cur[4][0],c_cur[4][1],2,attr1);

        /////////////////////////////////////////////
        // enter client zip item

        done = aFALSE;
        do
            {
            // clear c_rec.zip

            memset(c_rec.zip,'\0',5);

            // set item entry space attribute

            vdWrite(c_cur[5][0],c_cur[5][1],5,buff32,attr2);

            // move cursor to item start

            mvCur(c_cur[5][0],c_cur[5][1]);

            // enter item

            } while(!prompt(c_rec.zip,5));
```

7-15 Continued.

```
// item entered so re-write in card item attribute

vdAttr(c_cur[5][0],c_cur[5][1],5,attr1);

/////////////////////////////////////////
// enter client area code item

done = aFALSE;
do
    {
    // clear c_rec.area_code

    memset(c_rec.area_code,'\0',3);

    // set item entry space attribute

    vdWrite(c_cur[6][0],c_cur[6][1],3,buff32,attr2);

    // move cursor to item start

    mvCur(c_cur[6][0],c_cur[6][1]);

    // enter item

    } while(!prompt(c_rec.area_code,3));

// item entered so re-write in card item attribute

vdAttr(c_cur[6][0],c_cur[6][1],3,attr1);

/////////////////////////////////////////
// enter client phone item

done = aFALSE;
do
    {
    // clear c_rec.phone
    memset(c_rec.phone,'\0',8);

    // set item entry space attribute

    vdWrite(c_cur[7][0],c_cur[7][1],8,buff32,attr2);

    // move cursor to item start

    mvCur(c_cur[7][0],c_cur[7][1]);

    // enter item

    } while(!prompt(c_rec.phone,8));

// item entered so re-write in card item attribute
```

```c
        vdAttr(c_cur[7][0],c_cur[7][1],8,attr1);


        return(aTRUE);
        }


/////////////////////////////////////
//
// verify(c)rec(...)
//
// Verify_c_rec is a c_rec monitor
// routine. When called it prints
// the contents of c_rec.
//
/////////////////////////////////////

void
verify_c_rec()
{
short int attr;

////////////////////
// make attribute

attr = mkAttr(BLACK,CYAN,OFF_INTENSITY,OFF_BLINK);

////////////////////
// c_rec.name

vdWrite(15,40,strlen(c_rec.name),c_rec.name,attr);

////////////////////
// c_rec.street

vdWrite(16,40,strlen(c_rec.street),c_rec.street,attr);

////////////////////
// c_rec.city

vdWrite(17,40,strlen(c_rec.city),c_rec.city,attr);

////////////////////
// c_rec.state

vdWrite(18,40,strlen(c_rec.state),c_rec.state,attr);

////////////////////
// c_rec.zip

vdWrite(19,40,strlen(c_rec.zip),c_rec.zip,attr);

////////////////////
// c_rec.area_code

vdWrite(20,40,strlen(c_rec.area_code),c_rec.area_code,attr);
```

```
////////////////////
// c_rec.phone

vdWrite(21,40,strlen(c_rec.phone),c_rec.phone,attr);

}
```

Summary

This chapter presented BIOS-based keyboard-read functions. Each key on your keyboard is mapped to a 16-bit value. This 16-bit value is composed of an 8-bit character code and a bit scan code. All the keyboard's 16-bit key codes are defined in the KEYBOARD.H file presented in chapter 3.

Routines were presented to stop program execution and wait for a key press, do nonstop program execution and wait for a key press, and to check the state of the keyboard flags.

8

Rectangle management

When a programmer is in the design and coding phase of a program it is very easy to underemphasize the importance of the program's user interface. Many programmers I know are heavily invested in getting the program to function as billed in the quickest execution time and using the smallest amount of code. I know. I've been guilty of placing too little emphasis on user-interface considerations in projects where I had major coding responsibilities.

When the marketing and sales evaluation people would say to me (or our programming team) "Can't you make this program a bit more user friendly?" I felt annoyed. After all, I don't use a mouse with my word processor or text editor. I don't use the new wave of integrated programmers' environments with my C compilers. I don't use a DOS shell. I'm a command-line, keyboard-type, rodent-phobic kinda' guy.

However, I'm not (too) nuts. I know that everyone is not like me. In the commercial programming environment, the "look and feel" of a program might be more important to sales than program execution. One very sensible way of presenting information to the computer user is to divide your program's screen into rectangles that contain related information. Dividing the screen into rectangular areas makes it easier to find and read your program's data. And that is why chapter 8 introduces protected-mode screen rectangle-management routines. These routines form the theoretical foundation of the window-management routines presented in chapter 9.

One key difference between rectangles and windows is the point of origin. The rectangle uses a *global-based coordinate system* where the origin (row 0, column 0) is at the upper left row and column of the screen. If you wish to write text within a rectangle you must calculate the rectangle's offset from row 0 and column 0. Although this method sounds clumsy, in practice (as you'll see) it's not too bad. However, windows with their local coordinate system are much easier to use.

Windows use a *local coordinate system*. The local coordinate system shifts the row 0, column 0 coordinate point to the upper left row and column of the window border, in effect making the windows function as a screen within a screen. You can certainly use all the ten rectangular routines presented in chapter 8 to create all the fancy-looking overlapping window images you wish, but using the windowing system presented in chapter 9 provides a tad more elegant solution to program user interface needs.

The ten rectangle routines presented in chapter 8 are:

setRect(...)   Sets the RECT structure
sizeRect(...)   Determines the rectangular screen area
clrRect(...)   Clears the rectangular area of screen
fillRect(...)   Fills the rectangle with attribute
shftRect(...)   Shifts coordinates of RECT
expdRect(...)   Expands coordinates of RECT
boxRect(...)   Clears the rectangle and draws border
saveRect(...)   Saves the rectangular screen area to memory
restRect(...)   Restores previously saved screen area

Set a RECT structure
Functions: setRect(...), sizeRect(...)

The definition of the RECT structure, shown in FIG. 8-1, is taken from the TSTRUCT.H header file presented in chapter 3. The RECT structure contains values that describe the global screen coordinates of the upper left-hand row and column and the lower right-hand row and column coordinates. The rectangle also contains a pointer to a buffer that can be used to contain the screen image beneath the rectangle you draw on the screen. More on that later.

The setRect(...) function permits you to set the variables in a declared RECT structure. These variables include the upper left-hand row and column screen location and the lower right-hand row and column screen location of the rectangle. SETRECT.C, shown in FIG. 8-2, is the source code for this function. Compile SETRECT.C and add the SETRECT.OBJ object module to your TAB.LIB file.

The sizeRect(...) function calculates the amount of memory to allocate to hold the screen image under the drawn rectangle.

8-1 The RECT structure.

```
///////////////////////////////////////
//
// RECT structure definition
//
///////////////////////////////////////

typedef struct {

    // upper left row

    int ul_row;

    // upper left column

    int ul_col;

    // lower right row

    int lr_row;

    // lower right column

    int lr_col;

    // pointer to screen image

    unsigned int *image;

} RECT;
```

8-2 The source code listing to SETRECT.C.

```
///////////////////////////////////////
//
// SETRECT.C
//
// Description:
//  Allocates memory for a RECT structure and
//  sets the structure to parameters.
//
// Entry:
//  parameter 1: RECT *
//  parameter 2: upper row int
//  parameter 3: upper col int
//  parameter 4: lower row int
```

```
//  parameter 5: lower col int
//
// Exit:
//  Returns pointer to RECT
//
/////////////////////////////////////

// include files here

#include <malloc.h>
#include <tproto.h>
#include <string.h>

char b_rect_msg[] = "NULL returned in setRect";

RECT
*setRect(RECT *R,int ur,int uc,int lr,int lc)
{
int size;

// allocate memory for structure

R = (RECT *)malloc(sizeof(RECT));

// move parameters to structure

R->ul_row = ur;
R->ul_col = uc;
R->lr_row = lr;
R->lr_col = lc;

// calculate the size of the rectangular image

size = sizeRect(R);

// allocate memory for rectangular screen image buffer

R->image = (unsigned int *)calloc(size,sizeof(int));

// return pointer to RECT

return(R);
}
```

Before testing the setRect(...) function, the sizeRect(...) function must be presented and added to your TAB.LIB file. SIZERECT.C, shown in FIG. 8-3, is the source code for the sizeRect(...) function. Compile SIZERECT.C and add the resultant SIZERECT.OBJ object module to your TAB.LIB file.

Now look at RECT1.C, shown in FIG. 8-4 on page 200. This program demonstrates the use of the setRect(...) function. Compile RECT1.C and link the resultant RECT1.OBJ object module with your TAB.LIB file. Running

```
/////////////////////////////////////
//
// SIZERECT.C
//
// Description:
//   Returns the number of ints required
//   to hold rectangle image
//
// Entry:
//   parameter 1: pointer to RECT
//
// Exit:
//   returns image size of rectangle in ints
//
/////////////////////////////////////

// include files here

#include <malloc.h>
#include <tproto.h>
#include <string.h>


unsigned int
sizeRect(RECT *R)
{
int height,width,size;

// calculate the height

height = R->lr_row - R->ul_row;

// calculate the width

width = R->lr_col-R->ul_col;

// total size of image buffer

size = (height+1) * (width+1);

return( size );
}
```

RECT1.EXP shows the contents of a RECT structure after the setRect(...) function has been initialized.

Clear rectangle from screen
Function: clrRect(...)

The clrRect(...) function clears the rectangular region of the screen described by a RECT structure which had been previously initialized using the

```
//////////////////////////////////////
//
// RECT1.C
//
// Description:
//  Demonstrates use of setRect(...)
//
//////////////////////////////////////

// include files here

#include <stdio.h>
#include <tproto.h>


// function prototypes

void main(void);

// main program

void
main()
{
RECT *R;

// set the values in rectangular structure
// to:
//     upper left row     = 3
//     upper left column  = 20
//     lower right row    = 12
//     lower right column = 60

R = setRect(R,3,20,12,60);

// display rectangle contents

printf("R->ul_row = %d\n",R->ul_row);
printf("R->ul_col = %d\n",R->ul_col);
printf("R->lr_row = %d\n",R->lr_row);
printf("R->lr_col = %d\n",R->lr_col);

// display size of image buffer

printf("Size of image buffer = %d\n",sizeRect(R));

}
```

setRect(...) function. The screen rectangle is cleared using the NORMAL (7 = WHITE foreground, BLACK background, INTENSITY off, BLINK off) attribute.

CLRRECT.C, shown in FIG. 8-5, is the source code to the clrRect.(...) function. Compile CLRRECT.C and add the resultant CLRRECT.OBJ object module to your TAB.LIB file. Note that the aclrRect(...) function is called from within the clrRect(...) function and must be added to your TAB.LIB file before you clear any screen rectangles.

8-5 The source code listing to CLRRECT.C.

```
////////////////////////////////////////
//
// CLRRECT.C
//
// Description:
//  Clears the rectangle using the
//  normal (7) screen attribute
//
////////////////////////////////////////


#include <tproto.h>

void
clrRect(RECT *R)
{
// use the BIOS to clear the rectangle

aclrrect(R->ul_row,R->ul_col,R->lr_row-1,R->lr_col-1,7);
}
```

The aclrRect(...) function clears the rectangular area of the screen with a designated screen attribute via the BIOS. ACLRRECT.ASM, shown in FIG. 8-6, is the source code for this function. Assemble ACLRRECT.ASM and add the resultant ACLRRECT.OBJ object module to your TAB.LIB file.

Now look at RECT2.C, shown in FIG. 8-7. This program demonstrates the use of the clrRect(...) function. Compile RECT2.C and link the resultant RECT2.OBJ object module with your TAB.LIB file. Running RECT2.EXP demonstrates how to clear a rectangular area of the screen using the NORMAL (7) attribute.

Fill rectangle with attribute
Function: fillRect(...)

The fillRect(...) function is almost identical to the clrRect(...) function with the exception that the fillRect(...) function permits you to designate the screen attribute that you wish to use in clearing the rectangular portion of the screen.

8-6 The source code listing to ACLRRECT.ASM.

```
;//////////////////////////////////
;
; ACLRRECT.ASM
;
; Description:
;   Clears the screen using a designated
;   attribute
;
;//////////////////////////////////

; Enable 386 assembly instructions

    .386

;// parameters on stack

p1 EQU BYTE PTR [EBP+8]
p2 EQU BYTE PTR [EBP+12]
p3 EQU BYTE PTR [EBP+16]
p4 EQU BYTE PTR [EBP+20]
p5 EQU BYTE PTR [EBP+24]

; Simplified MASM 5.0+ directives

    DOSSEG

    .MODEL SMALL

    .CODE

; delcare procedure as public

    PUBLIC  _aclrrect

_aclrrect PROC
    push EBP       ; set stack frame
    mov  EBP,ESP
    xor  AX,AX     ; lines to scroll 0
    mov  CH,p1     ; UL row
    mov  CL,p2     ; UL column
    mov  DH,p3     ; LR row
    mov  DL,p4     ; LR column
    mov  BH,p5     ; screen attribute
    mov  AH,6      ; vid scroll up function
    int  10H       ; bios do it
    mov  ESP,EBP   ; restore stack and base pointer
    pop  EBP
    ret
_aclrrect ENDP

    END

;//////////////////////////////////
```

```
/////////////////////////////////////
//
// RECT1.C
//
// Description:
//   Demonstrates use of clrRect(...)
//
/////////////////////////////////////

// include files here

#include <stdio.h>
#include <tproto.h>


// function prototypes

void main(void);

// main program

void
main()
{
RECT *R;
int attr;

// set attribute byte

attr = mkAttr(WHITE,BLUE,OFF_INTENSITY,OFF_BLINK);

// set the values in rectangular structure
// to:
//     upper left row     = 3
//     upper left column  = 20
//     lower right row     = 12
//     lower right column = 60

R = setRect(R,3,20,12,60);

// clear the screen

scrnClr(attr);

// clear the rectangle

clrRect(R);

// wait for key press

gtKey();
```

8-7 Continued.

```
// clear the screen and move cursor
// to row 0 and column 0

scrnClr(7);

}
```

FILLRECT.C, shown in FIG. 8-8, is the source code for the fillRect(...) function. Compile FILLRECT.C and add the resultant FILLRECT.OBJ object module to your TAB.LIB file.

8-8 The source code listing to FILLRECT.C.

```
/////////////////////////////////////////
//
// FILLRECT.C
//
// Description:
//   Clears the rectangle using the
//   passed attribute screen attribute
//
/////////////////////////////////////////


#include <tproto.h>

void
fillRect(RECT *R,int attr)
{
// use the BIOS to clear the rectangle

aclrrect(R->ul_row,R->ul_col,R->lr_row-1,R->lr_col-1,attr);
}
```

Then compile RECT3.C, shown in FIG. 8-9, and link the resultant RECT3.OBJ object module with your TAB.LIB file. Running RECT3.EXP demonstrates how to use fillRect(...) to fill a rectangular area of the screen using a specified attribute.

Shift coordinates of rectangle
Function: shftRect(...)

The shftRect(...) function changes the row and column coordinates of a declared RECT structure's values. This function can prove useful in creat-

8-9 The source code listing to RECT3.C.

```
//////////////////////////////////////
//
// RECT3.C
//
// Description:
//  Demonstrates use of fillRect(...)
//
//////////////////////////////////////

// include files here

#include <stdio.h>
#include <tproto.h>


// function prototypes

void main(void);

// main program

void
main()
{
RECT *R;
int attr,attr1;

// set attribute bytes

attr = mkAttr(WHITE,BLUE,OFF_INTENSITY,OFF_BLINK);
attr1 = mkAttr(WHITE,GREEN,OFF_INTENSITY,OFF_BLINK);

// set the values in rectangular structure
// to:
//     upper left row     = 3
//     upper left column  = 20
//     lower right row     = 12
//     lower right column = 60

R = setRect(R,3,20,12,60);

// clear the screen

scrnClr(attr);

// fill the rectangle

fillRect(R,attr1);

// wait for key press

gtKey();
```

```
// clear the screen and move
// the cursor to row 0 and column 0

scrnClr(7);

}
```

ing interesting screen displays. SHFTRECT.C, shown in FIG. 8-10, is the
source code for this function. Compile SHFTRECT.C and add the resultant
SHFTRECT.OBJ object module to your TAB.LIB file.

Now look at RECT4.C, shown in FIG. 8-11. This program demonstrates
one use of the shftRect(...) function. Compile RECT4.C and link the resultant
RECT4.OBJ object module with your TAB.LIB file. Running RECT4.EXP
demonstrates how to display multiple overlapping rectangles on the
screen.

8-10 The source code listing to SHFTRECT.C.

```
//////////////////////////////////////////
//
// SHFTRECT.C
//
// Description:
//   Shifts the row and column
//   location of a rectangle. The size
//   of the rectangle remains constant.
//
// Entry:
//   paramtere 1: pointer to RECT structure
//   parameter 2: shift value for row loc.
//   parameter 3: shift value for column loc.
//
//////////////////////////////////////////

// include files here

#include <tproto.h>


void
shftRect(RECT *R,int row_s,int col_s)
{
// adjust row values in structure

R->ul_row+=row_s;
R->lr_row+=row_s;
```

```
// adjust column values in structure

R->ul_col+=col_s;
R->lr_col+=col_s;

}
```

8-11   The source code listing to RECT4.C.

```
/////////////////////////////////////////
//
// RECT4.C
//
// Description:
//   Demonstrates use of shftRect(...)
//
/////////////////////////////////////////

// include files here

#include <stdio.h>
#include <tproto.h>


// function prototypes

void main(void);

// main program

void
main()
{
RECT *R;
int attr,attr1;

// set attribute bytes

attr = mkAttr(WHITE,BLUE,OFF_INTENSITY,OFF_BLINK);

// set the values in rectangular structure
// to:
//     upper left row      = 3
//     upper left column  = 20
//     lower right row     = 12
//     lower right column = 60

R = setRect(R,0,0,9,40);

// clear the screen

scrnClr(attr);
```

8-11 Continued.

```
// turn the cursor off

offCur();

// print message

printf("Press any key to continue\n");

// wait here

gtKey();

// fill the rectangle

attr1 = mkAttr(WHITE,RED,OFF_INTENSITY,OFF_BLINK);
fillRect(R,attr1);
bleep();

// shift the rectangle and fill and delay

attr1 = mkAttr(WHITE,GREEN,OFF_INTENSITY,OFF_BLINK);
shftRect(R,1,2);
fillRect(R,attr1);
bleep();

// shift the rectangle and fill and delay

attr1 = mkAttr(WHITE,MAGENTA,OFF_INTENSITY,OFF_BLINK);
shftRect(R,1,2);
fillRect(R,attr1);
bleep();

// shift the rectangle and fill and delay

attr1 = mkAttr(WHITE,BROWN,OFF_INTENSITY,OFF_BLINK);
shftRect(R,1,2);
fillRect(R,attr1);
bleep();

// shift the rectangle and fill and delay

attr1 = mkAttr(WHITE,CYAN,OFF_INTENSITY,OFF_BLINK);
shftRect(R,1,2);
fillRect(R,attr1);
bleep();

// shift the rectangle and fill and delay

attr1 = mkAttr(WHITE,WHITE,OFF_INTENSITY,OFF_BLINK);
shftRect(R,1,2);
fillRect(R,attr1);
bleep();
```

```
// shift the rectangle and fill and delay

attr1 = mkAttr(WHITE,BLACK,OFF_INTENSITY,OFF_BLINK);
shftRect(R,1,2);
fillRect(R,attr1);
bleep();

// wait for key press

gtKey();

// clear the screen and return
// cursor to row 0, and column 0

scrnClr(7);

// turn the cursor on

onCur();

}
```

Expand coordinates of rectangle
Function: expdRect(...)

The expdRect(...) function takes the values declared and initialized in a
RECT structure and expands the area of the rectangle. This is accom-
plished by decrementing the row and column of the upper left-hand cor-
ner of the rectangle and incrementing the lower right-hand corner of the
rectangle by one row and column. The expdRect(...) function can be used to
generate expanding rectangles on the screen. Expanding rectangles and
windows are now in vogue in some user interfaces.

EXPDRECT.C, shown in FIG. 8-12, is the source code for the expdRect(...)
function. Compile EXPDRECT.C and add the resultant EXPDRECT.OBJ
object module to your TAB.LIB file.

8-12   The source code listing to EXPDRECT.C.

```
///////////////////////////////////////////
//
// EXPDRECT.C
//
// Description:
//   Shifts the row and column
//   location of a rectangle so it expands.
//   The center of the rectangle remains constant.
//
// Entry:
//   paramtere 1: pointer to RECT structure
```

8-12 Continued.

```
//  parameter 2: expand value for row .
//  parameter 3: expand value for column loc.
//
////////////////////////////////////////

// include files here

#include <tproto.h>


void
expdRect(RECT *R,int row_s,int col_s)
{
// adjust row values in structure

R->ul_row-=row_s;
R->lr_row+=row_s;

// adjust column values in structure

R->ul_col-=col_s;
R->lr_col+=col_s;

}
```

Now look at RECT5.C, shown in FIG. 8-13. This program demonstrates one way of expanding a rectangle in the screen using the expdRect(...) function. Compile RECT5.C and link the resultant RECT5.OBJ object module with your TAB.LIB file. Running RECT5.EXP demonstrates how to expand a rectangular area on the screen.

8-13 The source code listing to RECT5.C.

```
////////////////////////////////////////
//
// RECT5.C
//
// Description:
//  Demonstrates use of expdRect(...)
//
////////////////////////////////////////

// include files here

#include <stdio.h>
#include <tproto.h>


// function prototypes
```

```
                void main(void);
                void breep(void);

                // main program

                void
                main()
                {
                RECT *R;
                int attr,attr1,count;

                // set attribute bytes

                attr = mkAttr(WHITE,BLUE,OFF_INTENSITY,OFF_BLINK);

                // set the values in rectangular structure
                // to (expanded 4 times):
                //     upper left row      = 11
                //     upper left column   = 36
                //     lower right row      = 12
                //     lower right column = 44

                R = setRect(R,11,36,12,44);

                // clear the screen

                scrnClr(attr);

                // turn the cursor off

                offCur();

                // print message

                printf("Press any key to continue\n");

                // wait here

                gtKey();

                // set rectangle attribute

                attr1 = mkAttr(WHITE,MAGENTA,OFF_INTENSITY,OFF_BLINK);

                // expand rectangle 6 times

                for(count=0; count<6; count++)
                   {
                   expdRect(R,1,4);
                   fillRect(R,attr1);
                   breep();
                   }

                // wait for key press
```

Clear rectangle and draw border   211

```
gtKey();

// clear the screen and return
// cursor to row 0, and column 0

scrnClr(7);

// turn the cursor on

onCur();

}

/////////////////////////////////////
//
// breep(...)
//
// Description:
//   breep sound
//
/////////////////////////////////////

void
breep()
{
int count;

for(count=0; count<200; count++)
    {
    onSound(1500);
    Delay(20,20);
    offSound();
    Delay(20,20);
    }
Delay(200,200);
}
```

Clear rectangle and draw border
Function: boxRect(...)

The boxRect(...) function clears a rectangle on the screen with a designated screen attribute and border type. The border types are:

Border Type		Border Line Description	
Label	Value	Top/Bottom	Left/Right
S_S_S_S	0	Single	Single
S_S_D_D	1	Single	Double
D_D_S_S	2	Double	Single
D_D_D_D	3	Double	Double

These predefined border types are contained in TSTRUCT.H (presented in chapter 3).

As you can see there are four symmetrical border types available in the boxRect(...) function. If you wish to add more border types to boxRect(...) it is very easy to do. A quick glance at this function's source code, shown in FIG. 8-14, will give you the necessary clues. Compile BOXRECT.C and add the resultant BOXRECT.OBJ object module to your TAB.LIB file.

8-14 The source code listing to BOXRECT.C.

```
/////////////////////////////////////////
//
// BOXRECT.C
//
// Description:
//   Draws a box around a RECT structure
//
// Entry:
//   parameter 1: RECT *
//   parameter 2: box type
//   parameter 3: attribute
//
/////////////////////////////////////////

// include files

#include <stdio.h>
#include <tproto.h>

// data

static char xwb_blank[80] = {
    32,32,32,32,32,32,32,32,
    32,32,32,32,32,32,32,32,
    32,32,32,32,32,32,32,32,
    32,32,32,32,32,32,32,32,
    32,32,32,32,32,32,32,32,
    32,32,32,32,32,32,32,32,
    32,32,32,32,32,32,32,32,
    32,32,32,32,32,32,32,32,
    32,32,32,32,32,32,32,32,
    32,32,32,32,32,32,32 };


void
boxRect(RECT *R,int boxer,int attr1)
{
int row,column;
int token;
int top_bot,left_right,ul,ur,ll,lr;

// set border type
```

```
switch(boxer)
    {
    case 1:
        top_bot = 196;
        left_right = 186;
        ul = 214;
        ur = 183;
        ll = 211;
        lr = 189;
        break;

    case 2:
        top_bot = 205;
        left_right = 179;
        ul = 213;
        ur = 184;
        ll = 212;
        lr = 190;
        break;

    case 3:
        top_bot = 205;
        left_right = 186;
        ul = 201;
        ur = 187;
        ll = 200;
        lr = 188;
        break;
    default:
        top_bot = 196;
        left_right = 179;
        ul = 218;
        ur = 191;
        ll = 192;
        lr = 217;
        break;
    }


// cleate blank token

token = mkToken((int)' ',attr1);

// draw in rectangle

for(row=R->ul_row; row<R->lr_row; row++)
    vdWrite(row,R->ul_col,R->lr_col - R->ul_col,xwb_blank,attr1);

// draw top and bottom border

for(column=R->ul_col; column<R->lr_col-1; ++column)
    {
    vdChar(R->ul_row,column,mkToken(top_bot,attr1));
```

```
    vdChar(R->lr_row-1,column,mkToken(top_bot,attr1));
    }

// draw left and right border

for(row=R->ul_row; row<R->lr_row-1; ++row)
    {
    vdChar(row,R->ul_col,mkToken(left_right,attr1));
    vdChar(row,R->lr_col-1,mkToken(left_right,attr1));
    }

// plop the four corners

vdChar(R->ul_row,R->ul_col,mkToken(ul,attr1));
vdChar(R->ul_row,R->lr_col-1,mkToken(ur,attr1));
vdChar(R->lr_row-1,R->ul_col,mkToken(ll,attr1));
vdChar(R->lr_row-1,R->lr_col-1,mkToken(lr,attr1));


}
```

The syntax of function boxRect(...) is:

    boxRect(R,S_S_S_S,attr);

where R   = pointer to a RECT structure (RECT *)
      S_S_S_S = border type
      attr   = defined attribute

Now look at RECT6.C, shown in FIG. 8-15. This program demonstrates the use of the boxRect(...) function. Compile RECT6.C and link the resultant RECT6.OBJ object module with your TAB.LIB file. Running RECT6.EXP demonstrates how to clear a rectangular area of the screen and place a border around a rectangular perimeter.

8-15 The source code listing to RECT6.C.

```
/////////////////////////////////////
//
// RECT6.C
//
// Description:
//  Demonstrates use of boxRect(...)
//
/////////////////////////////////////

// include files here

#include <stdio.h>
#include <tproto.h>
```

8-15 Continued.

```
// function prototypes

void main(void);
void breep(void);

// main program

void
main()
{
RECT *R;
int attr,attr1,attr2,attr3,count;

// set attribute bytes

attr = mkAttr(WHITE,BLUE,OFF_INTENSITY,OFF_BLINK);
attr2 = mkAttr(WHITE,CYAN,OFF_INTENSITY,OFF_BLINK);
attr3 = mkAttr(BLACK,CYAN,OFF_INTENSITY,OFF_BLINK);

// set the values in rectangular structure
// to (expanded 4 times):
//    upper left row     = 11
//    upper left column  = 36
//    lower right row     = 12
//    lower right column = 44

R = setRect(R,11,36,12,44);

// save the screen & cursor

saveScrn();
sCloc();

// turn the cursor off

offCur();


// set rectangle attribute

attr1 = mkAttr(WHITE,MAGENTA,OFF_INTENSITY,OFF_BLINK);

// expand rectangle 6 times

for(count=0; count<6; count++)
   {
   expdRect(R,1,4);
   boxRect(R,D_D_D_D,attr1);
   breep();
   }

// write rectangle title
```

```
        vdAttr(R->ul_row+1,R->ul_col+1,54,attr2);
        vdWrite(R->ul_row+1,R->ul_col+1+20,14,"Chuck's Window",at

    // wait for key press

    gtKey();

    // restore screen image & cursor location

    restScrn();
    rCloc();

    // turn the cursor on

    onCur();

    }


//////////////////////////////////////
//
// breep(...)
//
// Description:
//   breep sound
//
//////////////////////////////////////
void
breep()
{
int count;

for(count=0; count<200; count++)
    {
    onSound(100);
    Delay(3,3);
    offSound();
    Delay(10,10);
    }
Delay(200,100);
}
```

Save and restore rectangular images
Functions: saveRect(...), restRect(...)

The saveRect(...) function takes the description of a rectangle's screen location and saves that portion of screen data to memory. The restRect(...) function restores the previously saved portion of screen data to the screen. The functions saveRect(...) and restRect(...) will prove very useful in developing screens that require overlapping rectangles.

When you want to use overlapping rectangles you should manage them similar to managing a stack. By that I mean the last rectangle popped up on the screen should be the first rectangle removed from the screen. If you do not follow the "last rectangle popped up, first rectangle removed" method you'll get some modern abstract art on the screen. If it's not modern abstract art you're after, follow this rectangle-stacking method.

SAVERECT.C, shown in FIG. 8-16, is the source code for the saveRect(...) function. Compile SAVERECT.C and add the resultant SAVERECT.OBJ object module to your TAB.LIB file. Then compile RESTRECT.C, the source code for the restRect(...) function shown in FIG. 8-17. Add the resultant RESTRECT.OBJ object module to your TAB.LIB file.

8-16 The source code listing to SAVERECT.C.

```
/////////////////////////////////////
//
// SAVERECT.C
//
// Description:
//   Save screen image below rectangle
//   to previously allocated buffer.
//
// Entry:
//   parameter 1: RECT *
//
/////////////////////////////////////

// include files

#include <tproto.h>


void
saveRect(RECT *R)
{
unsigned int *iptr;
register int row;
register int column;

// set pointer to allocated memory in structure

iptr = (unsigned int *)R->image;

// save screen image by row

for(row=R->ul_row; row<=R->lr_row; row++)

    // save screen image by column
```

```
        for(column=R->ul_col; column<=R->lr_col; column++)

            // screen token to allocated memory

            *iptr++ = vrdChar(row,column);
    }
```

8-17   The source code listing to RESTRECT.C.

```
//////////////////////////////////////////
//
// RESTRECT.C
//
// Description:
//   Restores screen image below rectangle
//   from previously allocated buffer.
//
// Entry:
//   parameter 1: RECT *
//
//////////////////////////////////////////

// include files

#include <tproto.h>


void
restRect(RECT *R)
{
unsigned int *iptr;
register int row;
register int column;

// set pointer to allocated memory in structure

iptr =(unsigned int *) R->image;

// restore screen image by row

for(row=R->ul_row; row<=R->lr_row; row++)

    // restore screen image by column

    for(column=R->ul_col; column<=R->lr_col; column++)

        // screen token  from allocated memory to screen

        vdChar(row,column,*iptr++);
}
```

Here's an example: The program RECT7.C, shown in FIG. 8-18, demonstrates how to pop-up five overlapping rectangles and remove them from the screen. Note how the rectangle screen data is saved and restored in a stack-type fashion. Compile RECT7.C and link the resultant RECT7.OBJ object module to your TAB.LIB file. Running RECT7.EXP demonstrates how to pop-up overlapping rectangles and remove them.

8-18 The source code listing to RECT7.C.

```
//////////////////////////////////////
//
// RECT7.C
//
// Description:
//  Demonstrates use of saveRect(...)
//                      restRect(...)
//
//////////////////////////////////////

// include files here

#include <stdio.h>
#include <tproto.h>


// function prototypes

void main(void);
void breep(void);

// main program

void
main()
{
RECT *R1,*R2,*R3,*R4,*R5;
int attr,attr1,attr2,attr3,attr4,attr5;

// set attribute bytes

attr = mkAttr(WHITE,BLUE,OFF_INTENSITY,OFF_BLINK);
attr2 = mkAttr(WHITE,CYAN,OFF_INTENSITY,OFF_BLINK);
attr3 = mkAttr(BLACK,CYAN,OFF_INTENSITY,OFF_BLINK);

//  set rectangles

R1 = setRect(R1,1,4,10,40);
R2 = setRect(R2,1+3,4+5,10+3,40+5);
R3 = setRect(R3,1+6,4+10,10+6,40+10);
R4 = setRect(R4,1+9,4+15,10+9,40+15);
R5 = setRect(R5,1+12,4+20,10+12,40+20);
```

```
// save the screen & cursor

sCloc();

// turn the cursor off

offCur();

//////////////////////////////////////////
//
// stack rectangular windows
//

/////////////////////////////////////
// save screen under rectangle

saveRect(R1);

// set rectangle attribute

attr1 = mkAttr(WHITE,MAGENTA,OFF_INTENSITY,OFF_BLINK);

// draw rectangular box

boxRect(R1,D_D_D_D,attr1);

// sound

breep();

//////////////////////////////////////
// save screen under rectangle

saveRect(R2);

// set rectangle attribute

attr2 = mkAttr(WHITE,BLUE,OFF_INTENSITY,OFF_BLINK);

// draw rectangular box

boxRect(R2,D_D_D_D,attr2);

// sound

breep();

/////////////////////////////////////
// save screen under rectangle

saveRect(R3);

// set rectangle attribute
```

```
attr3 = mkAttr(WHITE,RED,OFF_INTENSITY,OFF_BLINK);

// draw rectangular box

boxRect(R3,D_D_D_D,attr3);

// sound

breep();

////////////////////////////
// save screen under rectangle

saveRect(R4);

// set rectangle attribute

attr4 = mkAttr(WHITE,GREEN,OFF_INTENSITY,OFF_BLINK);

// draw rectangular box

boxRect(R4,D_D_D_D,attr4);

// sound

breep();


////////////////////////////
// save screen under rectangle

saveRect(R5);

// set rectangle attribute

attr5 = mkAttr(WHITE,BROWN,OFF_INTENSITY,OFF_BLINK);

// draw rectangular box

boxRect(R5,D_D_D_D,attr5);

// sound

breep();

////////////////////////////////////
//
// wait for key press

gtKey();

////////////////////////////////////
```

```
//
// restore screen images under rectangular windows
//

restRect(R5);

breep();

restRect(R4);

breep();

restRect(R3);

breep();

restRect(R2);

breep();

restRect(R1);

breep();

// restore cursor location

rCloc();

// turn the cursor on

onCur();

}


///////////////////////////////////////
//
// breep(...)
//
// Description:
//   breep sound
//
///////////////////////////////////////
void
breep()
{
int count;

for(count=0; count<200; count++)
   {
   onSound(100);
   Delay(5,5);
```

```
   offSound();
   Delay(30,10);
   }
Delay(200,200);
}
```

Shadowed pop-up rectangles

The program RECT8.C, shown in FIG. 8-19, is a jazzed up version of
RECT7.C. The difference being that the rectangles that are popped up are
shadowed from a light source coming from the upper left of the screen.
Adding shadows is a very effective window treatment and quite easy to
code.

8-19 The source code listing to RECT8.C.

```
////////////////////////////////////
//
// RECT8.C
//
// Description:
// Demonstrates use of shadow
// boxing.
//
////////////////////////////////////

// include files here

#include <stdio.h>
#include <tproto.h>


// function prototypes

void main(void);
void breep(void);
void shadow(RECT *,int);

// main program

void
main()
{
// regular box structure

RECT *R1,*R2,*R3,*R4,*R5;

// shadow box structure
```

```
RECT *SR1,*SR2,*SR3,*SR4,*SR5;

// attributes

int attr,attr1,attr2,attr3,attr4,attr5;

// shadow attribute

int sattr;

// screen attribute

int screen_attr;

// counter

int count;


// set attribute bytes

attr = mkAttr(WHITE,BLUE,OFF_INTENSITY,OFF_BLINK);
attr2 = mkAttr(WHITE,CYAN,OFF_INTENSITY,OFF_BLINK);
attr3 = mkAttr(BLACK,CYAN,OFF_INTENSITY,OFF_BLINK);

// set shadow attribute

sattr = mkAttr(WHITE,BLACK,OFF_INTENSITY,OFF_BLINK);

// set screen attribute

screen_attr = mkAttr(BLACK,WHITE,OFF_INTENSITY,OFF_BLINK);

//  set rectangles

R1 = setRect(R1,1,4,10,40);
R2 = setRect(R2,1+3,4+5,10+3,40+5);
R3 = setRect(R3,1+6,4+10,10+6,40+10);
R4 = setRect(R4,1+9,4+15,10+9,40+15);
R5 = setRect(R5,1+12,4+20,10+12,40+20);

// set shadow rectangles
// where lower right row and
// column are +1 greater than
// boxed RECT

SR1 = setRect(SR1,1,4,10+1,40+1);
SR2 = setRect(SR2,1+3,4+5,10+3+1,40+5+1);
SR3 = setRect(SR3,1+6,4+10,10+6+1,40+10+1);
SR4 = setRect(SR4,1+9,4+15,10+9+1,40+15+1);
SR5 = setRect(SR5,1+12,4+20,10+12+1,40+20+1);

// save the screen & cursor
```

```
sCloc();

// turn the cursor off

offCur();

///////////////////////////////////////
//
// turn the screen white
//

for(count=0; count<25; count++)
   vdAttr(count,0,80,screen_attr);

///////////////////////////////////////
//
// stack rectangular windows
//

/////////////////////////////////
// save screen under rectangle

saveRect(SR1);

// set rectangle attribute

attr1 = mkAttr(WHITE,MAGENTA,OFF_INTENSITY,OFF_BLINK);

// draw rectangular box

boxRect(R1,D_D_D_D,attr1);

// shadow the rectangle

shadow(SR1,sattr);

// sound

breep();

/////////////////////////////////
// save screen under rectangle

saveRect(SR2);

// set rectangle attribute

attr2 = mkAttr(WHITE,BLUE,OFF_INTENSITY,OFF_BLINK);

// draw rectangular box

boxRect(R2,D_D_D_D,attr2);
```

```
                                // shadow the rectangle

                                shadow(SR2,sattr);

                                // sound

                                breep();

                                /////////////////////////////
                                // save screen under rectangle

                                saveRect(SR3);

                                // set rectangle attribute

                                attr3 = mkAttr(WHITE,RED,OFF_INTENSITY,OFF_BLINK);

                                // draw rectangular box

                                boxRect(R3,D_D_D_D,attr3);

                                // shadow the rectangle

                                shadow(SR3,sattr);

                                // sound

                                breep();

                                /////////////////////////////
                                // save screen under rectangle

                                saveRect(SR4);

                                // set rectangle attribute

                                attr4 = mkAttr(WHITE,GREEN,OFF_INTENSITY,OFF_BLINK);

                                // draw rectangular box

                                boxRect(R4,D_D_D_D,attr4);

                                // shadow the rectangle

                                shadow(SR4,sattr);

                                // sound

                                breep();


                                /////////////////////////////
                                // save screen under rectangle
```

8-19 Continued.

```
saveRect(SR5);

// set rectangle attribute

attr5 = mkAttr(WHITE,BROWN,OFF_INTENSITY,OFF_BLINK);

// draw rectangular box

boxRect(R5,D_D_D_D,attr5);

// shadow the rectangle

shadow(SR5,sattr);

// sound

breep();


//////////////////////////////////////
//
// wait for key press

gtKey();

//////////////////////////////////////
//
// restore screen images under rectangular windows
//


restRect(SR5);

breep();

restRect(SR4);

breep();

restRect(SR3);

breep();

restRect(SR2);

breep();

restRect(SR1);

breep();

// restore cursor location
```

```
    rCloc();

    // turn the cursor on

    onCur();

    }



//////////////////////////////////////
//
// breep(...)
//
// Description:
//    breep sound
//
//////////////////////////////////////
void
breep()
{
int count;

for(count=0; count<200; count++)
    {
    onSound(100);
    Delay(5,5);
    offSound();
    Delay(30,10);
    }
Delay(600,200);
}


void
shadow(RECT *R,int sattr)
{
int count;

// highlight row below rectangle

vdAttr(R->lr_row-1,R->ul_col+1,R->lr_col-R->ul_col-1,sattr);

// highlight column right of rectangle

for(count=R->ul_row+1; count<R->lr_row; count++)
    vdAttr(count,R->lr_col-1,1,sattr);

}
```

The boxed-rectangle-shadow algorithm goes like this:

1. Create RECT structure for boxed rectangle
2. Create RECT structure for shadow box
3. Save shadow box RECT screen data
4. Draw box RECT
5. Alter attributes below bottom border and right border
6. Execute program routines
7. Restore shadow box RECT screen data

In program RECT8.C I've used the breep(...) function as a delay so you will have a momentary look at the stacked shadowed-boxed rectangles. The shadow-boxed rectangle's pop-up and remove routines are just about as fast as the unshadowed boxed rectangles.

Compile RECT8.C and link the resultant RECT8.OBJ object module with your TAB.LIB file. Running RECT8.EXP demonstrates how easy it is to create shadowed-boxed rectangles (really windows with a global coordinate system) using C in the 80386 protected mode.

Summary

In this chapter ten rectangle routines were presented. These routines allow you to manage rectangular regions of the screen. The rectangle-management routines allow you to initialize a RECT structure, clear a rectangle on the screen, fill a rectangle with a specified attribute, draw a border around a filled rectangle, save the screen data within a rectangle's boundaries and restore that screen data. These routines permit you to create a flashy windowing system. Now on to windows with a local coordinate system.

9
Window management

This chapter has a slightly different organizational scheme from previous chapters because the window-management routines are more synergistic than other categories of functions. There are 19 window-management routines shown in FIG. 9-2. This large file has been presented in one chunk to facilitate your creating your own listing. Figure 9-4 shows the source code listing to QUIT1.C. This very heavily documented program demonstrates how the window management routines are used to create a standard pop-up-type window. Study the listing shown in FIG. 9-4 to extract the syntax for many of the non-internal window management functions.

MENU.C, shown in FIG. 9-5, is a comprehensive menu demonstration program that shows one way to create Lotus-style windows, grid-style windows, vertical-scroll-bar-highlight windows, and a plain-vanilla-information window. For readers familiar with *Building C Libraries: Windows, Menus, & User Interfaces*, you'll note that MENU.C looks very familiar. The only differences between this version of MENU.C and the one presented in *Building C Libraries: Windows, Menus, & User Interfaces* is that this one first changes the screen attribute, and then adds shadows to the pop-up windows. Comment-style aside (I've used the new style // comment denotation marker in this book instead of the old style /*...*/ ones) this MENU.C program will compile and run as intended with the libraries developed in *Building C Libraries; Windows, Menus, & User Interfaces*.

One primary goal of this book is to facilitate your migration from real mode 8086 programming to 80386 protected mode programming. Here is the first serious demonstration that this goal has been achieved.

The 19 window-management functions presented in this chapter are:

wvdAttr(...)	Sets attributes for window screen bytes
wvdChar(...)	Writes token to window
wvdHoriz(...)	Writes horizontal line to window
wvdVert(...)	Writes vertical bar to window
wvdWrite(...)	Writes string to window
rdImg(...)	(Internal function)
wrImg(...)	(Internal function)
rdWind(...)	(Internal function)
strtWind(...)	Displays window the first time
setAttr(...)	Sets window default attribute
setWind(...)	Sets window dimensions
sizeImg(...)	(Internal function)
remvWind(...)	Removes window from screen
dsyWind(...)	Destroys window structure
setBord(...)	Sets window border type
setTitle(...)	Sets window title
dispWind(...)	Displays window (second time on)
wrBox(...)	(Internal function)
wrWind(...)	(Internal function)

Window-management functions
Functions: Window-management functions listed above

The WIND structure, shown in FIG. 9-1, holds data that describes the visual attributes of the window. Most of the window-management routines access data contained in the WIND structure. The WIND structure proper is listed in the TSTRUCT.H header file (presented in chapter 3).

Exploring the WIND structure shows you what window parameters are used. If you have any other window-management function you wish to add to the list presented in this book you may add variables to the WIND structure and code away.

WIND.C, shown in FIG. 9-2, is a very long source file that contains 19 window-management functions and is heavily documented. This file exposes the guts of this window-management system. There are many instructive routines available for beginning and mid-level C programmers.

9-1 The WIND structure listing.

```
/////////////////////////////////////////
//
// WIND structure
//
// Description:
//  Structure which holds parameters
//  of window.
//
/////////////////////////////////////////

typedef struct {
    int ul_row;                       // upper left row
    int ul_col;                       // upper left column
    int lr_row;                       // lower right row
    int lr_col;                       // lower right column
    unsigned int img_size;            // window img size
    unsigned int far *img_ptr;        // pointer scrn image
    unsigned int far *wind_ptr;       // pointer wind image
    int box_type;                     // border selection
    int attr;                         // window attribute
    int visible;                      // window on
    int top_offset;                   // col offset title
    int top_length;                   // length title str
    int show_top;                     // display title
    int bot_offset;                   // col offset title
    int bot_length;                   // length title str
    int show_bot;                     // display title
    char *t_title;                    // ptr to t title str
    char *b_title;                    // ptr to b title str
} WIND;
```

9-2 The source code listing to WIND.C.

```
/////////////////////////////////////////
//
// WIND.C
//
// Description:
//  This file contains all the functions
//  for the WINDOW routines.
//
//  wvdAttr(...)    Set Attributes for Window Screen Bytes
//  wvdChar(...)    Write Token to Window
//  wvdHoriz(...)   Write Horizontal Line to Window
//  wvdVert(...)    Write Vertical Bar to Window
//  wvdWrite(...)   Write String to Window
//  rdImg(...)      (Internal Function)
//  wrImg(...)      (Internal Function)
//  rdWind(...)     (Internal Function)
//  strtWind(...)   Display Window First time
```

```
//  setAttr(...)      Set Window Default Attribute
//  setWind(...)      Set Window Dimensions
//  sizeImg(...)      (Internal Function)
//  remvWind(...)     Remove Window From Screen
//  dsywind(...)      Destroy Window Structure
//  setBord(...)      Set Window Border Type
//  setTitle(...)     Set Window Title
//  dispWind(...)     Display Window (Second time on)
//  wrBox(...)        (Internal Function)
//  wrWind(...)       (Internal Function)
//
/////////////////////////////////////////

// include files

#include <stdlib.h>
#include <dos.h>
#include <malloc.h>
#include <tproto.h>


extern VIDEO *crt;
extern unsigned int   SCRNSEG;
extern int    VID_PORT;
extern int    SPARKLE_FLAG;


/////////////////////////////////////////
//
// Function: wvdAttr(...)
//
// Synopsis:      wvdAttr(W,row,column,length,attr)
//
// WIND *W        pointer wo window structure
//
// int row        row in window where string
//                write will start
//
// int column     column in window where attribute
//                write will start
//
// int length     length of the new attribute
//
// int attr       attribute for horizontal line
//                written to the screen
//
// Description: Sends the new attribute of length
//                bytes to the window at
//                display RAM at row and
//                column with attr.
//
// Returns:       Nothing
//
/////////////////////////////////////////
```

```
///////////////////////////////////////
//
// Function wvdAttr(...)
//
///////////////////////////////////////


void
wvdAttr(WIND *R,int row,int col,int length,char attr)
{
// adjust row and column values to
// local coordinate window system

row += R->ul_row;
col += R->ul_col;

// call video attribute routine

vdAttr(row,col,length,attr);

}


///////////////////////////////////////
//
// Function: wvdChar(...)
//
// Synopsis:      wvdChar(W,row,column,token)
//
// WIND *W        pointer to window structure
//
// int row        row in window where token
//                will be placed
//
// int column     column in window where
//                the token will be placed
//
// int token      LSB holds character to be printed
//                and the MSB holds the character's
//                attribute.
//
// Description: Sends the token directly to
//                display RAM at window row and
//                column.
//
// Returns:       Nothing
//
///////////////////////////////////////

///////////////////////////////////////
//
// Function wvdChar(...)
//
///////////////////////////////////////
```

```
void
wvdChar(WIND *W,int row,int col,int token)
{
int cval,aval;

// convert window row location to
// screen location

row += W->ul_row;

// convert window column location
// to screen location

col += W->ul_col;


// direct video write of character

vdChar(row,col,token);

}


//////////////////////////////////////
//
// Function: wvdHoriz(...)
//
// Synopsis:    wvdHoriz(W,row,column,length,attr)
//
// WIND *W      pointer to window structure
//
// int row      row in window where line
//              write will start
//
// int column   column in window where line
//              write will start
//
// int length   length of the horizontal line
//
// int attr     attribute for horizontal line
//              written to the screen
//
// Description: Sends the horizontal line of length
//              bytes to the window at
//              display RAM at row and
//              column with attr.
//
// Returns:     Nothing
//
//////////////////////////////////////
```

```
/////////////////////////////////////
//
// Function: wvdHoriz(...)
//
/////////////////////////////////////


void
wvdHoriz(WIND *W,int row,int column,int number,int attr)
{
int stop,col_start,token;

// convert window row location to
// screen location

row += W->ul_row;

// convert window column location
// to screen location

column += W->ul_col;

// Create token of horizontal line
// character and passed attribute

token = mkToken(196,attr);

// set termination for loop

stop = column+number;

// print the horizontal line

for(col_start=column; col_start<stop; col_start++)
   vdChar(row,col_start,token);


}


/////////////////////////////////////
//
// Function: wvdVert(...)
//
// Synopsis:    wvdVert(W,row,column,length,attr)
//
// WIND *W      pointer to window structure
//
// int row      row in window where line
//              write will start
//
// int column   column in window where line
//              write will start
//
// int length   length of the vertical line
```

```
//
// int attr        attribute for vertical line
//                 written to the screen
//
// Description: Sends the vertical line of length
//              bytes to the window at
//              display RAM at row and
//              column with attr.
//
// Returns:     Nothing
//
/////////////////////////////////////

/////////////////////////////////////
//
// Function wvdVert
//
/////////////////////////////////////


void
wvdVert(WIND *W,int row,int column,int number,int attr)
{
int stop,row_start,token;

// convert window row location to
// screen location

row += W->ul_row;

// convert window column location
// to screen location

column += W->ul_col;

// Create token of horizontal line
// character and passed attribute

token = mkToken(179,attr);

// set termination for loop

stop = row+number;

// print the vertical line

for(row_start=row; row_start<stop; row_start++)
   vdChar(row_start,column,token);

}
```

```
//////////////////////////////////////
//
// Function: wvdwrite(...)
//
// Synopsis:     wvdWrite(W,row,column,length,string,attr)
//
// WIND *W       pointer to window structure
//
// int row       row in window where string
//               write will start
//
// int column    column in window where string
//               write will start
//
// int length    length of the string
//
// char *string  pointer to string to be written to
//               the screen
//
// int attr      attribute for characters of string
//               written to the screen
//
// Description: Sends the string of length
//               bytes to the window at
//               display RAM at row and
//               column with attr.
//
// Returns:      Nothing
//
//////////////////////////////////////

//////////////////////////////////////
//
// Function wvdWrite
//
//////////////////////////////////////


void
wvdWrite(WIND *W,int row,int col,int length,char *str,char attr)
{
// convert window row location to
// screen location

row += W->ul_row;

// convert window column location
// to screen location

col += W->ul_col;

// direct video screen write
```

```
vdWrite(row,col,length,str,attr);

}


/////////////////////////////////////
//
// Function: rdImg(...)
//
// Synopsis:    rdImg(W)
//
// WIND *W      Pointer to window structure
//
// Description: Transfers a rectangular
//              region of the screen which
//              currently shows where the
//              window will be displayed to
//              a buffer and blanks the
//              screen rectangle where the
//              window will be displayed.
//              window and restores
//              previously saved window
//              image.
//
// Returns:     Nothing
//
/////////////////////////////////////

/////////////////////////////////////
//
// Function rdImg
//
/////////////////////////////////////


void
rdImg(WIND *R)
{
int row,column;
unsigned int far *buf_ptr;

// set pointer to memory which had
// previously been allocated
// during setWind(...)

buf_ptr = (unsigned int far *)R->img_ptr;

// save screen image by row

for(row=R->ul_row; row<=R->lr_row; row++)
```

```
                              // save token by column
                              for( column=R->ul_col; column<=R->lr_col; column++)

                                  // screen token to buffer

                                  *buf_ptr++ = vrdChar(row,column);
                      }

                      /////////////////////////////////////
                      //
                      // Function: wrImg(...)
                      //
                      // Synopsis:     wrImg(W)
                      //
                      // WIND *W       Pointer to window structure
                      //
                      // Description: Transfers previously saved
                      //              window from memory to the
                      //              appropriate portion of the
                      //              screen.
                      //
                      // Returns:      Nothing
                      //
                      /////////////////////////////////////

                      /////////////////////////////////////
                      //
                      // Funciton wrImg
                      //
                      /////////////////////////////////////


                      void
                      wrImg(WIND *R)
                      {
                      int row,column;
                      unsigned int far *img_ptr;

                      // set pointer to memory which had
                      // previously been allocated
                      // during setWind(...)

                      img_ptr = (unsigned int far *)R->img_ptr;

                      // restore window image by row

                      for(row=R->ul_row; row<=R->lr_row; row++)

                          // restore token by column

                          for( column=R->ul_col; column<=R->lr_col; column++)
                              {
                              // write token to screen
```

```
    vdChar(row,column,*img_ptr);

    // pointer to next token

    img_ptr++;

    }
}

///////////////////////////////////////
//
// Function: rdWind(...)
//
// Synopsis:    rdWind(W)
//
// WIND *W      Pointer to window structure
//
// Description: Transfers window image to
//              memory.
//
// Returns:     Nothing
//
///////////////////////////////////////

///////////////////////////////////////
//
// Finction rdWind
//
///////////////////////////////////////

void
rdWind(WIND *R)
{
int row,column;
unsigned int far *buf_ptr;

// set pointer to allocated memory

buf_ptr = (unsigned int far *)R->wind_ptr;

// get window image by row

for(row=R->ul_row; row<=R->lr_row; row++)

    // get window token by column

    for( column=R->ul_col; column<=R->lr_col; column++)

        // screen token to buffer

        *buf_ptr++ = vrdChar(row,column);
}
```

```
///////////////////////////////////
//
// Function strtWind(...)
//
// Synopsis:    strtWind(W)
//
// WIND *W      Pointer to window structure
//
// Description: Saves screen image under window
//              and writes the border with TOP
//              centered title.
//
// Returns:     Nothing
//
///////////////////////////////////

///////////////////////////////////
//
// Function strtWind
//
///////////////////////////////////


void
strtWind(WIND *R)
{
char *tptr;

// pointer to top window border title

tptr = R->t_title;

// save screen image under window

rdImg(R);

// draw window border

wrBox(R);

// set window to visible

R->visible = 1;

// show window title

if(R->show_top)
   wvdWrite(R,0,R->top_offset,R->top_length,tptr,R->attr);
}

///////////////////////////////////
//
// Function setAttr(...)
//
```

9-2 Continued.

```
// Synopsis: setAttr(R,attr)
//
// WIND *R   pointer to window
//
// int attr  attribute for window
//
// Description:
//  Default attribute for window.
//
/////////////////////////////////////

/////////////////////////////////////
//
// Function: setAttr
//
/////////////////////////////////////

void
setAttr(WIND *R,int attr)
{
// stuff attribute into WIND structure

R->attr = attr;
}


/////////////////////////////////////
//
// Function setWind(...)
//
// Synopsis: W = setWind(R,ulr,ulc,lrr,lrc)
//
// WIND *W   pointer to window structure
//
// WIND *R   pointer to window structure
//
// int ulr   upper left row of window
//
// int ulc   upper left column of window
//
// int lrr   lower right row
//
// int lrc   lower right column
//
// Description: Sets window size parameters.
//
/////////////////////////////////////

/////////////////////////////////////
//
// Function: setWind
//
/////////////////////////////////////
```

```
WIND
*setWind(WIND *R,int ul_row,int ul_col,int lr_row,int lr_col)
{
int temp;

// allocate memory for window structure

R = (WIND *)malloc(sizeof(WIND)*2);

// if NULL returned place message here

if(R==0)
   {
   // message here
   //
   //
   // return 0

   return(0);
   }

// stuff values into window structure

R->ul_row = ul_row;
R->ul_col = ul_col;
R->lr_row = lr_row;
R->lr_col = lr_col;

// get size of malloc

R->img_size = sizeImg(R);

// allocate memory for screen image pointer

R->img_ptr = (unsigned int far *)malloc(R->img_size);

// abort on NULL reutrned
if(R->img_ptr==0)
   {
   exit(0);
   }

// allocate memory for window image

R->wind_ptr = (unsigned int far *)malloc(R->img_size);

// abort on NULL returned

if(R->wind_ptr==0)
   {
   exit(0);
   }

// set flag for not visible
```

```
R->visible=aFALSE;

// default box type

R->box_type=0;

// default attribute

R->attr=NORMAL;

// default title placement

R->t_title=0;
R->b_title=0;

// default title display

R->show_top=aFALSE;
R->show_bot=aFALSE;

// return pointer to window structure

return(R);

}

/////////////////////////////////////
//
// Function sizeImg(...)
//
// Synopsis: size = sizeImg(W)
//
// WIND *W                 pointer to
//                         window structure
//
// unsigned int size       size of data
//                         required to hold
//                         screen image
//
/////////////////////////////////////

/////////////////////////////////////
//
// Function sizeImg
//
/////////////////////////////////////


unsigned int
sizeImg(WIND *R)
{
int height,width,size;
```

```
// calculate height of window

height = R->lr_row - R->ul_row;

// calculate width of window

width = R->lr_col-R->ul_col;

// increment height and width

++height;
++width;

// adjust for 32 bit ints

size = height * width;
size *= 4;

// return size

return( size );

}


/////////////////////////////////////
//
// Function remvWind(...)
//
// Description:
//   Remove the window image from the screen
//   by restoring original screen image
//   under the window.
//
// Synopsis:   remvWind(W)
//
// WIND *W     pointer to window structure
//
/////////////////////////////////////

void
remvWind(WIND *R)
{
// if the window is visible

if(R->visible)
    {
    // read the window image to memory

    rdWind(R);

    // write the screen image from memory
    // to the screen

    wrImg(R);
```

```
   // window not visible

   R->visible = 0;
   }

}


//////////////////////////////////////
//
// Function dsyWind(...)
//
// Description:
//   Destroy window structure
//
// Synopsis:  dsyWind(W)
//
// WIND *W    pointer to window structure
//
//////////////////////////////////////

void
dsyWind(WIND *W)
{

// free malloc for screen image

if(W->img_ptr!=NULL)
   free((char *)W->img_ptr);

// free malloc for window image

if(W->wind_ptr!=NULL)
   free((char *)W->wind_ptr);

// free malloc for window structure

if(W!=NULL)
   free(W);
}


//////////////////////////////////////
//
// Function setBord(...)
//
// Description:
//   Define the border type of a window.
//
// Synopsis:  setBord(W,type)
//
// WIND *W       pointer to window structure
```

```
//
// int type     defined by set the border
//              equates
//
// set the border equates
// ----------------------
//
// #   T B L R
// - - - - - -
// 0 = S_S_S_S
// 1 = S_S_D_D
// 2 = D_D_S_S
// 3 = D_D_D_D
//
/////////////////////////////////////

/////////////////////////////////////
//
// Function setBord
//
/////////////////////////////////////

void
setBord(WIND *R,int type)
{
// stuff border value to structure

R->box_type = type;
}


/////////////////////////////////////
//
// Function setTitle(...)
//
// Desccription:
//   Prints title window border top
//
// Synopsis:  setTitle(W,title)
//
// WIND *W        pointer to window structure
//
// char *title  pointer to window title name
//
/////////////////////////////////////

/////////////////////////////////////
//
// Function setTitle
//
/////////////////////////////////////


void
setTitle(WIND *R,char *top)
```

```
{
// get the length of the string

R->top_length = strlen(top);

// calculate the string offset to center
// window border title

R->top_offset = ( (R->lr_col-R->ul_col) - R->top_length )/2;
R->top_offset += 1;

// open malloc to hold window title

R->t_title = (char *)malloc(R->top_length+1);

// null buffer

memset(R->t_title,'\0',R->top_length+1);

// copy title to allocated memory pointed
// to in window structure

strcpy(R->t_title,top);

// set title top name flag to true

R->show_top=aTRUE;
}

////////////////////////////////////
//
// Function dispWind(...)_
//
// Desctiption:
//  Display a previously displayed window
//
// Synopsis: dispWind(R)
//
// WIND *R   pointer to window structure
//
////////////////////////////////////

void
dispWind(WIND *R)
{
// if window is not visible then...

if(!R->visible)
   {
   // read screen image to memory

   rdImg(R);
```

```
                              // write previously saved window
                              // image from memory to the screen

                              wrWind(R);

                              // set window visible flag to 1

                              R->visible = 1;
                              }
                      }


              ///////////////////////////////////////
              //
              // Function wrBox(...)
              //
              // Description:
              //  Places a border around a window and
              //  erases the window
              //
              // Synopsis: wrBox(W)
              //
              // WIND *W    pointer to window structure
              //
              ///////////////////////////////////////

              ///////////////////////////////////////
              //
              // wrBox 'space' data
              //
              ///////////////////////////////////////


              char wb_blank[80] = {
                  32,32,32,32,32,32,32,32,
                  32,32,32,32,32,32,32,32,
                  32,32,32,32,32,32,32,32,
                  32,32,32,32,32,32,32,32,
                  32,32,32,32,32,32,32,32,
                  32,32,32,32,32,32,32,32,
                  32,32,32,32,32,32,32,32,
                  32,32,32,32,32,32,32,32,
                  32,32,32,32,32,32,32,32,
                  32,32,32,32,32,32,32,32 };


              ///////////////////////////////////////
              //
              // Function wrBox
              //
              ///////////////////////////////////////

              void
              wrBox(WIND *R)
              {
```

```
register int row,column;
int token;
int top_bot,left_right,ul,ur,ll,lr; /* box choices */

// set border variables

switch(R->box_type)
   {
   case 1:
       top_bot = 196;
       left_right = 186;
       ul = 214;
       ur = 183;
       ll = 211;
       lr = 189;
       break;

   case 2:
       top_bot = 205;
       left_right = 179;
       ul = 213;
       ur = 184;
       ll = 212;
       lr = 190;
       break;

   case 3:
       top_bot = 205;
       left_right = 186;
       ul = 201;
       ur = 187;
       ll = 200;
       lr = 188;
       break;

   default:
       top_bot = 196;
       left_right = 179;
       ul = 218;
       ur = 191;
       ll = 192;
       lr = 217;
       break;
   }

// create window token

token = mkToken((int)' ',R->attr);

// erase window

for(row=R->ul_row; row<R->lr_row; row++)
   vdWrite(row,R->ul_col,R->lr_col - R->ul_col,wb_blank,R->attr);
```

```c
                    // draw window top and bottom

                    for(column=R->ul_col; column<R->lr_col; ++column)
                        {
                        vdChar(R->ul_row,column,mkToken(top_bot,R->attr));
                        vdChar(R->lr_row,column,mkToken(top_bot,R->attr));
                        }

                    // draw left and right window borders

                    for(row=R->ul_row; row<R->lr_row; ++row)
                        {
                        vdChar(row,R->ul_col,mkToken(left_right,R->attr));
                        vdChar(row,R->lr_col,mkToken(left_right,R->attr));
                        }

                    // set the four window corners

                    vdChar(R->ul_row,R->ul_col,mkToken(ul,R->attr));

                    vdChar(R->ul_row,R->lr_col,mkToken(ur,R->attr));

                    vdChar(R->lr_row,R->ul_col,mkToken(ll,R->attr));

                    vdChar(R->lr_row,R->lr_col,mkToken(lr,R->attr));

                    }


//////////////////////////////////////////
//
// Function wrWind(...)
//
// Description:
//   Transfers a rectangular region of the screen
//   to buffer and blanks the area
//
// Synopsis: wrWind(W)
//
// WIND *W    pointer to window structure
//
//////////////////////////////////////////

//////////////////////////////////////////
//
// Function wrWind
//
//////////////////////////////////////////


void
wrWind(WIND *R)
{
register int row,column;
unsigned int *img_ptr;
```

```
// relocate pointer in window structure
// to local pointer

img_ptr = (unsigned int *)R->wind_ptr;

// move the buffer image to the screen by row

for(row=R->ul_row; row<=R->lr_row; row++)
    {
    // move by column

    for( column=R->ul_col; column<=R->lr_col; column++)
        {
        // write the token at row and column

        vdChar(row,column,*img_ptr);

        // adjust pointer

        img_ptr++;
        }
    }
}


//
// End of WIND.C source file
//
/////////////////////////////////////////
```

I suggest that you take your time when entering this file. It will be worth the effort. Compile WIND.C and add the resultant WIND.OBJ object module to your TAB.LIB file.

Figure 9-3 is a summary of the window-creation process that uses the routines presented in WIND.C. This process is fully implemented in the program QUIT1.C, shown in FIG. 9-4. Read through the window-creation process in FIG. 9-3 and compare it to QUIT1.C. This comparison process should give you a good handle on opening and closing windows. QUIT1.C demonstrates many of the window-creation routines shown in FIG. 9-2. Feel free to create many variations on QUIT1.C's window-creation scheme.

Compile QUIT1.C and link the resultant QUIT1.OBJ module with your TAB.LIB file. Running QUIT1.EXP demonstrates one way to pop up a window using C in the 80386 protected mode.

9-3 The Window-creation process.

Step 1. Declare Window Structure

```
WIND *QUIT; // pointer to WIND structure
            // named QUIT
```

Step 2. Set Window Dimensions

```
// Set window so upper left corner
// is at screen row 6, and column 25
//
// Set window so lower right corner
// is at screen row 14, and column 53
//
// Return pointer to structure

QUIT = setWind(QUIT,7,24,14,53);
```

Step 3. Define default screen attribute

```
// Set Window Attr - Fore,Back,Intensity,Blink

setAttr(QUIT,mkAttr(WHITE,RED,OFF_INTENSITY,OFF_BLINK));
```

Step 4. Define Window Border Type

```
// Set Window Border

setBord(QUIT,D_D_D_D);
```

Step 5. Set the Window Border Top Title

```
// Set the Window Border Title

setTitle(QUIT," QUIT ");
```

Step 6. Display Window

```
// Display window first time

strtWind(QUIT);

or...

// if window has been previously
// displayed using function
// strtWind(...) you should
// bypass steps 1 through 5
// and use function dispWind(...)
// in this fashion

dispWind(QUIT);
```

9-3 Continued.

Step 7. Write Window Messages If Needed

```
        // Write Window Message
        // to window QUIT (say)
        // at local:
        //   row 2
        //   column 0
        //   5 character message
        //   "Hello" message
        //   with QUIT->attr default attribute
```

Step 8. Execute Window Operations

        .
        .
        .

Step 9. Remove Window and Restore Screen Image under Window

```
        // Remove window and display
        // original screen information.

        remvWind(QUIT);
```

9-4 The source code listing to QUIT1.C.

```
/////////////////////////////////////
//
// QUIT1.C
//
// Description:
//   Sample window demonstration program.
//
/////////////////////////////////////

// include files

#include <stdio.h>
#include <tproto.h>

// function prototypes

void inform1(void);
int quit1(void);

// window structure declaration

WIND *QUIT;

// program data

char q_dat1[28]   = "      QUIT TSR SHELL      ";
```

```c
unsigned char q_dat2[30]    = {
    199,196,196,196,196,196,196,196,196,
    196,196,196,196,196,196,196,196,196,
    196,196,196,196,196,196,196,196,196,
    196,196,182 };

char q_dat3[28]    = " Quitting TSR's SHELL      ";
char q_dat4[28]    = " program will clear the    ";
char q_dat5[28]    = " screen and return you to  ";
char q_dat6[28]    = " the standard DOS Command  ";
char q_dat7[28]    = " Line environment.         ";
char q_dat8[28]    = "    Press (Y)es to QUIT.    ";


///////////////////////////////////////
//
// Make variables which must retain their
// value after the function exits global
//
///////////////////////////////////////

int
quit1()
{
int key;    // scan and char value

///////////////////////////////////////
//
// Initialize grid menu window structure and display window
//
///////////////////////////////////////


// Allocate memory and return pointer to structure

QUIT = setWind(QUIT,7,24,7+10,24+29);

// Set Window Attr - Fore,Back,Intensity,Blink

setAttr(QUIT,mkAttr(WHITE,RED,OFF_INTENSITY,OFF_BLINK));

// Set Window Border

 setBord(QUIT,D_D_D_D);

// Set the bottom title

setTitle(QUIT," QUIT ");

// Display window first time

strtWind(QUIT);

dispWind(QUIT);

// Write menu and exit messages
```

9-4 Continued.

```
wvdWrite(QUIT,1,1,28,q_dat1,
        mkAttr(RED,WHITE,OFF_INTENSITY,OFF_BLINK));
wvdWrite(QUIT,2,0,30,q_dat2,QUIT->attr);
wvdWrite(QUIT,3,1,28,q_dat3,QUIT->attr);
wvdWrite(QUIT,4,1,28,q_dat4,QUIT->attr);
wvdWrite(QUIT,5,1,28,q_dat5,QUIT->attr);
wvdWrite(QUIT,6,1,28,q_dat6,QUIT->attr);
wvdWrite(QUIT,7,1,28,q_dat7,QUIT->attr);
wvdWrite(QUIT,8,0,30,q_dat2,QUIT->attr);
wvdWrite(QUIT,9,1,28,q_dat8,QUIT->attr);

// highlight Y for (Y)

wvdAttr(QUIT,9,12,1,
        mkAttr(WHITE,RED,ON_INTENSITY,OFF_BLINK));

// wait for key press

key = gtKey();

// remove window and display original screen information

remvWind(QUIT);

// mask scan code

key &= 0x00ff;

// if Y or y key press

if( (key=='Y')||(key=='y') )

    return(aTRUE);

// not Y or y key press

else
    return(aFALSE);
}

void
main()
{
// report function quit1() terminate key press

if(quit1())
    printf("\nThe 'Y' or 'y' key has been pressed\n");

else
    printf("\nThe 'Y' or 'y' key has NOT been pressed\n");
}
```

User-interface program

MENU.C, shown in FIG. 9-5, is a heavily documented source file that clearly shows how to develop a user interface that has shadowed Lotus-style, shadowed grid-style, shadowed scroll-bar style, or shadowed pop-up-information-style windows. Feel free to pull any functions in this code in creating your own window interface routines. MENU.C is another long source file. Take your time when entering MENU.C to reduce the chance of creating errors in the listings.

9-5 The source code listing to MENU.C.

```
/////////////////////////////////////////
//
// MENU.C
//
// Description:
//  Demonstration program which
//  shows how to create a shadowed
//  LOTUS style window, a shadowed
//  GRID style window, and a
//  shadowed POP UP style window
//
/////////////////////////////////////////


/////////////////////////////////////////
//
// Include Files */
//

#include <stdio.h>
#include <tproto.h>

/////////////////////////////////////////
//
// function prototypes
//

int tgrid(void);        // display grid type window
void info1(void);       // simple pop-up information window
int tlotus(void);       // display lotue style window
int main(void);         // program main
void shadWind(RECT *,int); // shadow window routine

/////////////////////////////////////////
//
// Make variables which must retain their  */
// value after the function exits, global   */
//
```

```
int lotus_flag=0;
int lotus_item=0;
int grid_item=0;
int grid_flag=0;
int sattr;
int lattr;

///////////////////////////////////////
//
// Structute Declatations
//

// Pointers to Window Structures

WIND *FIRST;
WIND *GRID;
WIND *INFORM;
WIND *LOTUS;

// shadow rect structures

RECT *RFIRST;
RECT *RGRID;
RECT *RINFORM;
RECT *RLOTUS;


///////////////////////////////////////
//
// Window Messages
//

// Messages for FIRST Window

char title[29]   = " 386  Protected Mode Program ";
unsigned char i_bar[31]  = {
   195,196,196,196,196,196,196,196,196,
   196,196,196,196,196,196,196,196,196,
   196,196,196,196,196,196,196,196,196,
   196,196,196,180 };

char item1[29]   = " Lotus Style Menu            ";
char item2[29]   = " Grid Style Menu             ";
char item3[29]   = " Some Historical Information ";
char item5[29]   = " Quit C-erious Demo          ";

// Messages for LOTUS Window

char menu1[47]   =
 " Mean  Mode  Median  Range  Standard Deviation ";
char mess1[47]   =
 " Mean is the Average score of the distribution ";
char mess2[47]   =
```

```
                                  " Mode is the most frequent score           ";
char mess3[47]   =
                                  " Median is the middle score of sample       ";
char mess4[47]   =
                                  " Range is the distance from highest to lowest ";
char mess5[47]   =
                                  " Standard dev. is avg. distance from mean     ";

// lot_map holds mess column offset & length

int lot_map[5][2] = {
    1,6,
    7,6,
    13,8,
    21,7,
    28,20 };

// messages for GRID window - holds row & column

char gmenu[21]    = "    SELECT A NUMBER    ";
char grid1[21]    = "       1   2   3       ";
char grid2[21]    = "       4   5   6       ";
char grid3[21]    = "       7   8   9       ";
char grid4[21] = " Press ENTER to Exit ";

// grid_map row,column for start of inverse item

int grid_map[9][2] = {
    3,7,
    3,10,
    3,13,
    4,7,
    4,10,
    4,13,
    5,7,
    5,10,
    5,13 };

// info1 window data

char speed1[28]    = "   TSR 'C'ERIOUS  History   ";
unsigned char speed2[30]    = {
    199,196,196,196,196,196,196,196,196,
    196,196,196,196,196,196,196,196,196,
    196,196,196,196,196,196,196,196,196,
    196,196,182 };

char speed3[28]    = "     TSR  SYSTEMS LIMITED    ";
char speed4[28]    = " ----------------------- ";
char speed5[28]    = " 'C'erious by Len Dorfman ";
char speed6[28]    = "        & Jay Gould       ";
char speed7[28]    = " ----------------------- ";
char speed8[28]    = "   Press ANY KEY to exit.   ";
```

```
/////////////////////////////////////
// more global variables
//

int xinverse;        // attribute for inverse
int hl_tense;        // highlight bar intensity

/////////////////////////////////////
//
// Lotus Style Window
//
// Receives: nothing
// Returns: item selection number
//
// Displays Lotus style window
// with attendant cursor, high-
// light and item description
// routines.
//

int
tlotus()
{
int key;    // scan and char value
int exit;   // val for loop cond chk
int exp_a;  // item explanation attr

/////////////////////////////////////
//
// Initialize lotus menu window structure and display window */
//

// Set lotus explanation Attr - Fore,Back,Intensity,Blink

exp_a = mkAttr(MAGENTA,BLUE,ON_INTENSITY,OFF_BLINK);

// call window initialization routines only once

if(!lotus_flag)
    {
    // ensure window startup bypassed nexe window call

    lotus_flag=1;

    // Allocate memory and return pointer to structure

    LOTUS = setWind(LOTUS,6,20,9,68);
    RLOTUS = setRect(RLOTUS,6,20,9+1,68+1);

    // save shadow rectangle

    saveRect(RLOTUS);
```

```
                    // Set Window Attr - Fore,Back,Intensity,Blink

                    setAttr(LOTUS,mkAttr(WHITE,BLUE,ON_INTENSITY,OFF_BLINK));

                    // Set Window Border - top, bot, left, right

                    setBord(LOTUS,S_S_S_S);

                    // Set the top and bottom title - 0 set no bottom title

                    setTitle(LOTUS," Lotus Style Window ");

                     // Display window

                    strtWind(LOTUS);
                    }
                else
                    dispWind(LOTUS);

                // shadow window

                shadWind(RLOTUS,lattr);

                // set loop condition

                exit=aFALSE;

                do
                    {
                    // Write title bar - erasing old inverse

                    wvdWrite(LOTUS,1,1,47,menu1,LOTUS->attr);

                    // Inverse proper menu item using lot_map[] []

                    wvdAttr(LOTUS,1,lot_map[lotus_item] [0],
                                   lot_map[lotus_item] [1],
                                   hl_tense);

                    // print item explanation

                    switch(lotus_item)
                        {
                        case 0:
                            wvdWrite(LOTUS,2,1,47,mess1,exp_a);
                            break;

                        case 1:
                            wvdWrite(LOTUS,2,1,47,mess2,exp_a);
                            break;

                        case 2:
                            wvdWrite(LOTUS,2,1,47,mess3,exp_a);
                            break;
```

```
case 3:
   wvdWrite(LOTUS,2,1,47,mess4,exp_a);
   break;

case 4:
   wvdWrite(LOTUS,2,1,47,mess5,exp_a);
   break;
}

// get key press

key = gtKey();

switch(key)
   {
   case RIGHT_ARROW:      // At right item?
      if(lotus_item==4) // Yes?
         lotus_item=0;  // set left item
      else              // Else
         lotus_item++;  // move rt 1 item
      break;

   case LEFT_ARROW:       // At left item?
      if(lotus_item==0) // Yes?
         lotus_item=4;  //  set right item
      else              // Else
         lotus_item--;  //  move lft 1 item
      break;

   case ENTER:
      exit=aTRUE;
      break;

      }

   } while(!exit);

// Remove Lotus Window

remvWind(LOTUS);

// remove shadow rectangle

restRect(RLOTUS);

// return selected item number

return(lotus_item);
}
```

```
///////////////////////////////////
//
// Grid Style Window
//
// Receives: nothing
// Returns: item selection number
//
// Displays Grid style window
// with attendant cursor & high-
// light description routines.
//
///////////////////////////////////


///////////////////////////////////
//
// Make variables which must retain their
// value after the function exits global
//
///////////////////////////////////


int
tgrid()
{
int key;    // scan and char value
int exit;   // val for loop cond chk


///////////////////////////////////
//
// Initialize grid menu window structure
// and display window
//
///////////////////////////////////


if(!grid_flag)
    {
    // ensure window initialization bypass

    grid_flag=1;

    // Allocate memory and return pointer to str

    GRID = setWind(GRID,10,10,18,32);
    RGRID = setRect(RGRID,10,10,18+1,32+1);

    // save shadow rectangle

    saveRect(RGRID);

    // Set Window Attr - Fore,Back,Intensity,Bli

    setAttr(GRID,mkAttr(WHITE,RED,OFF_INTENSITY,
```

9-5 Continued.

```
// Set Window Border

setBord(GRID,D_D_D_D);

// Set the top and bottom title - 0 set no bottom title

   setTitle(GRID," Grid Style Window ");

   // Display window

   strtWind(GRID);
   }
else
   // display window

   dispWind(GRID);

// draw shadow

shadWind(RGRID,lattr);

// Write name and exit messages

wvdWrite(GRID,1,1,21,gmenu,xinverse);
wvdWrite(GRID,7,1,21,grid4,GRID->attr);
wvdWrite(GRID,7,8,5,"ENTER",mkAttr(WHITE,
                                 RED,
                                 OFF_INTENSITY,
                                 ON_BLINK));

// set loop condition

exit=aFALSE;

do
   {
   // Write grid entries bar

   wvdWrite(GRID,3,1,21,grid1,GRID->attr);
   wvdWrite(GRID,4,1,21,grid2,GRID->attr);
   wvdWrite(GRID,5,1,21,grid3,GRID->attr);

   // Inverse proper menu item using grid_map[] []

   wvdAttr(GRID,grid_map[grid_item][0],
              grid_map[grid_item][1],
              3,
              xinverse);

   key = gtKey();

   switch(key)
```

```
{
case RIGHT_ARROW:
   // IF rt col->mv to left col ELSE->mv rt

   if( (grid_item==0)||(grid_item==1)||
       (grid_item==3)||(grid_item==4)||
       (grid_item==6)||(grid_item==7) )
      grid_item++;
   else if(grid_item==2)
      grid_item=0;
   else if(grid_item==5)
      grid_item=3;
   else
      grid_item=6;
   break;

case LEFT_ARROW:
   // IF left col->mv to rt col ELSE->mv left
   if( (grid_item==2)||(grid_item==1)||
       (grid_item==5)||(grid_item==4)||
       (grid_item==8)||(grid_item==7) )
       grid_item--;
    else if(grid_item==0)
       grid_item=2;
    else if(grid_item==3)
       grid_item=5;
    else
       grid_item=8;
    break;

 case DOWN_ARROW:
    // IF bottom row->mv to top row ELSE->mv down
    if(grid_item<=5)
       grid_item += 3;
    else if(grid_item==6)
       grid_item=0;
    else if(grid_item==7)
       grid_item=1;
    else
       grid_item=2;
    break;

case UP_ARROW:
   // IF top row->mv to bottom row ELSE->mv up
   if(grid_item>=3)
       grid_item -= 3;
   else if(grid_item==0)
      grid_item=6;
   else if(grid_item==1)
      grid_item=7;
   else
      grid_item=8;
   break;
```

9-5 Continued.

```
    case ENTER:
        exit=aTRUE;
        break;
    }

} while(!exit);

// Remove Lotus Window

remvWind(GRID);

// remove shadow

restRect(RGRID);

// return selected item

return(grid_item);
}
```

```
//////////////////////////////////////
//
//
// Simple Style Window
//
// Receives: nothing
// Returns: nothing
//
// Displays Simple pop up
// information window.
//
//
//////////////////////////////////////


//////////////////////////////////////
//
// Make variables which must retain their
// value after the function exits global
//
//////////////////////////////////////


int info1_flag=0;

void
info1()
{
int key;    // scan and char value
```

```
///////////////////////////////////////
//
// Initialize grid menu window structure
// and display window
//
///////////////////////////////////////

if(!info1_flag)
   {
   // ensure window initialization bypass

   info1_flag=1;

   // Allocate memory and return pointer to structure

   INFORM = setWind(INFORM,12-5,20-5,22-5,49-5);
   RINFORM = setRect(RINFORM,12-5,20-5,22-5+1,49-5+1);

    // save shadow rectangle

   saveRect(RINFORM);

   // Set Window Attr - Fore,Back,Intensity,Blink

   setAttr(INFORM,mkAttr(BLACK,
                         CYAN,
                         OFF_INTENSITY,
                         OFF_BLINK));

   // Set Window Border

   setBord(INFORM,D_D_D_D);

   // Set the bottom title

   setTitle(INFORM," Esoteric Information ");

   // Display window

   strtWind(INFORM);
   }
else
   dispWind(INFORM);

// display shadow

shadWind(RINFORM,lattr);

// Write menu and exit messages

wvdWrite(INFORM,1,1,28,speed1,
         mkAttr(CYAN,BLACK,OFF_INTENSITY,OFF_BLINK));
wvdWrite(INFORM,2,0,30,speed2,INFORM->attr);
```

9-5 Continued.

```
wvdWrite(INFORM,3,1,28,speed3,INFORM->attr);
wvdWrite(INFORM,4,1,28,speed4,INFORM->attr);
wvdWrite(INFORM,5,1,28,speed5,INFORM->attr);
wvdWrite(INFORM,6,1,28,speed6,INFORM->attr);
wvdWrite(INFORM,7,1,28,speed7,INFORM->attr);
wvdWrite(INFORM,8,0,30,speed2,INFORM->attr);
wvdWrite(INFORM,9,1,28,speed8,INFORM->attr);


// wait for key press

key = gtKey();

// remove window and display original screen information

remvWind(INFORM);

// remove shadow

restRect(RINFORM);

}


/////////////////////////////////////
//
// Filter the key press for
// first letter
//
/////////////////////////////////////

int filter_key(int);

int
filter_key(int key)
{
int row;
row = 0;

// mask all but 8 bit char code

key &= 0x000000ff;

// set row value according to key press

if((key=='l')||(key=='L'))
    row=3;
else if((key=='g')||(key=='G'))
    row=4;
else if((key=='s')||(key=='S'))
    row=5;
else if((key=='q')||(key=='Q'))
    {
```

```
        row=7;
        bleep();
        }
else
        {
        bleep();
        bleep();
        bleep();
        bleep();
        bleep();
        }

return row;
}

////////////////////////////////////
//
// int main(void)
//
// Receives: nothing
// Returns: nothing
//
// Sets up the FISRT window
// display and contains the
// scroll bar menu selection
// routine.
//
//
////////////////////////////////////

int
main()
{
int key;        // recieves Scan & char key code
int exit;       // holds val for main loop check
int old_row;    // Tracker for highlight bar
int row;        // Tracker for highlight bar
int intense;    // intensity attribute value
int ret_val;    // return value from filter_key
int screen_attr;
int count;

// set secondary window shadow attribute

lattr = mkAttr(WHITE,BLACK,OFF_INTENSITY,OFF_BLINK);

// set main window shadow attribute

sattr = mkAttr(WHITE,BLACK,OFF_INTENSITY,OFF_BLINK);

// Set global attribute intense for inverse video

xinverse = mkAttr(BLACK,WHITE,OFF_INTENSITY,OFF_BLINK);
```

```
// set global attribute hl_tense for
// WHITE,WHITE,INTENSE,OFF_BLINK

hl_tense = mkAttr(WHITE,WHITE,ON_INTENSITY,OFF_BLINK);

// Set intense text attribute for this window

intense = mkAttr(WHITE,MAGENTA,ON_INTENSITY,OFF_BLINK);

// Set intense text attribute for this window

screen_attr = mkAttr(BLACK,WHITE,OFF_INTENSITY,OFF_BLINK);

/////////////////////////////////////
//
// turn the screen white
//

for(count=0; count<25; count++)
   vdAttr(count,0,80,screen_attr);

// Turn off the cursor  and save location

offCur();
sCloc();

/////////////////////////////////////
//
// Initialize main menu window structure and display window
//

// Allocate memory and return pointer to structure

FIRST = setWind(FIRST,2,4,10,34);
RFIRST = setRect(RFIRST,2,4,10+1,34+1);

// save shadow rectangle

saveRect(RFIRST);

// Set Window Attr - Fore,Back,Intensity,Blink

setAttr(FIRST,mkAttr(WHITE,
                MAGENTA,
                OFF_INTENSITY,
                OFF_BLINK));

// Set Window Border - top, bot, left, right

setBord(FIRST,D_D_S_S);

// Set the top and bottom title
```

```
                setTitle(FIRST," 'C'erious 386 (c)1990 ");

                // Display window

                strtWind(FIRST);

                // shadow window

                shadWind(RFIRST,sattr);

                // Write menu name & line below to window

                wvdWrite(FIRST,1,1,29,title,xinverse);
                wvdWrite(FIRST,2,0,31,i_bar,FIRST->attr);

                // Write menu items to window

                wvdWrite(FIRST,3,1,29,item1,FIRST->attr);
                wvdWrite(FIRST,4,1,29,item2,FIRST->attr);
                wvdWrite(FIRST,5,1,29,item3,FIRST->attr);
                wvdWrite(FIRST,6,0,31,i_bar,FIRST->attr);
                wvdWrite(FIRST,7,1,29,item5,FIRST->attr);

                // highlight first letter of item

                wvdAttr(FIRST,3,2,1,intense);        // L intense
                wvdAttr(FIRST,4,2,1,intense);        // G intense
                wvdAttr(FIRST,5,2,1,intense);        // S intense
                wvdAttr(FIRST,7,2,1,intense);        // Q intense

                // Set highlight trackers to start at item1 (row 3)

                row = 3;
                old_row = 3;

                // Set loop condition

                exit = aFALSE;

                ///////////////////////////////////////
                //
                // Main keyboard loop. Selects: tlotus(), tgrid(),
                //                               info1(), & quits
                // Up,Down arrow or First letter move highlight bar
                //
                ///////////////////////////////////////


                do
                    {
                    wvdAttr(FIRST,old_row,1,29,FIRST->attr); // off highlight
                    wvdAttr(FIRST,old_row,2,1,intense);  // intense item let
                    wvdAttr(FIRST,row,1,29,xinverse);    // on highlight bar
                    wvdAttr(FIRST,row,2,1,hl_tense);      // intense HB letter
```

```
old_row = row;                    // reset OFF tracker

key = gtKey();                    // get scan & char

switch(key)                       // eval key press
    {
    // Arrow key and Enter Key presses

    case DOWN_ARROW:
        if(row==7)         // If bottom row
            row=3;         //   then->top row
        else if(row==5)    // If row 5
            row=7;         //   then skip to 7
        else               // Otherwise
            row++;         //   then down row
        break;
    case UP_ARROW:
        if(row==7)         // If bottom row
            row=5;         //   then skip to 5
        else if(row==3)    // If row 3
            row=7;         //   then->bot row
        else               // Otherwise
            row--;         //   then up row
        break;
    case  ENTER:
        switch(row)        // Eval selection
            {
            case 3:        // sel. lotus demo
                tlotus();
                break;

            case 4:
                tgrid();   // sel. grid demo
                break;

            case 5:
                info1();   // simple demo
                break;

            case 7:        // Exit option
                exit=aTRUE;
                break;
            }

        break;

    // First letter of Item Press

    default:
        // filter key press

        ret_val = filter_key(key);
```

```
                              // if key not valid then exit

                          if(!ret_val)
                              break;
                          else
                              // otherwise set row
                              row=ret_val;
                          break;

                  }

             } while (!exit);

     // remove window and restore originial screen

     remvWind(FIRST);

     // restore shadow rectangle

     restRect(RFIRST);

     ////////////////////////////////////////
     //
     // turn the screen normal
     //

     for(count=0; count<25; count++)
         vdAttr(count,0,80,7);
     // turn on the cursor

     onCur();

     // restore cursor location

     rCloc();

     // return to DOS

     return(0);

     }

     ////////////////////////////////////////
     //
     // shadWind(...)
     //
     // shadow window
     //
     ////////////////////////////////////////


     void
     shadWind(RECT *R,int sattr)
     {
     int count;
```

```
// highlight row below rectangle

vdAttr(R->lr_row,R->ul_col+1,R->lr_col-R->ul_col-1,sattr);

// highlight column right of rectangle

for(count=R->ul_row+1; count<R->lr_row+1; count++)
   vdAttr(count,R->lr_col,1,sattr);

}

//
// End of MENU.C source file
//
/////////////////////////////////////
```

Summary

Nineteen window-management routines were presented in this chapter. These routines facilitate the development of user-interface-type sections of programs. This set of functions allows you to select a window's border type, default screen attribute, border title, and write text to the window using the windows local coordinate system. Screen data under a window is automatically saved before the window appears and is automatically restored when the window is removed. Using windows in your program's environment will lend an air of professionalism.

10
Mouse management

This chapter is an introduction to writing a program that uses a mouse as an input device in the text mode. Conveniently, there are mouse drivers that permit you to gather information about the mouse and manipulate the mouse. You access the mouse drivers through BIOS interrupt 33 (Hex).

There are four mouse driver routines presented in this chapter. They are:

msinit(...)   Initializes the mouse
mson(...)   Turns the mouse on
msoff(...)   Turns the mouse off
msstat(...)   Gets mouse status

Each of the four mouse functions uses interrupt 33 (Hex) to accomplish its task. There are many other mouse-related functions attached to interrupt 33 (Hex), but they are beyond the scope of this book.

As with previous chapters, there are demonstration programs that clearly show how each function operates. MOUSE3.C, shown later in FIG. 10-7, uses functions msinit(...), mson(...), msoff(...), and msstat(...) to display a mouse-based text cursor; move the mouse-based text cursor on the screen in concert with mouse movement; report the current row and column mouse position (in screen pixel format); and report if any mouse buttons are being pressed. In effect, program MOUSE3.C provides the foundation routines necessary for creating a text-based mouse user interface.

Initialize mouse
Function: msinit(...)

The msinit(...) function checks to see if a mouse is installed on the computer. If no mouse is installed, the msinit(...) function returns 0xffff. If a mouse is installed, the function returns the number of buttons the mouse has. The msinit(...) function does not receive any parameters.

MSINIT.ASM, shown in FIG. 10-1, is the source code for the msinit(...) function. Assemble MSINIT.ASM and add the resultant MSINIT.OBJ object module to your TAB.LIB file.

10-1 The source code listing to MSINIT.ASM.

```
;//////////////////////////////////
;//
;// MSINIT.ASM
;//
;// Description:
;//  Initialize mouse
;//
;// Entry:
;//  (nothing)
;//
;// Exit:
;//  EAX = FFFFh if no mouse
;//       else
;//  EAX = number of mouse buttons
;//
;//////////////////////////////////

; declare 80386 code

    .386

; declare model & code segment

    DOSSEG

    .MODEL SMALL

    .CODE

; declare _msinit public

    PUBLIC  _msinit
```

```
_msinit PROC
    push  EBP
    mov   EBP,ESP
    mov   AX,0         ; reset mouse function
    int   33h          ; of int 33h
    cmp   AX,0          ; is mouse there?
    je    nomouse      ; jump on no mouse
    mov   AX,BX         ; number of mouse buttons
                       ; to AX for return
    mov   ESP,EBP
    pop   EBP
    ret

nomouse:
    mov   AX,0FFFFh
    mov   ESP,EBP
    pop   EBP
    ret

_msinit ENDP

    END
```

Now look at MOUSE1.C, shown in FIG. 10-2. This program demonstrates the use of msinit(...). Compile MOUSE1.C and link the resultant MOUSE1.OBJ object module with your TAB.LIB file. Running MOUSE1.EXP demonstrates the initialization of the mouse.

10-2 The source code listing to MOUSE1.C.

```
//////////////////////////////////////
//
// MOUSE1.C
//
// Description:
//   Tests function msinit(...)
//
//////////////////////////////////////

// include files

#include <stdio.h>
#include <tproto.h>

// function prototypes

void main(void);

// program start

void
main()
```

```
{
int ret_val;

// initialize mouse if available
// and return number of buttons on
// mouse.

ret_val = msinit();

// if no mouse available

if(ret_val == 0xffff)
    printf("\nThere is no mouse available.\n");

// mouse is available so report number
// of buttons on the mouse

else
    printf("\nThere are %d mouse buttons available.\n",ret_val);
}
```

Turn mouse on and off
Functions: mson(...), msoff(...)

The mson(...) function displays the text mode mouse cursor and function msoff(...) removes the text mode cursor from the screen. There are no return values for these functions and there are no parameters passed.

MSON.ASM, shown in FIG. 10-3, and MSOFF.ASM, shown in FIG. 10-4, are the source codes for functions mson(...) and msoff(...), respectively. Assemble MSON.ASM and add the resultant object module to your TAB.LIB file. Assemble MSOFF.ASM and add the resultant MSOFF.OBJ object module to your TAB.LIB file.

10-3 The source code listing to MSON.ASM.

```
;//////////////////////////////////////
;//
;// MSON.ASM
;//
;// Description:
;//   Turns mouse on.
;//
;// Entry:
;//   (nothing)
;//
;// Exit:
;//   (nothing)
;//
;//////////////////////////////////////
```

```
; declare 80386 code

    .386

; declare model & code segment

    DOSSEG

    .MODEL SMALL

    .CODE

; declare _mson public

    PUBLIC   _mson

_mson PROC
    push  EBP
    mov   EBP,ESP
    mov   AX,1    ; turn on mouse
    int   33h
    mov   ESP,EBP
    pop   EBP
    ret
_mson ENDP

    END
```

10-4 The source code listing to MSOFF.ASM.

```
;/////////////////////////////////
;//
;// MSOFF.ASM
;//
;// Description:
;//  Turns mouse off.
;//
;// Entry:
;//  (nothing)
;//
;// Exit:
;//  (nothing)
;//
;/////////////////////////////////

; declare 80386 code

    .386

; declare model & code segment

    DOSSEG

    .MODEL SMALL
```

10-4 Continued.

```
    .CODE

; declare _msoff public

    PUBLIC  _msoff

_msoff PROC
    push  EBP
    mov   EBP,ESP
    mov   AX,2
    int   33h
    mov   ESP,EBP
    pop   EBP
    ret
_msoff ENDP

    END
```

The program MOUSE2.C shown in FIG. 10-5, demonstrates the use of functions mson(...) and msoff(...). Compile MOUSE2.C and link the resultant MOUSE2.OBJ object module to your TAB.LIB file. Running MOUSE2.EXP demonstrates how to turn the text mode mouse cursor on and off.

10-5 The source code listing to MOUSE2.C.

```
///////////////////////////////////////
//
// MOUSE2.C
//
// Description:
//   Tests function mson(...)
//                   msoff(...)
//
///////////////////////////////////////

// include files

#include <stdio.h>
#include <tproto.h>

// function prototypes

void main(void);

// program start

void
main()
{
int ret_val;

// clear the screen
```

```
scrnClr(7);

// initialize mouse if available
// and return number of buttons on
// mouse.

ret_val = msinit();

// if no mouse available

if(ret_val == 0xffff)
   printf("\nThere is no mouse available.\n");

// mouse is available so report number
// of buttons on the mouse

else
   printf("\nThere are %d mouse buttons available.\n",ret_val);

// turn the mouse on

mson();

// wait for a key press

gtKey();

// turn the mouse off

msoff();

}
```

Get mouse status
Function: msstat(...)

The msstat(...) function reports the status of the text-mode cursor's row and column location in screen pixels and also reports the status of any button presses. The syntax for function msstat(...) is:

button = msstat(&X_pos,&Ypos);

where button = If a mouse button is pressed, button returns an int value:

       1   For a left button press
       2   For a right button press
       4   For a center button press

   X_pos = X position of text cursor in screen pixels (an int value)
   Y_pos = Y position of text cursor in screen pixels (an int value)

The msstat(...) function does not stop program execution and is similar to the gtKBstat(...) function for the keyboard.

MSSTAT.ASM, shown in FIG. 10-6, is the source code for msstat(...). Assemble MSSTAT.ASM and add the resultant MSSTAT.OBJ object module to your TAB.LIB file.

10-6 The source code listing to MSSTAT.ASM.

```
;/////////////////////////////////////
;//
;// MSSTAT.ASM
;//
;// Description:
;//  Get mouse position
;//  and button status
;//
;// Entry:
;//  parameter 1  pointer to mouse X position
;//  parameter 2  pointer to mouse Y position
;//
;// Exit:
;//  AX returns button press
;//
;// Button    Value
;// --------------
;// Left      1
;// Right     2
;// Center    4
;//
;/////////////////////////////////////

; declare 80386 code

    .386

X   EQU [EBP+8]
Y   EQU [EBP+12]


; declare model & code segment

    DOSSEG

    .MODEL SMALL

    .CODE

; declare _msstat public

    PUBLIC  _msstat

_msstat PROC
    push  EBP
```

```
        mov    EBP,ESP
        mov    AX,3      ; get mouse position
        int    33h       ; and button status
        mov    AX,BX     ; return button status
        mov    BX,X      ; return X mouse position
        mov    WORD PTR [BX],CX
        mov    BX,Y      ; return Y mouse position
        mov    WORD PTR [BX],DX
        mov    ESP,EBP
        pop    EBP
        ret
_msstat ENDP

        END
```

Now look at MOUSE3.C, shown in FIG. 10-7. This program demonstrates how to move the text cursor on the screen and keep track of its X and Y location and button-press status. Compile MOUSE3.C and link the resultant MOUSE3.OBJ object module with your TAB.LIB file. Running MOUSE3.EXP shows how to:

1. Move the text-based mouse cursor with the mouse
2. Have constant reports on mouse cursor pixel location
3. Have constant reports on mouse button status

10-7 The source code listing to MOUSE3.C.

```
///////////////////////////////////////
//
// MOUSE3.C
//
// Description:
//   Tests function msstat(...)
//
///////////////////////////////////////

// include files

#include <stdio.h>
#include <tproto.h>

// function prototypes

void main(void);

// program start

void
main()
{
int ret_val;
int XPOS,YPOS;
```

```
// clear the screen

scrnClr(mkAttr(WHITE,BLUE,OFF_INTENSITY,OFF_BLINK));

// turn text cursor off

offCur();

// initialize mouse if available
// and return number of buttons on
// mouse.

ret_val = msinit();

// if no mouse available

if(ret_val == 0xffff)
    printf("\nThere is no mouse available.\n");

// mouse is available so report number
// of buttons on the mouse

else
    printf("\nThere are %d mouse buttons available.\n",ret_val);

// turn the mouse on

mson();

// report mouse status and
// exit on key press

while(!gtKBstat())
    {
    // get mouse status

    ret_val = msstat(&XPOS,&YPOS);

    // move cursor location

    mvCur(20,0);

    // print mouse status

    printf("Mouse X Position is %03d and Y Position is %03d.\n",XPOS,YPOS);
    printf("Mouse button value is %02d",ret_val);

    // set cursor location

    mvCur(22,0);

    if(ret_val == 1)
        printf("Left Button Down");
```

```
    else if(ret_val == 2)
       printf("Right Button Down");

    else if(ret_val == 4)
       printf("Center Button Down");

    else
       printf("                    ");
    }


// turn the mouse off

msoff();

// turn text cursor on

onCur();

// clear the screen

scrnClr(7);

}
```

A simple event queue handler

A simple event queue handler that monitors the mouse and keyboard
events is presented in MOUSE4.C, shown in FIG. 10-8. This program shows
one way to develop a simple event queue handler; it

1. Does not stop program execution
2. Reports if there has been a key pressed
3. Reports if there has been mouse movement
4. Reports if there has been a mouse button pressed

Event queue handlers will prove useful when programming a user
interface that is sensitive to both keyboard input and mouse input.

10-8 The source code listing to MOUSE4.C.

```
//////////////////////////////////////
//
// MOUSE4.C
//
// Description:
//   Presents simple event handler
//
//////////////////////////////////////

// include files
```

10-8 Continued.

```c
#include <stdio.h>
#include <tproto.h>

// function prototypes

void main(void);

// program start

void
main()
{
int ret_val;
int XPOS,YPOS;
int key;

// clear the screen

scrnClr(mkAttr(WHITE,BLUE,OFF_INTENSITY,OFF_BLINK));

// turn text cursor off

offCur();

// initialize mouse if available
// and return number of buttons on
// mouse.

ret_val = msinit();

// if no mouse available

if(ret_val == 0xffff)
   {
   // clear the screen

   scrnClr(7);

   // print message

   printf("\nThere is no mouse available.\n");

   // exit to dos

   exit(0);
   }


// mouse is available so report number
// of buttons on the mouse

else
   printf("\nThere are %d mouse buttons available.\n",ret_val);
```

```
                    // turn the mouse on

mson();

// report keyboard and mouse status and
// exit on F10 key press

do
    {
    // do not wait and get key press status

    key = gtKBstat();

    // get mouse status

    ret_val = msstat(&XPOS,&YPOS);

    // move cursor location

    mvCur(20,0);

    // print mouse status

    printf("Mouse X Position is %03d and Y Position is %03d.\n",
            XPOS,YPOS);
    printf("Mouse button value is %02d",ret_val);

    // set cursor location

    mvCur(22,0);

    if(ret_val == 1)
       printf("Left Button Down");

    else if(ret_val == 2)
       printf("Right Button Down");

    else if(ret_val == 4)
       printf("Center Button Down");

    else
       printf("                      ");

    /////////////////////////
    // report keyboard status

    // if a key has been pressed

    if(key)
        {
        // adjust cursor

        mvCur(19,0);
```

10-8 Continued.

```
    // print the key code

    printf("Code of key pressed: 0x%04X",key);

    // make bleeping noise to delay

    bleep();
    bleep();
    bleep();

    // erase key press message by

    // moviung the cursor

    mvCur(19,0);

    // erasing the text

    printf("                       ");
    }
} while(key != F10);

// turn the mouse off

msoff();

// turn text cursor on

onCur();

// clear the screen

scrnClr(7);

}
```

Summary

There were four mouse-handling routines presented in chapter 10. Function msinit(...) initialized the mouse if present and reported if there was no mouse present. Function mson(...) turned on the text-based mouse cursor. Function msoff(...) turned off the mouse-based text cursor. Function msstat(...) reported current mouse row and column location in pixels, and reported if a button had been pressed.

11
Commercial setup program

This chapter contains the source code to a commercial setup-type program used by TSR Systems Ltd. for our RAM-resident data viewers (Data-Finder 5.0 for Paradox and DBASE files). The source code is divided into two source files. In total, there are approximately 4,700 lines of source code in the program. The program's operation goes something like this:

1. If DF500.CFG file is found then load config file else
   Create DF500.CFG config file with default values
2. Main program's option window appears
3. If you select DF500 color option then
   a. Pop-up main color menu window
   b. Choose DF500 screen color to modify
   c. Mini DF500 Screen appears with color selection box
   d. Selecting color in box is automatically updated on DF500 mini screen
4. On program exit there are two options:
   a. Return to DOS and save new DF500.CFG file
   b. Return to DOS and do not update DF500.CFG file

The source code

The program DFINST.C is shown in FIG. 11-1, and DFINST1.C is shown in FIG. 11-2, beginning on page 335. DFINST1.C is included within source file DFINST.C and need not be compiled as a separate object module.

11-1 The source code listing to DFINST.C.

```
/////////////////////////////////////////
//
// DFINST.C
//
//
// Description:
//   Professional setup program.
//
/////////////////////////////////////////


// Include Files

#include <stdio.h>
#include <fcntl.h>
#include <sys\types.h>
#include <sys\stat.h>
#include <io.h>

// TAB.LIB prototypes

#include <tproto.h>

// DFINST prototype

int tgrid1(void);       // display grid type window      */
int tgrid2(void);       // display grid type window      */
int tgrid3(void);       // display grid type window      */
int tgrid4(void);       // display grid type window      */
int tgrid5(void);       // display grid type window      */
int tgrid6(void);       // display grid type window      */
int tgrid7(void);       // display grid type window      */
int tgrid8(void);       // display grid type window      */
int tgrid9(void);       // display grid type window      */
int tgrid10(void);      // display grid type window      */
int tgrid11(void);      // display grid type window      */
int tgrid12(void);      // display grid type window      */
int tgrid13(void);      // display grid type window      */
int tgrid14(void);      // display grid type window      */
int info1(void);        // simple pop-up information window */
int tlotus(void);       // display lotue style window    */
void main(void);        // program main                  */
void draw_df(void);
void draw_window_border(void);
void draw_table_top(void);
```

```
void remove_df(void);
void draw_mouse_bar(void);
void draw_column_name(void);
void draw_all_data(void);
void draw_resize(void);
void draw_box(int);
void erase_box(int);
void update_tta(int);
void update_tta_back(int);
void update_mba(int);
void update_mba_back(int);
void update_na(int);
void update_na_back(int);
void update_wb(int);
void update_wb_back(int);
void update_ra(int);
void update_ra_back(int);
void update_bwb(int);
void update_bwb_back(int);
void update_ttia(int);
void update_ttia_back(int);
void data_to_iobuff(void);
void iobuff_to_data(void);
void write_cfg(void);
void display_colors(void);
void draw_window_back(void);
void draw_back_wind_bord(void);
void io_to_dup(void);
void dup_to_io(void);

// structure declarations

struct DF500 {
    char    main_color_attrib;
    char    main_inverse_attrib;
    char    background_window_attrib;
    char    negative_value_attrib;
    char    resize_box_attrib;
    char    mouse_bar_attrib;
    char    passive_window_border_attrib;
    char    mode_flag;      // 0=25 line, 1=43 line
    char    catalog_flag;   // 0=auto open off,1=auto open on
    } header;

/////////////////////////////////////
//
// Make variables which must retain their
// value after the function exits, global
//
/////////////////////////////////////

/////////////////////////////////////
// DF500.CFG buffer
// iobuff[0] starts DF500 configure data
```

```
// iobuff[64] starts DFINST setup data
//

char iobuff[256];
char dupbuff[256];
int handle;
int lotus_flag=0;
int lotus_item=0;
int A1,A2,A3,A4,A5,A6,A7,A8;
int A9,A10,A11,A12,A13,A14,A15,A16;
int col_chart[8] = { BLACK,BLUE,GREEN,CYAN,RED,MAGENTA,BROWN,WHITE };
int grid_flag=0;

//////////////////////////////////////
//
// Global attribute variables
//

int     mode_toggle=0;      // 0=25 line 1=43 line
int     catalog_toggle=0;   // 0=auto open off 1=on
int     table_top_attr;
int     tta_fore;
int     tta_back;
int     tta_flag;
int     table_top_inv_attr;
int     ttia_fore;
int     ttia_back;
int     ttia_flag;
int     window_background;
int     wb_fore;
int     wb_back;
int     wb_flag;
int     resize_attr;
int     ra_fore;
int     ra_back;
int     ra_flag;
int     negative_attr;
int     na_fore;
int     na_back;
int     na_flag;
int     data_attr;
int     da_fore;
int     da_back;
int     da_flag;
int     mouse_bar_attr;
int     mba_fore;
int     mba_back;
int     mba_flag;
int     back_wind_bord;
int     bwb_fore;
int     bwb_back;
int     bwb_flag;
```

```
                    // item selected value

                    int grid_item=0;
                    int grid_item1=0;
                    int grid_item2=0;
                    int grid_item3=0;
                    int grid_item4=0;
                    int grid_item5=0;
                    int grid_item6=0;
                    int grid_item7=0;
                    int grid_item8=0;
                    int grid_item9=0;
                    int grid_item10=0;
                    int grid_item11=0;
                    int grid_item12=0;
                    int grid_item13=0;
                    int grid_item14=0;
                    int old_grid_item;
                    int old_grid_item1;
                    int old_grid_item2;
                    int old_grid_item3;
                    int old_grid_item4;
                    int old_grid_item5;
                    int old_grid_item6;
                    int old_grid_item7;
                    int old_grid_item8;
                    int old_grid_item9;
                    int old_grid_item10;
                    int old_grid_item11;
                    int old_grid_item12;
                    int old_grid_item13;
                    int old_grid_item14;


                    /////////////////////////////////////
                    //
                    // Global df display data
                    //
                    /////////////////////////////////////

                    char    data_border1[44] = {
                        201,91,254,93,205,
                        205,205,205,205,205,205,205,205,205,
                        205,205,205,205,205,205,205,205,205,
                        205,205,205,205,205,205,205,205,205,
                        91,24,93,205,91,25,93,205,187 };

                    char    table_top1[] =
                        "Table:                          ";
                    char    table_top2[] =
                        "                                ";
                    char    table_top3[] =
                        "Masterbk";


                    /////////////////////////////////////
```

```
//
// Pointers to Window Structures
//
//////////////////////////////////

WIND *FIRST;
WIND *DISPLAY;
WIND *GRID;
WIND *INFORM;
WIND *LOTUS;


//////////////////////////////////
//
// Window Messages
//
//////////////////////////////////

// Messages for FIRST Window

char title[30]   =
   " DataFinder 5.0 Setup  V. 1.0 ";

unsigned char i_bar[31]   = {
   195,196,196,196,196,196,196,196,196,196,196,
   196,196,196,196,196,196,196,196,196,196,196,
   196,196,196,196,196,196,196,196,180 };

char item1[29]    = " Display Colors             ";
char item2[29]    = " Video Mode - 25 Line Enable ";
char item2a[29]   = " Video Mode - 43/50 Line En. ";
char item3[29]    = " Cat. Auto Open - ON        ";
char item3a[29]   = " Cat. Auto Open - OFF       ";
char item5[29]    = " Quit Setup Program         ";

// messages for DISPLAY COLORS window

char dpitem1[29]    = " Main Color Foreground      ";
char dpitem2[29]    = " Main Color Background      ";
char dpitem3[29]    = " Mouse Bar Foreground       ";
char dpitem4[29]    = " Mouse Bar Background       ";
char dpitem5[29]    = " Negative Data Foreground   ";
char dpitem6[29]    = " Negative Data Background   ";
char dpitem7[29]    = " Under Window Foreground    ";
char dpitem8[29]    = " Under Window Background    ";
char dpitem9[29]    = " Highlight Bar Foreground   ";
char dpitem10[29]   = " Highlight Bar Background   ";
char dpitem11[29]   = " Passive Wind. Bord. Fore.  ";
char dpitem12[29]   = " Passive Wind. Bord. Back.  ";
char dpitem13[29]   = " Resize Window Foreground   ";
char dpitem14[29]   = " Resize Window Background   ";

char col1_name[8] = { "MASTERBK" };
```

```c
char col2_name[13] = {
   205,205,205,'B','A','L','A','N',
   'C','E',205,205,205 };

char col3_name[19] = {
   205,205,205,205,205,
   'E','M','P','L','O','Y','E','E',
   205,205,205,205,205,205 };

char col1_r1[8] = "      1 ";
char col1_r2[8] = "      2 ";
char col1_r3[8] = "      3 ";
char col1_r4[8] = "      4 ";
char col2_r1[13] = "     5678.00 ";
char col2_r2[13] = "    45454.54 ";
char col2_r3[13] = "     -234.44 ";
char col2_r4[13] = "   284757.55 ";
char col3_r1[19] = "  Goulden        ";
char col3_r2[19] = "  Yung           ";
char col3_r3[19] = "  Fuchstein      ";
char col3_r4[19] = "  Chuckman       ";

// Messages for LOTUS Window

char menu1[47]   =
   " Mean  Mode  Median  Range  Standard Deviation ";
char mess1[47]   =
   " Mean is the Average score of the distribution ";
char mess2[47]   =
   " Mode is the most frequent score               ";
char mess3[47]   =
   " Median is the middle score of sample          ";
char mess4[47]   =
   " Range is the distance from highest to lowest  ";
char mess5[47]   =
   " Standard dev. is avg. distance from mean      ";

// lot_map holds mess column offset & length

int lot_map[5][2] = {
   1,6,
   7,6,
   13,8,
   21,7,
   28,20 };

// messages for GRID window - holds row & column

char grid1[42]   = {
   32,32,32,219,32,32,32,32,219,
   32,32,32,32,219,32,32,32,32,219,
   32,32,32,32,219,32,32,32,32,219,
   32,32,32,32,219,32,32,32,32,219,
   32,32,32 };
```

```c
char grid_era[44] = {
   32,32,32,32,32,32,32,32,32,32,32,32,32,32,32,32,
   32,32,32,32,32,32,
   32,32,32,32,32,32,32,32,32,32,32,32,32,32,32,32,
   32,32,32,32,32,32 };

// grid_map row,column for start of inverse item

int grid_map[9][2] = {
   3,7,
   3,10,
   3,13,
   4,7,
   4,10,
   4,13,
   5,7,
   5,10,
   5,13 };


// info1 window data */

unsigned char speed3[30]   = {
   199,196,196,196,196,196,196,196,196,
   196,196,196,196,196,196,196,196,196,
   196,196,196,196,196,196,196,196,196,
   196,196,182 };

char speed1[28]   = "  Press (Y) to save new      ";
char speed2[28]   = "  Config. and quit to DOS.   ";
char speed4[28]   = "  Press (N) to Quit to DOS   ";
char speed5[28]   = "  and not save new Config.   ";
char speed7[28]   = "  Press any other Key to     ";
char speed8[28]   = "  return to DF 5.0 setup.    ";


/////////////////////////////////////
//
// global variables
//
/////////////////////////////////////


int xinverse;      // attribute for inverse
int hl_tense;      // highlight bar intensity

char   up_dn[4]   = { 32,24,25,32 };
char   up_dn1[6]  = { " Move " };
char   up_dn2[5]  = { 32,60,196,217,32 } ;
char   up_dn3[8]  = { " Select " };
char   up_dn4[5]  = { " ESC " };
char   up_dn5[14] = { " Close Window " };
char   up_dn6[29] = { " F10 - Restores Orig. Colors " };
char   up_dn7[29] = { "                             " };
```

```c
char    dat16[4]    = { 16,16,16,16 };
char    dat17[4]    = { 17,17,17,17 };
char    dat30[4]    = { 30,30,30,30 };
char    dat31[4]    = { 31,31,31,31 };
char    dat32[4]    = { 32,32,32,32 };
char    dat179[4]   = { 179,179,179,179 };
char    dat186[4]   = { 186,186,186,186 };
char    dat188[4]   = { 188,188,188,188 };
char    dat191[4]   = { 191,191,191,191 };
char    dat192[4]   = { 192,192,192,192 };
char    dat196[6]   = { 196,196,196,196,196,196 };
char    dat200[4]   = { 200,200,200,200 };
char    dat203[4]   = { 203,203,203,203 };
char    dat205[28]  = { 205,205,205,205,
                        205,205,205,205,
                        205,205,205,205,
                        205,205,205,205,
                        205,205,205,205,
                        205,205,205,205,
                        205,205,205,205 };

char    dat217[4]   = { 217,217,217,217 };
char    dat218[4]   = { 218,218,218,218 };
char    dat254[4]   = { 254,254,254,254 };


char    dat178[80] = {
    178,178,178,178,178,178,178,178,178,178,
    178,178,178,178,178,178,178,178,178,178,
    178,178,178,178,178,178,178,178,178,178,
    178,178,178,178,178,178,178,178,178,178,
    178,178,178,178,178,178,178,178,178,178,
    178,178,178,178,178,178,178,178,178,178,
    178,178,178,178,178,178,178,178,178,178,
    178,178,178,178,178,178,178,178,178,178 };


//////////////////////////////////////
//
// INCLUDE DFINST1.C SOURCE FILE
//
//////////////////////////////////////

#include "dfinst1.c"

//////////////////////////////////////
//
// Lotus Style Window
//
// Receives: nothing
// Returns: item selection number
//
// Displays Lotus style window
// with attendant cursor, high-
```

11-1 Continued.

```
// light and item description
// routines.
//
/////////////////////////////////////

int
tlotus()
{
int key;    // scan and char value
int exit;   // val for loop cond chk
int exp_a;  // item explanation attr

/////////////////////////////////////
//
// Initialize lotus menu window
// structure and display window
//
/////////////////////////////////////

// Set lotus explanation Attr
// - Fore,Back,Intensity,Blink

exp_a = mkAttr(MAGENTA,BLUE,ON_INTENSITY,OFF_BLINK);

// call window initialization routines only once

if(!lotus_flag)
    {
    // ensure window startup bypassed nexe window call

    lotus_flag=1;

    // Allocate memory and return pointer to structure

    LOTUS = setWind(LOTUS,6,20,9,68);

    // Set Window Attr - Fore,Back,Intensity,Blink

    setAttr(LOTUS,mkAttr(WHITE,BLUE,ON_INTENSITY,OFF_BLINK));

    // Set Window Border - top, bot, left, right

    setBord(LOTUS,S_S_S_S);

    // Set the top and bottom title - 0 set no bottom title

    setTitle(LOTUS," Lotus Style Window ");

    // Display window

    strtWind(LOTUS);
    }
```

```
else
   dispWind(LOTUS);

// set loop condition

exit=aFALSE;

do
   {
   // Write title bar - erasing old inverse

   wvdWrite(LOTUS,1,1,47,menu1,LOTUS->attr);

   // Inverse proper menu item using lot_map[] []

   wvdAttr(LOTUS,1,lot_map[lotus_item][0],lot_map[lotus_item][1],hl_tense);

   // print item explanation

   switch(lotus_item)
   {
   case 0:
      wvdWrite(LOTUS,2,1,47,mess1,exp_a);
      break;

   case 1:
      wvdWrite(LOTUS,2,1,47,mess2,exp_a);
      break;

   case 2:
      wvdWrite(LOTUS,2,1,47,mess3,exp_a);
      break;

   case 3:
      wvdWrite(LOTUS,2,1,47,mess4,exp_a);
      break;

   case 4:
      wvdWrite(LOTUS,2,1,47,mess5,exp_a);
      break;
   }

// wait for key press

key = gtKey();

// filter key press

switch(key)
   {
   case RIGHT_ARROW:      // At right item?
      if(lotus_item==4) // Yes?
         lotus_item=0;  //   set left item
      else               // Else
```

```
            lotus_item++;    // move rt 1 item
        break;
     case LEFT_ARROW:        // At left item?
        if(lotus_item==0)   // Yes?
           lotus_item=4;    //   set right item
        else                // Else
           lotus_item--;    //   move lft 1 item
        break;

     case ENTER:
        exit=aTRUE;
        break;
     }
   } while(!exit);

// Remove Lotus Window

remvWind(LOTUS);

// return selected item number

return(lotus_item);

}


/////////////////////////////////
//
// Grid Style Window
//
// Receives: nothing
// Returns: item selection number
//
// Displays Grid style window
// with attendant cursor & high-
// light description routines.
//
/////////////////////////////////


/////////////////////////////////
//
// Make variables which must retain their
// value after the function exits global
//
/////////////////////////////////


char top_box[3] = { 218,196,191 };
char bot_box[3] = { 192,196,217 };


/////////////////////////////////
//
// Draw box around selected color
//
/////////////////////////////////
```

```c
void
draw_box(val)
int val;
{
int row,col;
switch(val)
    {
    case    0:
        row=1;
        col=3;
        break;

    case    1:
        row=1;
        col=8;
        break;

    case    2:
        row=1;
        col=13;
        break;

    case    3:
        row=1;
        col=18;
        break;

    case    4:
        row=1;
        col=23;
        break;

    case    5:
        row=1;
        col=28;
        break;

    case    6:
        row=1;
        col=33;
        break;

    case    7:
        row=1;
        col=38;
        break;

    case    8:
        row=3;
        col=3;
        break;

    case    9:
        row=3;
```

```
         col=8;
         break;

    case    10:
         row=3;
         col=13;
         break;

    case    11:
         row=3;
         col=18;
         break;

    case    12:
         row=3;
         col=23;
         break;

    case    13:
         row=3;
         col=28;
         break;

    case    14:
         row=3;
         col=33;
         break;

    case    15:
         row=3;
         col=38;
         break;
    }

// draw box at appropriate location

wvdWrite(GRID,row,col,3,top_box,A13);
wvdWrite(GRID,row+2,col,3,bot_box,A13);
wvdWrite(GRID,row+1,col,1,dat179,A13);
wvdWrite(GRID,row+1,col+2,1,dat179,A13);


}

char era_box[3] = { 32,32,32 };

//////////////////////////////////////
//
// erase box
//
//////////////////////////////////////

void
```

```c
erase_box(val)
int val;
{
int row,col;
switch(val)
    {
    case   0:
        row=1;
        col=3;
        break;

    case   1:
        row=1;
        col=8;
        break;

    case   2:
        row=1;
        col=13;
        break;

    case   3:
        row=1;
        col=18;
        break;

    case   4:
        row=1;
        col=23;
        break;

    case   5:
        row=1;
        col=28;
        break;

    case   6:
        row=1;
        col=33;
        break;

    case   7:
        row=1;
        col=38;
        break;

    case   8:
        row=3;
        col=3;
        break;

    case   9:
        row=3;
        col=8;
        break;
```

11-1 Continued.

```
    case    10:
        row=3;
        col=13;
        break;

    case    11:
        row=3;
        col=18;
        break;

    case    12:
        row=3;
        col=23;
        break;

    case    13:
        row=3;
        col=28;
        break;

    case    14:
        row=3;
        col=33;
        break;

    case    15:
        row=3;
        col=38;
        break;

    }

// erase the box at location

wvdWrite(GRID,row,col,3,era_box,GRID->attr);
wvdWrite(GRID,row+2,col,3,era_box,GRID->attr);
wvdWrite(GRID,row+1,col,1,dat32,GRID->attr);
wvdWrite(GRID,row+1,col+2,1,dat32,GRID->attr);

}

////////////////////////////////////////
//
// update color foreground attribute
//
////////////////////////////////////////

void
update_tta(val)
int val;
{
if(val<8)
    {
```

```
                  tta_fore = col_chart[val];
                  ttia_fore = tta_back;
                  ttia_back = tta_fore;
                  tta_flag = 0;
                  table_top_attr = mkAttr(tta_fore,tta_back,OFF_INTENSITY,OFF_BLINK);
                  }
              else
                  {
                  val -= 8;
                  tta_fore = col_chart[val];
                  ttia_fore = tta_back;
                  ttia_back = tta_fore;
                  tta_flag = 1;
                  table_top_attr = mkAttr(tta_fore,tta_back,ON_INTENSITY,OFF_BLINK);
                  }
          }


////////////////////////////////////////
//
// update color background attribute
//
////////////////////////////////////////

void
update_tta_back(val)
int val;
{
tta_back = col_chart[val];
ttia_fore = tta_back;
ttia_back = tta_fore;
if(!tta_flag)
    table_top_attr = mkAttr(tta_fore,tta_back,OFF_INTENSITY,OFF_BLINK);
else
    table_top_attr = mkAttr(tta_fore,tta_back,ON_INTENSITY,OFF_BLINK);
}


////////////////////////////////////////
//
// update mopuse bar foreground attribute
//
////////////////////////////////////////

void
update_mba(val)
int val;
{
if(val<8)
    {
    mba_fore = col_chart[val];
    mba_flag = 0;
    mouse_bar_attr = mkAttr(mba_fore,mba_back,OFF_INTENSITY,OFF_BLINK);
    }
else
    {
```

```
   val -= 8;
   mba_fore = col_chart[val];
   mba_flag = 1;
   mouse_bar_attr = mkAttr(mba_fore,mba_back,ON_INTENSITY,OFF_BLINK);
   }
}


//////////////////////////////////////
//
// update mouse bar background attribute
//
//////////////////////////////////////

void
update_mba_back(val)
int val;
{
mba_back = col_chart[val];
if(!mba_flag)
   mouse_bar_attr = mkAttr(mba_fore,mba_back,OFF_INTENSITY,OFF_BLINK);
else
   mouse_bar_attr = mkAttr(mba_fore,mba_back,ON_INTENSITY,OFF_BLINK);
}


//////////////////////////////////////
//
// update negative data foreground attribute
//
//////////////////////////////////////

void
update_na(val)
int val;
{
if(val<8)
   {
   na_fore = col_chart[val];
   na_flag = 0;
   negative_attr = mkAttr(na_fore,na_back,OFF_INTENSITY,OFF_BLINK);
   }
else
   {
   val -= 8;
   na_fore = col_chart[val];
   na_flag = 1;
   negative_attr = mkAttr(na_fore,na_back,ON_INTENSITY,OFF_BLINK);
   }
}


//////////////////////////////////////
//
// update negative data background attribute
```

```
//
////////////////////////////////////////

void
update_na_back(val)
int val;
{
na_back = col_chart[val];
if(!na_flag)
   negative_attr = mkAttr(na_fore,na_back,OFF_INTENSITY,OFF_BLINK);
else
   negative_attr = mkAttr(na_fore,na_back,ON_INTENSITY,OFF_BLINK);
}


////////////////////////////////////////
//
// update window foreground attribute
//
////////////////////////////////////////

void
update_wb(val)
int val;
{
if(val<8)
   {
   wb_fore = col_chart[val];
   wb_flag = 0;
   window_background = mkAttr(wb_fore,wb_back,OFF_INTENSITY,OFF_BLINK);
   }
else
   {
   val -= 8;
   wb_fore = col_chart[val];
   wb_flag = 1;
   window_background = mkAttr(wb_fore,wb_back,ON_INTENSITY,OFF_BLINK);
   }
}


////////////////////////////////////////
//
// update window background attribute
//
////////////////////////////////////////

void
update_wb_back(val)
int val;
{
wb_back = col_chart[val];
if(!wb_flag)
   window_background = mkAttr(wb_fore,wb_back,OFF_INTENSITY,OFF_BLINK);
else
   window_background = mkAttr(wb_fore,wb_back,ON_INTENSITY,OFF_BLINK);
}
```

```
//////////////////////////////////////
//
// update table top inverse foreground attribute
//
//////////////////////////////////////

void
update_ttia(val)
int val;
{
if(val<8)
   {
   ttia_fore = col_chart[val];
   ttia_flag = 0;
   table_top_inv_attr = mkAttr(ttia_fore,ttia_back,OFF_INTENSITY,OFF_BLINK);
   }
else
   {
   val -= 8;
   ttia_fore = col_chart[val];
   ttia_flag = 1;
   table_top_inv_attr = mkAttr(ttia_fore,ttia_back,ON_INTENSITY,OFF_BLINK);
   }
}


//////////////////////////////////////
//
// update table top inverse background attribute
//
//////////////////////////////////////

void
update_ttia_back(val)
int val;
{
ttia_back = col_chart[val];

if(!ttia_flag)
   table_top_inv_attr = mkAttr(ttia_fore,ttia_back,OFF_INTENSITY,OFF_BLINK);
else
   table_top_inv_attr = mkAttr(ttia_fore,ttia_back,ON_INTENSITY,OFF_BLINK);
}


//////////////////////////////////////
//
// update back window  foreground attribute
//
//////////////////////////////////////

void
update_bwb(val)
int val;
{
```

```
if(val<8)
   {
   bwb_fore = col_chart[val];
   bwb_flag = 0;
   back_wind_bord = mkAttr(bwb_fore,bwb_back,OFF_INTENSITY,OFF_BLINK);
   }
else
   {
   val -= 8;
   bwb_fore = col_chart[val];
   bwb_flag = 1;
   back_wind_bord = mkAttr(bwb_fore,bwb_back,ON_INTENSITY,OFF_BLINK);
   }
}

/////////////////////////////////////
//
// update back window background attribute
//
/////////////////////////////////////

void
update_bwb_back(val)
int val;
{
bwb_back = col_chart[val];
if(!bwb_flag)
   back_wind_bord = mkAttr(bwb_fore,bwb_back,OFF_INTENSITY,OFF_BLINK);
else
   back_wind_bord = mkAttr(bwb_fore,bwb_back,ON_INTENSITY,OFF_BLINK);
}

/////////////////////////////////////
//
// update resize window  foreground attribute
//
/////////////////////////////////////

void
update_ra(val)
int val;
{
if(val<8)
   {
   ra_fore = col_chart[val];
   ra_flag = 0;
   resize_attr = mkAttr(ra_fore,ra_back,OFF_INTENSITY,OFF_BLINK);
   }
else
   {
   val -= 8;
   ra_fore = col_chart[val];
   ra_flag = 1;
   resize_attr = mkAttr(ra_fore,ra_back,ON_INTENSITY,OFF_BLINK);
```

```
    }
}

//////////////////////////////////////
//
// update resize window background attribute
//
//////////////////////////////////////

void
update_ra_back(val)
int val;
{
ra_back = col_chart[val];
if(!ra_flag)
   resize_attr = mkAttr(ra_fore,ra_back,OFF_INTENSITY,OFF_BLINK);
else
   resize_attr = mkAttr(ra_fore,ra_back,ON_INTENSITY,OFF_BLINK);
}


//////////////////////////////////////
//
// Simple Style Window
//
// Receives: nothing
// Returns: nothing
//
// Displays Simple pop up
// information window.
//
//////////////////////////////////////


//////////////////////////////////////
//
// Make variables which must retain their
// value after the function exits global
//
//////////////////////////////////////


int info1_flag=0;

int
info1()
{
int key;    // scan and char value
int red_attr;

// make red attribute

red_attr = mkAttr(RED,WHITE,OFF_INTENSITY,OFF_BLINK);
```

```
/////////////////////////////////////
//
// Initialize grid menu window structure
// and display window
//

if(!info1_flag)
   {
   // ensure window initialization bypass

   info1_flag=1;

   // Allocate memory and return pointer to structure

   INFORM = setWind(INFORM,12-4,20-5,22-5,49-5);

   // Set Window Attr - Fore,Back,Intensity,Blink

   setAttr(INFORM,mkAttr(BLACK,WHITE,OFF_INTENSITY,OFF_BLINK));
   // Set Window Border

   setBord(INFORM,D_D_D_D);

   // Set the bottom title

   setTitle(INFORM," Quit ");

   // Display window

   strtWind(INFORM);

   }
else

   dispWind(INFORM);

// Write menu and exit messages

wvdWrite(INFORM,1,1,28,speed1,INFORM->attr);
wvdWrite(INFORM,2,1,28,speed2,INFORM->attr);
wvdWrite(INFORM,3,0,30,speed3,INFORM->attr);
wvdWrite(INFORM,4,1,28,speed4,INFORM->attr);
wvdWrite(INFORM,5,1,28,speed5,INFORM->attr);
wvdWrite(INFORM,6,0,30,speed3,INFORM->attr);
wvdWrite(INFORM,7,1,28,speed7,INFORM->attr);
wvdWrite(INFORM,8,1,28,speed8,INFORM->attr);
wvdAttr(INFORM,1,10,1,red_attr);
wvdAttr(INFORM,4,10,1,red_attr);

// wait for key press

key = gtKey();

// remove window and display original screen information
```

11-1 Continued.

```
remvWind(INFORM);

// return key value

return (key);

}

/////////////////////////////////////
//
// write_screen
//
// Writes the main screen
// display.
//
/////////////////////////////////////

void
write_screen()
{
int attr1,attr2;
int count;

// create attributes

attr1 = mkAttr(BLACK,WHITE,OFF_INTENSITY,OFF_BLINK);
attr2 = mkAttr(RED,WHITE,OFF_INTENSITY,OFF_BLINK);

// change screen attributes

vdAttr(0,0,80,attr1);
vdAttr(24,0,80,attr2);

// fill screen with perforation

for(count=1; count<24; count++)

    vdWrite(count,0,80,dat178,attr1);

// write screen text

vdWrite(0,25,30,title,attr1);
vdWrite(24,0,4,up_dn,attr2);
vdWrite(24,4,6,up_dn1,attr1);
vdWrite(24,10,5,up_dn2,attr2);
vdWrite(24,15,8,up_dn3,attr1);
vdWrite(24,23,5,up_dn4,attr2);
vdWrite(24,28,14,up_dn5,attr1);

}

/////////////////////////////////////
//
```

```
// Display Colors first level window
//
/////////////////////////////////////

void
display_colors()
{
int key;      // recieves Scan & char key code
int exit;     // holds val for main loop check
int old_row;  // Tracker for highlight bar
int row;      // Tracker for highlight bar
int beep;     // flag for beep on 'Q' keypress
int attr1,attr2;

// create attributes

attr1 = mkAttr(BLACK,WHITE,OFF_INTENSITY,OFF_BLINK);
attr2 = mkAttr(RED,WHITE,OFF_INTENSITY,OFF_BLINK);


/////////////////////////////////////
//
// Initialize main menu window structure
// and display window
//
/////////////////////////////////////


// Allocate memory and return pointer to structure

DISPLAY = setWind(DISPLAY,4,2,19,29);

// Set Window Attr - Fore,Back,Intensity,Blink

setAttr(DISPLAY,mkAttr(BLACK,WHITE,OFF_INTENSITY,OFF_BLINK));

// Set Window Border - top, bot, left, right

setBord(DISPLAY,S_S_S_S);

// Set the top and bottom title

setTitle(DISPLAY," DISPLAY COLORS ");

// Display window

strtWind(DISPLAY);

// Write menu items to window

wvdWrite(DISPLAY,1,1,25,dpitem1,DISPLAY->attr);
wvdWrite(DISPLAY,2,1,25,dpitem2,DISPLAY->attr);
wvdWrite(DISPLAY,3,1,25,dpitem3,DISPLAY->attr);
```

```
wvdWrite(DISPLAY,4,1,25,dpitem4,DISPLAY->attr);
wvdWrite(DISPLAY,5,1,25,dpitem5,DISPLAY->attr);
wvdWrite(DISPLAY,6,1,25,dpitem6,DISPLAY->attr);
wvdWrite(DISPLAY,7,1,25,dpitem7,DISPLAY->attr);
wvdWrite(DISPLAY,8,1,25,dpitem8,DISPLAY->attr);
wvdWrite(DISPLAY,9,1,25,dpitem9,DISPLAY->attr);
wvdWrite(DISPLAY,10,1,25,dpitem10,DISPLAY->attr);
wvdWrite(DISPLAY,11,1,25,dpitem11,DISPLAY->attr);
wvdWrite(DISPLAY,12,1,25,dpitem12,DISPLAY->attr);
wvdWrite(DISPLAY,13,1,25,dpitem13,DISPLAY->attr);
wvdWrite(DISPLAY,14,1,25,dpitem14,DISPLAY->attr);


// Set highlight trackers to start at item1 (row 1)

row = 1;
old_row = 1;

// set default for no beep

beep = aFALSE;

// Set loop condition

exit = aFALSE;

//////////////////////////////////////
//
// Main keyboard loop. Selects: tlotus(),
//                              tgrid1(),
//                              info1(),
//                              quits()
//
// Up,Down arrow or First letter move
// highlight bar
//
//////////////////////////////////////

do
   {
   // Write F10 message

   vdWrite(24,45,29,up_dn6,attr1);
   vdAttr(24,46,3,attr2);

   // off highlight bar

   wvdAttr(DISPLAY,old_row,1,26,DISPLAY->attr);

   // on highlight bar

   wvdAttr(DISPLAY,row,1,26,xinverse);
```

```
                    // Yes? beep after screen update
                    if(beep)
                        {
                        // beep soune

                        bleep();

                        // reset for no beep

                        beep=aFALSE;
                        }

                    // reset OFF tracker

                    old_row = row;

                    // if row is 13 or 14 then call draw resize

                    if((row==13)||(row==14))
                        draw_resize();
                    else
                        // otherwise draw window background

                        draw_window_back();

                    // wait and get 16 bit key code

                    key = gtKey();

                    // evaluate key press value

                    switch(key)
                        {
                        case DOWN_ARROW:
                            if(row==14)       // If bottom row
                                row=1;        // then->top row
                            else              // Otherwise
                                row++;        //   then down row
                            break;

                        case UP_ARROW:
                            if(row==1)        // If bottom row
                                row=14;       //   then skip to 5
                            else              // Otherwise
                                row--;        //   then up row
                            break;

                        case   F10:
                            dup_to_io();
                            remove_df();
                            draw_df();
                            break;

                        case   ESC:
```

```
    exit=aTRUE;
    break;

case  ENTER:
    // evaluate selection

    switch(row)
        {
        case 1:
            vdWrite(24,45,29,up_dn7,attr1);
            tgrid1();
            break;

        case 2:
            vdWrite(24,45,29,up_dn7,attr1);
            tgrid2();
            break;

        case 3:
            vdWrite(24,45,29,up_dn7,attr1);
            tgrid3();
            break;

        case 4:
            vdWrite(24,45,29,up_dn7,attr1);
            tgrid4();
            break;

        case 5:
            vdWrite(24,45,29,up_dn7,attr1);
            tgrid5();
            break;

        case 6:
            vdWrite(24,45,29,up_dn7,attr1);
            tgrid6();
            break;

        case 7:
            vdWrite(24,45,29,up_dn7,attr1);
            tgrid7();
            break;

        case 8:
            vdWrite(24,45,29,up_dn7,attr1);
            tgrid8();
            break;

        case 9:
            vdWrite(24,45,29,up_dn7,attr1);
            tgrid9();
            break;
```

```
                case 10:
                    vdWrite(24,45,29,up_dn7,attr1);
                    tgrid10();
                    break;

                case 11:
                    vdWrite(24,45,29,up_dn7,attr1);
                    tgrid11();
                    break;

                case 12:
                    vdWrite(24,45,29,up_dn7,attr1);
                    tgrid12();
                    break;

                case 13:
                    vdWrite(24,45,29,up_dn7,attr1);
                    tgrid13();
                    break;

                case 14:
                    vdWrite(24,45,29,up_dn7,attr1);
                    tgrid14();
                    break;
                }
            break;

// check for ascii value

default:

    // determine key press

    switch(key)
        {
        case K_d:
        case K_D:
            row=1;
            break;

        case K_s:
        case K_S:
            row=2;
            break;

        case K_l:
        case K_L:
            row=3;
            break;

        case K_q:
        case K_Q:
            row=5;
            beep=aTRUE;
            break;
```

```
            }
        break;
    }

  } while (!exit);

// remove window and restore originial screen

remvWind(DISPLAY);

// write to screen

vdWrite(24,45,29,up_dn7,attr1);

}


//////////////////////////////////////
//
// int main(void)
//
// Receives: nothing
// Returns: nothing
//
// Sets up the FISRT window
// display and contains the
// scroll bar menu selection
// routine.
//
//////////////////////////////////////

void
main()
{
int key;       // recieves Scan & char key code
int exit;      // holds val for main loop check
int old_row;   // Tracker for highlight bar
int row;       // Tracker for highlight bar
int intense;   // intensity attribute value
int beep;      // flag for beep on 'Q' keypress
int eval;

// Turn off the cursor

offCur();

// clear the screen

scrnClr(7);

// write the main screen display
```

```
        write_screen();

        // fill default colors

        A1 = mkAttr(BLACK,WHITE,OFF_INTENSITY,OFF_BLINK);
        A2 = mkAttr(BLUE,WHITE,OFF_INTENSITY,OFF_BLINK);
        A3 = mkAttr(GREEN,WHITE,OFF_INTENSITY,OFF_BLINK);
        A4 = mkAttr(CYAN,WHITE,OFF_INTENSITY,OFF_BLINK);
        A5 = mkAttr(RED,WHITE,OFF_INTENSITY,OFF_BLINK);
        A6 = mkAttr(MAGENTA,WHITE,OFF_INTENSITY,OFF_BLINK);
        A7 = mkAttr(BROWN,WHITE,OFF_INTENSITY,OFF_BLINK);
        A8 = mkAttr(WHITE,WHITE,OFF_INTENSITY,OFF_BLINK);
        A9 = mkAttr(BLACK,WHITE,ON_INTENSITY,OFF_BLINK);
        A10 = mkAttr(BLUE,WHITE,ON_INTENSITY,OFF_BLINK);
        A11 = mkAttr(GREEN,WHITE,ON_INTENSITY,OFF_BLINK);
        A12 = mkAttr(CYAN,WHITE,ON_INTENSITY,OFF_BLINK);
        A13 = mkAttr(RED,WHITE,ON_INTENSITY,OFF_BLINK);
        A14 = mkAttr(MAGENTA,WHITE,ON_INTENSITY,OFF_BLINK);
        A15 = mkAttr(BROWN,WHITE,ON_INTENSITY,OFF_BLINK);
        A16 = mkAttr(WHITE,WHITE,ON_INTENSITY,OFF_BLINK);

        // Set global attribute intense for inverse video

        xinverse = mkAttr(WHITE,BLACK,OFF_INTENSITY,OFF_BLINK);

        // set global attribute hl_tense for
        // WHITE,WHITE,INTENSE,OFF_BLINK

        hl_tense = mkAttr(WHITE,WHITE,ON_INTENSITY,OFF_BLINK);

        // Set intense text attribute for this window

        intense = mkAttr(RED,WHITE,OFF_INTENSITY,OFF_BLINK);

        // set default data finder display colors

        table_top_attr = mkAttr(WHITE,CYAN,ON_INTENSITY,OFF_BLINK);
        tta_fore = WHITE;
        tta_back = CYAN;
        tta_flag = 1;

        table_top_inv_attr = mkAttr(WHITE,BLUE,OFF_INTENSITY,OFF_BLINK);
        ttia_fore = WHITE;
        ttia_back = BLUE;
        ttia_flag = 0;

        window_background = mkAttr(BLACK,WHITE,ON_INTENSITY,OFF_BLINK);
        wb_fore = BLACK;
        wb_back = WHITE;
        wb_flag = 0;

        data_attr = mkAttr(WHITE,CYAN,ON_INTENSITY,OFF_BLINK);
        da_fore = WHITE;
        da_back = CYAN;
        da_flag = 1;
```

```
resize_attr = mkAttr(BLUE,CYAN,OFF_INTENSITY,OFF_BLINK);
ra_fore = BLUE;
ra_back = CYAN;
ra_flag = 0;

negative_attr = mkAttr(WHITE,RED,OFF_INTENSITY,OFF_BLINK);
na_fore = WHITE;
na_back = RED;
na_flag = 0;

mouse_bar_attr = mkAttr(WHITE,BLUE,OFF_INTENSITY,OFF_BLINK);
mba_fore = WHITE;
mba_back = BLUE;
mba_flag = 0;

back_wind_bord = mkAttr(BLACK,CYAN,OFF_INTENSITY,OFF_BLINK);
bwb_fore = BLACK;
bwb_back = CYAN;
bwb_flag = 0;

// check to see if DF500.CGF exists

handle = open("DF500.CFG",O_RDWR,S_IREAD|S_IWRITE);

// if file does not exist

if(handle < 0)
    {
    // beep away

    bleep();
    bleep();
    bleep();

    // and write the file to disk

    write_cfg();
    }
else
    {
    // otherwise read the file to memory

    read(handle,iobuff,128);

    // close the file handle

    close(handle);

    // relocate io buffer data to data buffer

    iobuff_to_data();
    }
```

```
io_to_dup();


////////////////////////////////////
//
// Initialize main menu window structure
// and display window
//
////////////////////////////////////

// Allocate memory and return pointer to structure

FIRST = setWind(FIRST,2,0,8,30);

// Set Window Attr - Fore,Back,Intensity,Blink

setAttr(FIRST,mkAttr(BLACK,WHITE,OFF_INTENSITY,OFF_BLINK))

// Set Window Border - top, bot, left, right

setBord(FIRST,S_S_S_S);

// Set the top and bottom title

setTitle(FIRST," MENU ");

// Display window

strtWind(FIRST);


// Write menu items to window

wvdWrite(FIRST,1,1,29,item1,FIRST->attr);

// write appropriate messages

if(!mode_toggle)
   wvdWrite(FIRST,2,1,29,item2,FIRST->attr);

else
   wvdWrite(FIRST,2,1,29,item2a,FIRST->attr);

if(!catalog_toggle)
   wvdWrite(FIRST,3,1,29,item3,FIRST->attr);

else
   wvdWrite(FIRST,3,1,29,item3a,FIRST->attr);

wvdWrite(FIRST,4,0,31,i_bar,FIRST->attr);
wvdWrite(FIRST,5,1,29,item5,FIRST->attr);


// Set highlight trackers to start at item1 (row 1)
```

11-1 Continued.

```
row = 1;
old_row = 1;

// set default for no beep

beep = aFALSE;

// Set loop condition

exit = aFALSE;

//////////////////////////////////////
//
// Main keyboard loop. Selects: tlotus(),
//                              tgrid1(),
//                              info1(),
//                              quits()
//
// Up,Down arrow or First letter move
// highlight bar
//
//////////////////////////////////////


do
    {
    // write screen mode message

    if(!mode_toggle)
        wvdWrite(FIRST,2,1,29,item2,FIRST->attr);

    else
        wvdWrite(FIRST,2,1,29,item2a,FIRST->attr);

    // write catalog message

    if(!catalog_toggle)
        wvdWrite(FIRST,3,1,29,item3,FIRST->attr);

    else
        wvdWrite(FIRST,3,1,29,item3a,FIRST->attr);

    // highlight first letter of item

    wvdAttr(FIRST,1,2,1,intense);
    wvdAttr(FIRST,2,2,1,intense);
    wvdAttr(FIRST,3,2,1,intense);
    wvdAttr(FIRST,5,2,1,intense);

    // off highlight bar

    wvdAttr(FIRST,old_row,1,29,FIRST->attr);
```

```
// intense item letter

wvdAttr(FIRST,old_row,2,1,intense);

// turn on highlight bar

wvdAttr(FIRST,row,1,29,xinverse);

// YES beep after screen update

if(beep)
    {
    bleep();
    beep=aFALSE;
    }

// reset old row tracker

old_row = row;
// get 16 bit key code

key = gtKey();

// evaluate key press

switch(key)
    {
    case DOWN_ARROW:
        if(row==5)              // If bottom row
            row=1;              //   then->top row
        else if(row==3)         // If row 3
            row=5;              //   then skip to 5
        else                    // Otherwise
            row++;              //   then down row
        break;
    case UP_ARROW:
        if(row==5)              // If bottom row
            row=3;              //   then skip to 5
        else if(row==1)         // If row 3
            row=5;              //   then->bot row
        else                    // Otherwise
            row--;              //   then up row
        break;
    case  ENTER:
        switch(row)             // Eval selection
            {
            case 1:             // display colors
                draw_df();
                display_colors();
                remove_df();
                break;

            case 2:
                if(mode_toggle==0)
```

```
            mode_toggle=1;
        else
            mode_toggle=0;
        break;

    case 3:
        if(catalog_toggle==0)
            catalog_toggle=1;
        else
            catalog_toggle=0;
        break;

    case 5:              // Exit option
        eval = info1();
        switch(eval)
            {
            case K_Y:
            case K_y:
                write_cfg();
                exit=aTRUE;
                break;
            case K_N:
            case K_n:
                exit=aTRUE;
                break;
            }
        break;
    }
break;
default:                 // Check ascii val
    switch(key)          // which key?
        {
        case K_d:
        case K_D:
            row=1;
            break;
        case K_v:
        case K_V:
            row=2;
            break;

        case K_c:
        case K_C:
            row=3;
            break;

        case K_q:
        case K_Q:
            row=5;
            beep=aTRUE;  // set for beep
            break;
        }
```

```
        break;

    }

  } while (!exit);

// remove window and restore originial screen

remvWind(FIRST);

// turn on the cursor

onCur();

// clear the screen

scrnClr(7);
}


/////////////////////////////////////
//
// Draw data finder mini display
//
/////////////////////////////////////


void
draw_df()
{
draw_table_top();
draw_window_border();
draw_mouse_bar();
draw_column_name();
draw_all_data();
draw_window_back();
draw_back_wind_bord();
}



/////////////////////////////////////
//
// Remove data finder mini display
//
/////////////////////////////////////

void
remove_df()
{
int attr1,count;
attr1 = mkAttr(BLACK,WHITE,OFF_INTENSITY,OFF_BLINK);
for(count=14-4; count<23; count++)
    vdWrite(count,33,44,dat178,attr1);
}
```

11-1 Continued.

```
/////////////////////////////////////
//
// Draw table top display
//
/////////////////////////////////////

void
draw_table_top()
{
vdWrite(14-4,33,44,table_top1,table_top_attr);
vdWrite(15-4,33+6,44-6,table_top2,table_top_attr);
vdWrite(15-4,33,8,table_top3,table_top_inv_attr);

draw_window_border();
draw_all_data();

vdWrite(23-4,33+11,22,grid_era,table_top_attr);
vdWrite(24-4,33+11,22,grid_era,table_top_attr);

// vdWrite(25-4,33+11,22,grid_era,table_top_attr);
}


/////////////////////////////////////
//
// Draw window border display
//
/////////////////////////////////////

void
draw_window_border()
{
int count;
vdWrite(16-4,33,44,data_border1,table_top_attr);

for(count=17-4; count<22-4; count++)
   vdWrite(count,33,1,dat186,table_top_attr);

vdWrite(22-4,33,1,dat200,table_top_attr);
vdWrite(17-4,33+43,1,dat186,table_top_attr);
vdWrite(22-4,33+43,1,dat188,table_top_attr);
vdWrite(22-4,33+42,1,dat205,table_top_attr);
}


/////////////////////////////////////
//
// Draw all the data in display
//
/////////////////////////////////////


void
draw_all_data()
{
```

```
vdWrite(18-4,33+1,8,col1_r1,table_top_attr);
vdWrite(19-4,33+1,8,col1_r2,table_top_attr);
vdWrite(20-4,33+1,8,col1_r3,table_top_attr);
vdWrite(21-4,33+1,8,col1_r4,table_top_attr);

vdWrite(18-4,33+10,13,col2_r1,table_top_attr);
vdWrite(19-4,33+10,13,col2_r2,table_top_attr);
vdWrite(20-4,33+10,13,col2_r3,negative_attr);
vdWrite(21-4,33+10,13,col2_r4,table_top_attr);

vdWrite(18-4,33+24,19,col3_r1,table_top_attr);
vdWrite(19-4,33+24,19,col3_r2,table_top_attr);
vdWrite(20-4,33+24,19,col3_r3,table_top_attr);
vdWrite(21-4,33+24,19,col3_r3,table_top_attr);
}

//////////////////////////////////////
//
// Draw mouse bar portion of the display
//
//////////////////////////////////////

void
draw_mouse_bar()
{
int count;
vdWrite(17-4,33+9,1,dat203,mouse_bar_attr);
vdWrite(17-4,33+23,1,dat203,mouse_bar_attr);

for(count=18-4; count<22-4; count++)
   {
   vdWrite(count,33+9,1,dat186,mouse_bar_attr);
   vdWrite(count,33+23,1,dat186,mouse_bar_attr);
   }

vdWrite(22-4,33+1,1,dat17,mouse_bar_attr);
vdWrite(22-4,33+2,39,dat178,mouse_bar_attr);
vdWrite(22-4,33+3+38,1,dat16,mouse_bar_attr);
vdWrite(17-4,33+43,1,dat30,mouse_bar_attr);
vdWrite(18-4,33+43,1,dat178,mouse_bar_attr);
vdWrite(19-4,33+43,1,dat178,mouse_bar_attr);
vdWrite(20-4,33+43,1,dat178,mouse_bar_attr);
vdWrite(21-4,33+43,1,dat31,mouse_bar_attr);
draw_column_name();
}
//////////////////////////////////////
//
// Draw column name
//
//////////////////////////////////////

void
draw_column_name()
{
```

```
vdWrite(17-4,33+1,8,col1_name,mouse_bar_attr);
vdWrite(17-4,33+10,13,col2_name,mouse_bar_attr);
vdWrite(17-4,33+24,19,col3_name,mouse_bar_attr);
}


//////////////////////////////////
//
// Draw window background
//
//////////////////////////////////

void
draw_window_back()
{
vdWrite(23-4,33,10,grid_era,window_background);
vdWrite(24-4,33,10,grid_era,window_background);
vdWrite(25-4,33,10,grid_era,window_background);
vdWrite(23-4,67,10,grid_era,window_background);
vdWrite(24-4,67,10,grid_era,window_background);
vdWrite(25-4,67,10,grid_era,window_background);
vdWrite(26-4,33,44,grid_era,window_background);
}


//////////////////////////////////
//
// Draw back window border
//
//////////////////////////////////

void
draw_back_wind_bord()
{
vdWrite(23-4,33+10,1,dat186,back_wind_bord);
vdWrite(24-4,33+10,1,dat186,back_wind_bord);
vdWrite(25-4,33+10,1,dat200,back_wind_bord);
vdWrite(23-4,66,1,dat186,back_wind_bord);
vdWrite(24-4,66,1,dat186,back_wind_bord);
vdWrite(25-4,66,1,dat188,back_wind_bord);
vdWrite(25-4,33+11,22,dat205,back_wind_bord);
}


//////////////////////////////////
//
// Draw resize window
//
//////////////////////////////////

void
draw_resize()
{
vdWrite(19,33+1,1,dat218,resize_attr);
vdWrite(21,33+1,1,dat192,resize_attr);
```

```
        vdWrite(19,33+7,1,dat191,resize_attr);
        vdWrite(21,33+7,1,dat217,resize_attr);
        vdWrite(19,33+2,5,dat196,resize_attr);
        vdWrite(21,33+2,5,dat196,resize_attr);
        vdWrite(20,33+1,1,dat179,resize_attr);
        vdWrite(20,33+7,1,dat179,resize_attr);
        }


//////////////////////////////////////
//
// DF500.CFG file data transfer routines
//
//////////////////////////////////////


void
data_to_iobuff()
{
char *srce,*dest;

// prepare io buffer

iobuff[0] = (char)table_top_attr;
iobuff[1] = (char)tta_fore;
iobuff[2] = (char)tta_back;
iobuff[3] = (char)tta_flag;
iobuff[4] = (char)table_top_inv_attr;
iobuff[5] = (char)ttia_fore;
iobuff[6] = (char)ttia_back;
iobuff[7] = (char)ttia_flag;
iobuff[8] = (char)window_background;
iobuff[9] = (char)wb_fore;
iobuff[10] = (char)wb_back;
iobuff[11] = (char)wb_flag;
iobuff[12] = (char)resize_attr;
iobuff[13] = (char)ra_fore;
iobuff[14] = (char)ra_back;
iobuff[15] = (char)ra_flag;
iobuff[16] = (char)negative_attr;
iobuff[17] = (char)na_fore;
iobuff[18] = (char)na_back;
iobuff[19] = (char)na_flag;
iobuff[20] = (char)data_attr;
iobuff[21] = (char)da_fore;
iobuff[22] = (char)da_back;
iobuff[23] = (char)da_flag;
iobuff[24] = (char)mouse_bar_attr;
iobuff[25] = (char)mba_fore;
iobuff[26] = (char)mba_back;
iobuff[27] = (char)mba_flag;
iobuff[28] = (char)back_wind_bord;
iobuff[29] = (char)bwb_fore;
iobuff[30] = (char)bwb_back;
```

```
iobuff[31] = (char)bwb_flag;

iobuff[32] = (char)grid_item;
iobuff[33] = (char)old_grid_item;
iobuff[34] = (char)grid_item1;
iobuff[35] = (char)old_grid_item1;
iobuff[36] = (char)grid_item2;
iobuff[37] = (char)old_grid_item2;
iobuff[38] = (char)grid_item3;
iobuff[39] = (char)old_grid_item3;
iobuff[40] = (char)grid_item4;
iobuff[41] = (char)old_grid_item4;
iobuff[42] = (char)grid_item5;
iobuff[43] = (char)old_grid_item5;
iobuff[44] = (char)grid_item6;
iobuff[45] = (char)old_grid_item6;
iobuff[46] = (char)grid_item7;
iobuff[47] = (char)old_grid_item7;
iobuff[48] = (char)grid_item8;
iobuff[49] = (char)old_grid_item8;
iobuff[50] = (char)grid_item9;
iobuff[51] = (char)old_grid_item9;
iobuff[52] = (char)grid_item10;
iobuff[53] = (char)old_grid_item10;
iobuff[54] = (char)grid_item11;
iobuff[55] = (char)old_grid_item11;
iobuff[56] = (char)grid_item12;
iobuff[57] = (char)old_grid_item12;
iobuff[58] = (char)grid_item13;
iobuff[59] = (char)old_grid_item13;
iobuff[60] = (char)grid_item14;
iobuff[61] = (char)old_grid_item14;
iobuff[62] = (char)mode_toggle;
iobuff[63] = (char)catalog_toggle;

// set the header information

header.main_color_attrib = (char)table_top_attr;
header.main_inverse_attrib = (char)table_top_inv_attr;
header.background_window_attrib = (char)window_background;
header.negative_value_attrib = (char)negative_attr;
header.resize_box_attrib = (char)resize_attr;
header.mouse_bar_attrib = (char)mouse_bar_attr;
header.passive_window_border_attrib = (char)back_wind_bord;
header.mode_flag = (char)mode_toggle;
header.catalog_flag = (char)catalog_toggle;

// copy header to io buffer

dest = &iobuff[128];
srce = (char *) &header;
memcpy(dest,srce,sizeof(header));
}
```

```
/////////////////////////////////////
//
// Transfer io buffer to data buffers
//
/////////////////////////////////////

void
iobuff_to_data()
{
table_top_attr = (int)iobuff[0];
tta_fore = (int)iobuff[1];
tta_back = (int)iobuff[2];
tta_flag = (int)iobuff[3];

table_top_inv_attr = (int)iobuff[4];
ttia_fore = (int)iobuff[5];
ttia_back = (int)iobuff[6];
ttia_flag = (int)iobuff[7];

window_background = (int)iobuff[8];
wb_fore = (int)iobuff[9];
wb_back = (int)iobuff[10];
wb_flag = (int)iobuff[11];

resize_attr = (int)iobuff[12];
ra_fore = (int)iobuff[13];
ra_back = (int)iobuff[14];
ra_flag = (int)iobuff[15];

negative_attr = (int)iobuff[16];
na_fore = (int)iobuff[17];
na_back = (int)iobuff[18];
na_flag = (int)iobuff[19];

data_attr = (int)iobuff[20];
da_fore = (int)iobuff[21];
da_back = (int)iobuff[22];
da_flag = (int)iobuff[23];

mouse_bar_attr = (int)iobuff[24];
mba_fore = (int)iobuff[25];
mba_back = (int)iobuff[26];
mba_flag = (int)iobuff[27];

back_wind_bord = (int)iobuff[28];
bwb_fore = (int)iobuff[29];
bwb_back = (int)iobuff[30];
bwb_flag = (int)iobuff[31];

grid_item = (int)iobuff[32];
old_grid_item = (int)iobuff[33];
grid_item1 = (int)iobuff[34];
old_grid_item1 = (int)iobuff[35];
grid_item2 = (int)iobuff[36];
```

```
old_grid_item2 = (int)iobuff[36];
grid_item3 = (int)iobuff[38];
old_grid_item3 = (int)iobuff[39];
grid_item4 = (int)iobuff[40];
old_grid_item4 = (int)iobuff[41];
grid_item5 = (int)iobuff[42];
old_grid_item5 = (int)iobuff[43];
grid_item6 = (int)iobuff[44];
old_grid_item6 = (int)iobuff[45];
grid_item7 = (int)iobuff[46];
old_grid_item7 = (int)iobuff[47];
grid_item8 = (int)iobuff[48];
old_grid_item8 = (int)iobuff[49];
grid_item9 = (int)iobuff[50];
old_grid_item9 = (int)iobuff[51];
grid_item10 = (int)iobuff[52];
old_grid_item10 = (int)iobuff[53];
grid_item11 = (int)iobuff[54];
old_grid_item11 = (int)iobuff[54];
grid_item12 = (int)iobuff[56];
old_grid_item12 = (int)iobuff[57];
grid_item13 = (int)iobuff[58];
old_grid_item13 = (int)iobuff[59];
grid_item14 = (int)iobuff[60];
old_grid_item14 = (int)iobuff[61];
mode_toggle = (int)iobuff[62];
catalog_toggle = (int)iobuff[63];
}


///////////////////////////////////
//
// Write configuration file
//
///////////////////////////////////

void

write_cfg()
{
// create new DF500.CFG file

data_to_iobuff();

// open DF500.CGF file

handle = open("DF500.CFG",O_CREAT|O_RDWR,S_IREAD|S_IWRITE);

// write the file to disk

write(handle,iobuff,256);

// close the file
```

```
        close(handle);

        }

        //////////////////////////////////////
        //
        // Copy io buffer to dup buffer
        //
        //////////////////////////////////////

        void
        io_to_dup()
        {
        char *srce,*dest;
        srce = iobuff;
        dest = dupbuff;
        memcpy(dest,srce,256);
        }

        //////////////////////////////////////
        //
        // Copy dup buffer to io buffer
        //
        //////////////////////////////////////

        void
        dup_to_io()
        {
        char *srce,*dest;
        srce = dupbuff;
        dest = iobuff;
        memcpy(dest,srce,256);
        iobuff_to_data();
        }

        //////////////////////////////////////
        //
        // End of DFINST.C file
        //
        //////////////////////////////////////
```

11-2 The source code listing to DFINST1.C.

```
//////////////////////////////////////
//
// DFINST1.C
//
// File is included in DFINST.C
//
//////////////////////////////////////

//////////////////////////////////////
//
```

11-2 Continued.

```
// Windows for Main color set
//
/////////////////////////////////////

int
tgrid1()
{
int key;    // scan and char value
int exit;   // val for loop cond chk

/////////////////////////////////////
//
// Initialize grid menu window structure
// and display window
//
/////////////////////////////////////

if(!grid_flag)
    {
    // ensure window initialization bypass

    grid_flag=1;

    // Allocate memory and return pointer to structure

    GRID = setWind(GRID,2,33,8,77);

    // Set Window Attr - Fore,Back,Intensity,Blink

    setAttr(GRID,mkAttr(BLACK,WHITE,OFF_INTENSITY,OFF_BLINK));

    // Set Window Border

    setBord(GRID,D_D_D_D);

    // Set the top and bottom title - 0 set no bottom title

    setTitle(GRID," Change Table Top ");

    // Display window

    strtWind(GRID);
    }
else
    dispWind(GRID);

// Write name and exit messages

// set loop condition

exit=aFALSE;

// Write grid entries bar
```

```c
wvdWrite(GRID,1,1,42,grid_era,GRID->attr);
wvdWrite(GRID,2,1,42,grid1,GRID->attr);
wvdWrite(GRID,3,1,42,grid_era,GRID->attr);
wvdWrite(GRID,4,1,42,grid1,GRID->attr);
wvdWrite(GRID,5,1,42,grid_era,GRID->attr);
wvdAttr(GRID,2,4,1,A1);
wvdAttr(GRID,2,9,1,A2);
wvdAttr(GRID,2,14,1,A3);
wvdAttr(GRID,2,19,1,A4);
wvdAttr(GRID,2,24,1,A5);
wvdAttr(GRID,2,29,1,A6);
wvdAttr(GRID,2,34,1,A7);
wvdAttr(GRID,2,39,1,A8);
wvdAttr(GRID,4,4,1,A9);
wvdAttr(GRID,4,9,1,A10);
wvdAttr(GRID,4,14,1,A11);
wvdAttr(GRID,4,19,1,A12);
wvdAttr(GRID,4,24,1,A13);
wvdAttr(GRID,4,29,1,A14);
wvdAttr(GRID,4,34,1,A15);
wvdAttr(GRID,4,39,1,A16);

do
    {
    // erase the box

    erase_box(old_grid_item);

    // draw new box

    draw_box(grid_item);

    // set grid item

    old_grid_item = grid_item;

    // update table top recently changed

    update_tta(grid_item);

    // draw table top

    draw_table_top();

    // wait for key stroke and get key

    key = gtKey();

    // evaluate key stroke

    switch(key)
        {
        case RIGHT_ARROW:
            // IF rt col->mv to left col ELSE->mv rt
```

```
    if(grid_item==7)
       grid_item=0;

    else if(grid_item==15)
       grid_item=8;

    else
       grid_item++;

    break;

case LEFT_ARROW:
    if(grid_item==0)
       grid_item=7;

    else if(grid_item==8)
       grid_item=15;

    else
       grid_item--;

    break;

case DOWN_ARROW:
    // IF bottom row->mv to top row ELSE->mv down

    if(grid_item<=7)
       grid_item += 8;

    else
       grid_item -= 8;

    break;

case UP_ARROW:
    // IF top row->mv to bottom row ELSE->mv up

    if(grid_item >=8)
       grid_item -= 8;

    else
       grid_item += 8;

    break;

case ENTER:
case ESC:

    exit=aTRUE;

    break;

}
```

```
      } while(!exit);

// Remove Lotus Window

remvWind(GRID);

// return selected item

return(grid_item);

}

//////////////////////////////////////
//
// pop up screen selection window
//
//////////////////////////////////////

int
tgrid2()
{
int key;    // scan and char value
int exit;   // val for loop cond chk

//////////////////////////////////////
//
// Initialize grid menu window structure
// and display window
//
//////////////////////////////////////

if(!grid_flag)
    {

// ensure window initialization bypass

grid_flag=1;

// Allocate memory and return pointer to structure

GRID = setWind(GRID,2,33,8,77);

// Set Window Attr - Fore,Back,Intensity,Blink

setAttr(GRID,mkAttr(BLACK,
                    WHITE,
                    OFF_INTENSITY,
                    OFF_BLINK));

// Set Window Border

setBord(GRID,D_D_D_D);

// Set the top and bottom title -
// 0 set no bottom title
```

```
    setTitle(GRID," Change Table Top ");

    // Display window

    strtWind(GRID);
    }
else
    dispWind(GRID);

// Write name and exit messages

// set loop condition

exit=aFALSE;

// Write grid entries bar

wvdWrite(GRID,1,1,42,grid_era,GRID->attr);
wvdWrite(GRID,2,1,42,grid1,GRID->attr);
wvdWrite(GRID,3,1,42,grid_era,GRID->attr);
wvdWrite(GRID,4,1,42,grid_era,GRID->attr);
wvdWrite(GRID,5,1,42,grid_era,GRID->attr);
wvdAttr(GRID,2,4,1,A1);
wvdAttr(GRID,2,9,1,A2);
wvdAttr(GRID,2,14,1,A3);
wvdAttr(GRID,2,19,1,A4);
wvdAttr(GRID,2,24,1,A5);
wvdAttr(GRID,2,29,1,A6);
wvdAttr(GRID,2,34,1,A7);
wvdAttr(GRID,2,39,1,A8);

do
    {
    // erase the box

    erase_box(old_grid_item1);

    // draw new box

    draw_box(grid_item1);

    // set grid item

    old_grid_item1 = grid_item1;

    // update table top recently changed

    update_tta_back(grid_item1);

// draw table top

draw_table_top();
```

```
                    // wait for key stroke and get key

                    key = gtKey();

                    // evaluate key stroke

                    switch(key)
                       {
                       case RIGHT_ARROW:
                          // IF rt col->mv to left col ELSE->mv rt

                          if(grid_item1==7)
                             grid_item1=0;

                          else
                             grid_item1++;

                          break;

                       case LEFT_ARROW:
                          if(grid_item1==0)
                             grid_item1=7;

                          else
                             grid_item1--;

                          break;

                       case ENTER:
                       case ESC:

                          exit=aTRUE;

                          break;

                       }

                    } while(!exit);

// Remove Lotus Window

remvWind(GRID);

// return selected item

return(grid_item1);
}

//////////////////////////////////////
//
// Windows for Mouse Bar
//
//////////////////////////////////////

int
```

```
tgrid3()
{
int key;    // scan and char value
int exit;   // val for loop cond chk

/////////////////////////////////////
//
// Initialize grid menu window structure
// and display window
//
/////////////////////////////////////

if(!grid_flag)
   {
   // ensure window initialization bypass

   grid_flag=1;

   // Allocate memory and return pointer to structure

   GRID = setWind(GRID,2,33,8,77);

   // Set Window Attr - Fore,Back,Intensity,Blink

   setAttr(GRID,mkAttr(BLACK,
              WHITE,
              OFF_INTENSITY,
              OFF_BLINK));

   // Set Window Border

   setBord(GRID,D_D_D_D);

   // Set the top and bottom title -
   // 0 set no bottom title

   setTitle(GRID," Change Table Top ");

   // Display window

   strtWind(GRID);

   }
else
   dispWind(GRID);

// Write name and exit messages

// set loop condition

exit=aFALSE;
```

```
// Write grid entries bar

wvdWrite(GRID,1,1,42,grid_era,GRID->attr);
wvdWrite(GRID,2,1,42,grid1,GRID->attr);
wvdWrite(GRID,3,1,42,grid_era,GRID->attr);
wvdWrite(GRID,4,1,42,grid1,GRID->attr);
wvdWrite(GRID,5,1,42,grid_era,GRID->attr);
wvdAttr(GRID,2,4,1,A1);
wvdAttr(GRID,2,9,1,A2);
wvdAttr(GRID,2,14,1,A3);
wvdAttr(GRID,2,19,1,A4);
wvdAttr(GRID,2,24,1,A5);
wvdAttr(GRID,2,29,1,A6);
wvdAttr(GRID,2,34,1,A7);
wvdAttr(GRID,2,39,1,A8);
wvdAttr(GRID,4,4,1,A9);
wvdAttr(GRID,4,9,1,A10);
wvdAttr(GRID,4,14,1,A11);
wvdAttr(GRID,4,19,1,A12);
wvdAttr(GRID,4,24,1,A13);
wvdAttr(GRID,4,29,1,A14);
wvdAttr(GRID,4,34,1,A15);
wvdAttr(GRID,4,39,1,A16);


do
    {
    // erase the box

    erase_box(old_grid_item2);

    // draw new box
    draw_box(grid_item2);

    // set grid item

    old_grid_item2 = grid_item2;

    // update table top recently changed

    update_mba(grid_item2);

    // draw mouse bar

    draw_mouse_bar();

    // wait for key stroke and get key

    key = gtKey();

    // evaluate key stroke

    switch(key)
        {
```

11-2 Continued.

```
case RIGHT_ARROW:
    // IF rt col->mv to left col ELSE->mv rt

    if(grid_item2==7)
        grid_item2=0;

    else if(grid_item2==15)
        grid_item2=8;

    else
        grid_item2++;

    break;

case LEFT_ARROW:
    if(grid_item2==0)
        grid_item2=7;

    else if(grid_item2==8)
        grid_item2=15;

    else
        grid_item2--;

    break;

case DOWN_ARROW:
    // IF bottom row->mv to top row ELSE->mv down

    if(grid_item2<=7)
        grid_item2 += 8;

    else
        grid_item2 -= 8;

    break;

case UP_ARROW:
    // IF top row->mv to bottom row ELSE->mv up

    if(grid_item2 >=8)
        grid_item2 -= 8;

    else
        grid_item2 += 8;

    break;

case ENTER:

case ESC:

    exit=aTRUE;
```

```
                    break;

                }

          } while(!exit);

// Remove Lotus Window

remvWind(GRID);

// return selected item

return(grid_item2);

}


/////////////////////////////////////
//
// Draw mouse bar
//
/////////////////////////////////////

int
tgrid4()
{
int key;    // scan and char value
int exit;   // val for loop cond chk

/////////////////////////////////////
//
// Initialize grid menu window structure
// and display window
//
/////////////////////////////////////

if(!grid_flag)
    {
    // ensure window initialization bypass

    grid_flag=1;

    // Allocate memory and return pointer to structure

    GRID = setWind(GRID,2,33,8,77);

    // Set Window Attr - Fore,Back,Intensity,Blink

    setAttr(GRID,mkAttr(BLACK,
                        WHITE,
                        OFF_INTENSITY,
                        OFF_BLINK));

    // Set Window Border
```

```
    setBord(GRID,D_D_D_D);

    // Set the top and bottom title - 0 set no bottom title

    setTitle(GRID," Change Table Top ");

    // Display window

    strtWind(GRID);
    }
else
    dispWind(GRID);

// Write name and exit messages

// set loop condition

exit=aFALSE;

// Write grid entries bar

wvdWrite(GRID,1,1,42,grid_era,GRID->attr);
wvdWrite(GRID,2,1,42,grid1,GRID->attr);
wvdWrite(GRID,3,1,42,grid_era,GRID->attr);
wvdWrite(GRID,4,1,42,grid_era,GRID->attr);
wvdWrite(GRID,5,1,42,grid_era,GRID->attr);
wvdAttr(GRID,2,4,1,A1);
wvdAttr(GRID,2,9,1,A2);
wvdAttr(GRID,2,14,1,A3);
wvdAttr(GRID,2,19,1,A4);
wvdAttr(GRID,2,24,1,A5);
wvdAttr(GRID,2,29,1,A6);
wvdAttr(GRID,2,34,1,A7);
wvdAttr(GRID,2,39,1,A8);


do
    {
    // erase the box

    erase_box(old_grid_item3);

    // draw new box

    draw_box(grid_item3);

    // set grid item

    old_grid_item3 = grid_item3;

    // update table top recently changed

    update_mba_back(grid_item3);
```

```
// draw mouse bar

draw_mouse_bar();

// wait for key stroke and get key

key = gtKey();

// evaluate key stroke

switch(key)
    {
    case RIGHT_ARROW:
        // IF rt col->mv to left col ELSE->mv rt

        if(grid_item3==7)
            grid_item3=0;

        else
            grid_item3++;

        break;
    case LEFT_ARROW:
        if(grid_item3==0)
            grid_item3=7;

        else
            grid_item3--;

        break;
        case ENTER:
        case ESC:

            exit=aTRUE;

            break;

        }

    } while(!exit);

// Remove Lotus Window

remvWind(GRID);

// return selected item

return(grid_item3);

}

////////////////////////////////////
//
```

11-2 Continued.

```
// Windows for negative attribute
//
//////////////////////////////////////


int
tgrid5()
{
int key;    // scan and char value
int exit;   // val for loop cond chk

//////////////////////////////////////
//
// Initialize grid menu window structure
// and display window
//
//////////////////////////////////////

if(!grid_flag)
    {
    // ensure window initialization bypass

    grid_flag=1;

    // Allocate memory and return pointer to structure

    GRID = setWind(GRID,2,33,8,77);

    // Set Window Attr - Fore,Back,Intensity,Blink

    setAttr(GRID,mkAttr(BLACK,
                 WHITE,
                 OFF_INTENSITY,
                 OFF_BLINK));

    // Set Window Border

    setBord(GRID,D_D_D_D);

    // Set the top and bottom title - 0 set no bottom title

    setTitle(GRID," Change Table Top ");

    // Display window

    strtWind(GRID);
    }
else
    dispWind(GRID);

// Write name and exit messages
```

```
// set loop condition

exit=aFALSE;

// Write grid entries bar

wvdWrite(GRID,1,1,42,grid_era,GRID->attr);
wvdWrite(GRID,2,1,42,grid1,GRID->attr);
wvdWrite(GRID,3,1,42,grid_era,GRID->attr);
wvdWrite(GRID,4,1,42,grid1,GRID->attr);
wvdWrite(GRID,5,1,42,grid_era,GRID->attr);
wvdAttr(GRID,2,4,1,A1);
wvdAttr(GRID,2,9,1,A2);
wvdAttr(GRID,2,14,1,A3);
wvdAttr(GRID,2,19,1,A4);
wvdAttr(GRID,2,24,1,A5);
wvdAttr(GRID,2,29,1,A6);
wvdAttr(GRID,2,34,1,A7);
wvdAttr(GRID,2,39,1,A8);
wvdAttr(GRID,4,4,1,A9);
wvdAttr(GRID,4,9,1,A10);
wvdAttr(GRID,4,14,1,A11);
wvdAttr(GRID,4,19,1,A12);
wvdAttr(GRID,4,24,1,A13);
wvdAttr(GRID,4,29,1,A14);
wvdAttr(GRID,4,34,1,A15);
wvdAttr(GRID,4,39,1,A16);


do
    {
    // erase the box

    erase_box(old_grid_item4);

    // draw new box

    draw_box(grid_item4);

    // set grid item

    old_grid_item4 = grid_item4;

    // update negative attribute

    update_na(grid_item4);

    // draw all data

    draw_all_data();

    // wait for key stroke and get key

    key = gtKey();
```

```
// evaluate key stroke

switch(key)
   {
   case RIGHT_ARROW:
      // IF rt col->mv to left col ELSE->mv rt

      if(grid_item4==7)
         grid_item4=0;

      else if(grid_item4==15)
         grid_item4=8;
      else
         grid_item4++;

      break;

   case LEFT_ARROW:
      if(grid_item4==0)
         grid_item4=7;

      else if(grid_item4==8)
         grid_item4=15;

      else
         grid_item4--;

      break;

   case DOWN_ARROW:
      // IF bottom row->mv to top row ELSE->mv down

      if(grid_item4<=7)
         grid_item4 += 8;

      else
         grid_item4 -= 8;

      break;

   case UP_ARROW:
      // IF top row->mv to bottom row ELSE->mv up

      if(grid_item4 >=8)
         grid_item4 -= 8;

      else
         grid_item4 += 8;

      break;

   case ENTER:
```

```
            case ESC:

                exit=aTRUE;

                break;

            }

        } while(!exit);

    // Remove Lotus Window

    remvWind(GRID);

    // return selected item

    return(grid_item4);

}

////////////////////////////////////////
//
// Change negative attribute
//
////////////////////////////////////////

int
tgrid6()
{
int key;    // scan and char value
int exit;   // val for loop cond chk


////////////////////////////////////////
//
// Initialize grid menu window structure
// and display window
//
////////////////////////////////////////

if(!grid_flag)
    {
    // ensure window initialization bypass

    grid_flag=1;

    // Allocate memory and return pointer to structure

    GRID = setWind(GRID,2,33,8,77);

    // Set Window Attr - Fore,Back,Intensity,Blink

    setAttr(GRID,mkAttr(BLACK,
                        WHITE,
                        OFF_INTENSITY,
```

11-2 Continued.

```
                        OFF_BLINK));

   // Set Window Border

   setBord(GRID,D_D_D_D);

   // Set the top and bottom title -
   // 0 set no bottom title

   setTitle(GRID," Change Table Top ");

   // Display window

   strtWind(GRID);
   }
else
   dispWind(GRID);

// Write name and exit messages

// set loop condition

exit=aFALSE;

// Write grid entries bar

wvdWrite(GRID,1,1,42,grid_era,GRID->attr);
wvdWrite(GRID,2,1,42,grid1,GRID->attr);
wvdWrite(GRID,3,1,42,grid_era,GRID->attr);
wvdWrite(GRID,4,1,42,grid_era,GRID->attr);
wvdWrite(GRID,5,1,42,grid_era,GRID->attr);
wvdAttr(GRID,2,4,1,A1);
wvdAttr(GRID,2,9,1,A2);
wvdAttr(GRID,2,14,1,A3);
wvdAttr(GRID,2,19,1,A4);
wvdAttr(GRID,2,24,1,A5);
wvdAttr(GRID,2,29,1,A6);
wvdAttr(GRID,2,34,1,A7);
wvdAttr(GRID,2,39,1,A8);


do
   {
   // erase the box

   erase_box(old_grid_item5);

   // draw new box

   draw_box(grid_item5);

   // set grid item
```

```
                        old_grid_item5 = grid_item5;

                        // update negative attribute value

                        update_na_back(grid_item5);

                        // draw table top

                        draw_all_data();

                        // wait and get key press

                        key = gtKey();

                        // evaluate key press

                        switch(key)
                            {
                            case RIGHT_ARROW:
                                // IF rt col->mv to left col ELSE->mv rt

                                if(grid_item5==7)
                                    grid_item5=0;

                                else
                                    grid_item5++;

                                break;

                            case LEFT_ARROW:
                                if(grid_item5==0)
                                    grid_item5=7;

                                else
                                    grid_item5--;

                                break;

                            case ENTER:
                            case ESC:

                                exit=aTRUE;

                                break;

                            }

                    } while(!exit);

        '/ Remove Lotus Window

        remvWind(GRID);

        // return selected item
```

```
return(grid_item5);

}


///////////////////////////////////
//
// Update window background
//
///////////////////////////////////


int
tgrid7()

{
int key;    // scan and char value
int exit;   // val for loop cond chk

///////////////////////////////////
//
// Initialize grid menu window structure
// and display window
//
///////////////////////////////////


if(!grid_flag)
    {
    // ensure window initialization bypass

    grid_flag=1;

    // Allocate memory and return pointer to structure

    GRID = setWind(GRID,2,33,8,77);

    // Set Window Attr - Fore,Back,Intensity,Blink

    setAttr(GRID,mkAttr(BLACK,WHITE,OFF_INTENSITY,OFF_BLINK));

    // Set Window Border

    setBord(GRID,D_D_D_D);

    // Set the top and bottom title -
    // 0 set no bottom title

    setTitle(GRID," Change Table Top ");

    // Display window

    strtWind(GRID);
    }
```

```
            else
               dispWind(GRID);

         // Write name and exit messages

         // set loop condition

         exit=aFALSE;

         // Write grid entries bar

         wvdWrite(GRID,1,1,42,grid_era,GRID->attr);
         wvdWrite(GRID,2,1,42,grid1,GRID->attr);
         wvdWrite(GRID,3,1,42,grid_era,GRID->attr);
         wvdWrite(GRID,4,1,42,grid1,GRID->attr);
         wvdWrite(GRID,5,1,42,grid_era,GRID->attr);
         wvdAttr(GRID,2,4,1,A1);
         wvdAttr(GRID,2,9,1,A2);
         wvdAttr(GRID,2,14,1,A3);
         wvdAttr(GRID,2,19,1,A4);
         wvdAttr(GRID,2,24,1,A5);
         wvdAttr(GRID,2,29,1,A6);
         wvdAttr(GRID,2,34,1,A7);
         wvdAttr(GRID,2,39,1,A8);
         wvdAttr(GRID,4,4,1,A9);
         wvdAttr(GRID,4,9,1,A10);
         wvdAttr(GRID,4,14,1,A11);
         wvdAttr(GRID,4,19,1,A12);
         wvdAttr(GRID,4,24,1,A13);
         wvdAttr(GRID,4,29,1,A14);
         wvdAttr(GRID,4,34,1,A15);
         wvdAttr(GRID,4,39,1,A16);

         do
            {
            // erase the box

            erase_box(old_grid_item6);

            // draw new box

            draw_box(grid_item6);

            // set grid item

            old_grid_item6 = grid_item6;

            // update window background

            update_wb(grid_item6);

            // draw window background

            draw_window_back();
```

```
// wait and get keypress

key = gtKey();

// evaluate keypress

switch(key)
    {
    case RIGHT_ARROW:
        // IF rt col->mv to left col ELSE->mv rt

        if(grid_item6==7)
            grid_item6=0;

        else if(grid_item6==15)
            grid_item6=8;

        else
            grid_item6++;

        break;

    case LEFT_ARROW:
        if(grid_item6==0)
            grid_item6=7;

        else if(grid_item6==8)
            grid_item6=15;

        else
            grid_item6--;

        break;

    case DOWN_ARROW:
        // IF bottom row->mv to top row ELSE->mv down

        if(grid_item6<=7)
            grid_item6 += 8;

        else
            grid_item6 -= 8;

        break;

    case UP_ARROW:
        // IF top row->mv to bottom row ELSE->mv up

        if(grid_item6 >=8)
            grid_item6 -= 8;

        else
```

See page 385 for a Special Companion Disk Offer

YES, I'm interested. Please send me:

_____ copies 5¼" disk requiring 1.5 Mb (#6766S), $29.95 each .... $ _____

_____ copies 3½" disk requiring 1.5 Mb (#6765S), $29.95 each .... $ _____

_____ TAB Books catalog (free with purchase; otherwise send $1.00
in check or money order and receive coupon worth $1.00 off your next
purchase) .... $ _____

Shipping & Handling: $2.50 per disk in U.S.
($5.00 per disk outside U.S.) $ _____

Please add applicable state and local sales tax. $ _____

TOTAL $ _____

☐ Check or money order enclosed made payable to TAB Books

Charge my ☐ VISA ☐ MasterCard ☐ American Express

Acct No. _____ Exp. Date _____

Signature _____

Name _____

Address _____

City _____ State _____ Zip _____

TOLL-FREE ORDERING: 1-800-822-8158
(in PA, AK, and Canada call 1-717-794-2191)

or write to TAB Books, Blue Ridge Summit, PA 17294-0840

Prices subject to change. Orders outside the U.S. must be paid in international money order in U.S. dollars.

TAB-3736

BUSINESS REPLY MAIL

FIRST CLASS   PERMIT NO. 9   BLUE RIDGE SUMMIT, PA 17214

POSTAGE WILL BE PAID BY ADDRESSEE

TAB BOOKS Inc.
Blue Ridge Summit, PA 17214-9988

```
                    grid_item6 += 8;

            break;

        case ENTER:
        case ESC:

            exit=aTRUE;

            break;

        }

    } while(!exit);

// Remove Lotus Window

remvWind(GRID);

// return selected item

return(grid_item6);

}


////////////////////////////////////////
//
// Draw back window background
//
////////////////////////////////////////

int
tgrid8()
{
int key;   // scan and char value
int exit;  // val for loop cond chk

////////////////////////////////////////
//
// Initialize grid menu window structure
// and display window
//
////////////////////////////////////////

if(!grid_flag)
    {
    // ensure window initialization bypass

    grid_flag=1;

    // Allocate memory and return pointer to structure

    GRID = setWind(GRID,2,33,8,77);
```

11-2 Continued.

```
// Set Window Attr - Fore,Back,Intensity,Blink

setAttr(GRID,mkAttr(BLACK,
                    WHITE,
                    OFF_INTENSITY,
                    OFF_BLINK));

// Set Window Border

setBord(GRID,D_D_D_D);

//    Set the top and bottom title -
//  0 set no bottom title

   setTitle(GRID," Change Table Top ");

   // Display window

   strtWind(GRID);
   }
else
   dispWind(GRID);

// Write name and exit messages

// set loop condition

exit=aFALSE;

// Write grid entries bar

wvdWrite(GRID,1,1,42,grid_era,GRID->attr);
wvdWrite(GRID,2,1,42,grid1,GRID->attr);
wvdWrite(GRID,3,1,42,grid_era,GRID->attr);
wvdWrite(GRID,4,1,42,grid_era,GRID->attr);
wvdWrite(GRID,5,1,42,grid_era,GRID->attr);
wvdAttr(GRID,2,4,1,A1);
wvdAttr(GRID,2,9,1,A2);
wvdAttr(GRID,2,14,1,A3);
wvdAttr(GRID,2,19,1,A4);
wvdAttr(GRID,2,24,1,A5);
wvdAttr(GRID,2,29,1,A6);
wvdAttr(GRID,2,34,1,A7);
wvdAttr(GRID,2,39,1,A8);


do
   {
   // erase the box

   erase_box(old_grid_item7);

   // draw new box
```

```
                draw_box(grid_item7);

                // set grid item

                old_grid_item7 = grid_item7;

                // update back window background

                update_wb_back(grid_item7);

                // draw window background

                draw_window_back();

                // wait and get keypress

                key = gtKey();

                // evaluate keypress

                switch(key)
                    {
                    case RIGHT_ARROW:
                        // IF rt col->mv to left col ELSE->mv rt

                        if(grid_item7==7)
                            grid_item7=0;

                        else
                            grid_item7++;

                        break;
                    case LEFT_ARROW:
                        if(grid_item7==0)
                            grid_item7=7;

                        else
                            grid_item7--;

                        break;

                    case ENTER:
                    case ESC:

                        exit=aTRUE;

                        break;

                    }

            } while(!exit);

    // Remove Lotus Window
```

```
remvWind(GRID);

// return selected item

return(grid_item7);

}

////////////////////////////////////////
//
// Draw table top inverse attribute
//
////////////////////////////////////////


int
tgrid9()
{
int key;    // scan and char value
int exit;   // val for loop cond chk

////////////////////////////////////////
//
// Initialize grid menu window structure
// and display window
//
////////////////////////////////////////


if(!grid_flag)
    {
    // ensure window initialization bypass

    grid_flag=1;

    // Allocate memory and return pointer to structure

    GRID = setWind(GRID,2,33,8,77);

    // Set Window Attr - Fore,Back,Intensity,Blink

    setAttr(GRID,mkAttr(BLACK,WHITE,OFF_INTENSITY,OFF_BLINK));

    // Set Window Border

    setBord(GRID,D_D_D_D);

    // Set the top and bottom title -
    // 0 set no bottom title
        setTitle(GRID," Change Table Top ");
```

```
            // Display window

            strtWind(GRID);
            }
else
    dispWind(GRID);

// Write name and exit messages

// set loop condition

exit=aFALSE;

// Write grid entries bar

wvdWrite(GRID,1,1,42,grid_era,GRID->attr);
wvdWrite(GRID,2,1,42,grid1,GRID->attr);
wvdWrite(GRID,3,1,42,grid_era,GRID->attr);
wvdWrite(GRID,4,1,42,grid1,GRID->attr);
wvdWrite(GRID,5,1,42,grid_era,GRID->attr);
wvdAttr(GRID,2,4,1,A1);
wvdAttr(GRID,2,9,1,A2);
wvdAttr(GRID,2,14,1,A3);
wvdAttr(GRID,2,19,1,A4);
wvdAttr(GRID,2,24,1,A5);
wvdAttr(GRID,2,29,1,A6);
wvdAttr(GRID,2,34,1,A7);
wvdAttr(GRID,2,39,1,A8);
wvdAttr(GRID,4,4,1,A9);
wvdAttr(GRID,4,9,1,A10);
wvdAttr(GRID,4,14,1,A11);
wvdAttr(GRID,4,19,1,A12);
wvdAttr(GRID,4,24,1,A13);
wvdAttr(GRID,4,29,1,A14);
wvdAttr(GRID,4,34,1,A15);
wvdAttr(GRID,4,39,1,A16);


do
    {
    // erase the box

    erase_box(old_grid_item8);

    // draw new box

    draw_box(grid_item8);

    // set grid item

    old_grid_item8 = grid_item8;

    // update table top inverse attribute
```

```
update_ttia(grid_item8);

// draw table top

draw_table_top();

// wait for keypress

key = gtKey();

// evaluate keyress

switch(key)
    {
    case RIGHT_ARROW:
// IF rt col->mv to left col ELSE->mv rt

if(grid_item8==7)
    grid_item8=0;

else if(grid_item8==15)
    grid_item8=8;

else
    grid_item8++;

break;

case LEFT_ARROW:
    if(grid_item8==0)
    grid_item8=7;

else if(grid_item8==8)
    grid_item8=15;

else
    grid_item8--;

break;

case DOWN_ARROW:
    // IF bottom row->mv to top row ELSE->mv down

    if(grid_item8<=7)
    grid_item8 += 8;

else
    grid_item8 -= 8;

break;

case UP_ARROW:
```

```
                              // IF top row->mv to bottom row ELSE->mv up

                    if(grid_item8 >=8)
                       grid_item8 -= 8;

                    else
                        grid_item8 += 8;

                    break;

                case ENTER:
                case ESC:

                    exit=aTRUE;

                    break;

            }

        } while(!exit);

    // Remove Lotus Window

    remvWind(GRID);

    // return selected item

    return(grid_item8);

}


//////////////////////////////////////
//
// Draw table top inverse attribute
//
//////////////////////////////////////

int
tgrid10()
{
int key;     // scan and char value
int exit;    // val for loop cond chk

//////////////////////////////////////
//
// Initialize grid menu window structure
// and display window
//
//////////////////////////////////////

if(!grid_flag)
    {
    // ensure window initialization bypass
```

```
    grid_flag=1;

    // Allocate memory and return pointer to structure

    GRID = setWind(GRID,2,33,8,77);

    // Set Window Attr - Fore,Back,Intensity,Blink

    setAttr(GRID,mkAttr(BLACK,
                        WHITE,
                        OFF_INTENSITY,
                        OFF_BLINK));

    // Set Window Border

    setBord(GRID,D_D_D_D);

    // Set the top and bottom title -
    // 0 set no bottom title

    setTitle(GRID," Change Table Top ");

    // Display window

    strtWind(GRID);
    }
else
   dispWind(GRID);

// Write name and exit messages

// set loop condition

exit=aFALSE;

// Write grid entries bar

wvdWrite(GRID,1,1,42,grid_era,GRID->attr);
wvdWrite(GRID,2,1,42,grid1,GRID->attr);
wvdWrite(GRID,3,1,42,grid_era,GRID->attr);
wvdWrite(GRID,4,1,42,grid_era,GRID->attr);
wvdWrite(GRID,5,1,42,grid_era,GRID->attr);
wvdAttr(GRID,2,4,1,A1);
wvdAttr(GRID,2,9,1,A2);
wvdAttr(GRID,2,14,1,A3);
wvdAttr(GRID,2,19,1,A4);
wvdAttr(GRID,2,24,1,A5);
wvdAttr(GRID,2,29,1,A6);
wvdAttr(GRID,2,34,1,A7);
wvdAttr(GRID,2,39,1,A8);
```

```
do
    {
    // erase the box

    erase_box(old_grid_item9);

    // draw new box

    draw_box(grid_item9);

    // set grid item

    old_grid_item9 = grid_item9;

    // update table top inverse attribute

    update_ttia_back(grid_item9);

    // draw table top

    draw_table_top();

    // get keypress

    key = gtKey();

    // evaluate key press

    switch(key)
        {
        case RIGHT_ARROW:
            // IF rt col->mv to left col ELSE->mv rt

            if(grid_item9==7)
                grid_item9=0;

            else
                grid_item9++;

            break;

        case LEFT_ARROW:
            if(grid_item9==0)
                grid_item9=7;

            else
                grid_item9--;

            break;

        case ENTER:
        case ESC:
```

```
    exit=aTRUE;

    break;

  }

 } while(!exit);
```

```
// Remove Lotus Window

remvWind(GRID);

// return selected item

return(grid_item9);

}
```

```
///////////////////////////////////
//
// Draw back window border
//
///////////////////////////////////
```

```
int
tgrid11()
{
int key;    // scan and char value
int exit;   // val for loop cond chk
```

```
///////////////////////////////////
//
// Initialize grid menu window structure
// and display window
//
///////////////////////////////////
```

```
if(!grid_flag)
   {
   // ensure window initialization bypass

   grid_flag=1;

   // Allocate memory and return pointer to structure

   GRID = setWind(GRID,2,33,8,77);

   // Set Window Attr - Fore,Back,Intensity,Blink

   setAttr(GRID,mkAttr(BLACK,
                       WHITE,
```

```
                        OFF_INTENSITY,
                        OFF_BLINK));

     // Set Window Border

     setBord(GRID,D_D_D_D);

     // Set the top and bottom title -
     // 0 set no bottom title

     setTitle(GRID," Change Table Top ");

     // Display window

     strtWind(GRID);
     }
else
     dispWind(GRID);

// Write name and exit messages

// set loop condition

exit=aFALSE;

// Write grid entries bar

wvdWrite(GRID,1,1,42,grid_era,GRID->attr);
wvdWrite(GRID,2,1,42,grid1,GRID->attr);
wvdWrite(GRID,3,1,42,grid_era,GRID->attr);
wvdWrite(GRID,4,1,42,grid1,GRID->attr);
wvdWrite(GRID,5,1,42,grid_era,GRID->attr);
wvdAttr(GRID,2,4,1,A1);
wvdAttr(GRID,2,9,1,A2);
wvdAttr(GRID,2,14,1,A3);
wvdAttr(GRID,2,19,1,A4);
wvdAttr(GRID,2,24,1,A5);
wvdAttr(GRID,2,29,1,A6);
wvdAttr(GRID,2,34,1,A7);
wvdAttr(GRID,2,39,1,A8);
wvdAttr(GRID,4,4,1,A9);
wvdAttr(GRID,4,9,1,A10);
wvdAttr(GRID,4,14,1,A11);
wvdAttr(GRID,4,19,1,A12);
wvdAttr(GRID,4,24,1,A13);
wvdAttr(GRID,4,29,1,A14);
wvdAttr(GRID,4,34,1,A15);
wvdAttr(GRID,4,39,1,A16);

do
     {
     // erase the box

     erase_box(old_grid_item10);
```

```
// draw new box

draw_box(grid_item10);

// set grid item

old_grid_item10 = grid_item10;

// update back window border

update_bwb(grid_item10);

// draw back window border

draw_back_wind_bord();

// get keypress

key = gtKey();

// evaluate keypress

switch(key)
   {
   case RIGHT_ARROW:
      // IF rt col->mv to left col ELSE->mv rt

      if(grid_item10==7)
         grid_item10=0;

      else if(grid_item10==15)
         grid_item10=8;

      else
         grid_item10++;

      break;

   case LEFT_ARROW:
      if(grid_item10==0)
         grid_item10=7;

      else if(grid_item10==8)
         grid_item10=15;

      else
         grid_item10--;

      break;

   case DOWN_ARROW:
      // IF bottom row->mv to top row ELSE->mv down
```

```
                              if(grid_item10<=7)
                                  grid_item10 += 8;

                              else
                                  grid_item10 -= 8;

                              break;

                    case UP_ARROW:
                        // IF top row->mv to bottom row ELSE->mv up

                              if(grid_item10 >=8)
                                  grid_item10 -= 8;

                              else
                                  grid_item10 += 8;

                              break;

                    case ENTER:
                    case ESC:

                        exit=aTRUE;

                        break;

                }

        } while(!exit);

// Remove Lotus Window

remvWind(GRID);

// return selected item

return(grid_item10);

}


////////////////////////////////////
//
// Update back window border
//
////////////////////////////////////


int
tgrid12()
{
int key;    // scan and char value
int exit;   // val for loop cond chk

////////////////////////////////////
```

11-2 Continued.

```
//
// Initialize grid menu window structure
// and display window
//
/////////////////////////////////////

if(!grid_flag)
   {
   // ensure window initialization bypass

   grid_flag=1;

   // Allocate memory and return pointer to structure

   GRID = setWind(GRID,2,33,8,77);

   // Set Window Attr - Fore,Back,Intensity,Blink

   setAttr(GRID,mkAttr(BLACK,
                       WHITE,
                       OFF_INTENSITY,
                       OFF_BLINK));

   // Set Window Border

   setBord(GRID,D_D_D_D);

   // Set the top and bottom title -
   // 0 set no bottom title

   setTitle(GRID," Change Table Top ");

   // Display window

   strtWind(GRID);
   }
else
   dispWind(GRID);

// Write name and exit messages

// set loop condition

exit=aFALSE;

// Write grid entries bar

wvdWrite(GRID,1,1,42,grid_era,GRID->attr);
wvdWrite(GRID,2,1,42,grid1,GRID->attr);
wvdWrite(GRID,3,1,42,grid_era,GRID->attr);
wvdWrite(GRID,4,1,42,grid_era,GRID->attr);
wvdWrite(GRID,5,1,42,grid_era,GRID->attr);
wvdAttr(GRID,2,4,1,A1);
```

```
                            wvdAttr(GRID,2,9,1,A2);
                            wvdAttr(GRID,2,14,1,A3);
                            wvdAttr(GRID,2,19,1,A4);
                            wvdAttr(GRID,2,24,1,A5);
                            wvdAttr(GRID,2,29,1,A6);
                            wvdAttr(GRID,2,34,1,A7);
                            wvdAttr(GRID,2,39,1,A8);

                        do
                            {
                            // erase the box

                            erase_box(old_grid_item11);

                            // draw new box

                            draw_box(grid_item11);

                            // set grid item

                            old_grid_item11 = grid_item11;

                            // update back window border

                            update_bwb_back(grid_item11);

                            // draw back window border

                            draw_back_wind_bord();

                            // wait and get keypress

                            key = gtKey();

                            // evaluate keypress

                            switch(key)
                                {
                        case RIGHT_ARROW:
                            // IF rt col->mv to left col ELSE->mv rt

                            if(grid_item11==7)
                                grid_item11=0;

                            else
                                grid_item11++;

                            break;

                        case LEFT_ARROW:
                            if(grid_item11==0)
                                grid_item11=7;
```

```
    else
        grid_item11--;

    break;

  case ENTER:
  case ESC:

    exit=aTRUE;

    break;

  }

} while(!exit);
```

```
// Remove Lotus Window

remvWind(GRID);

// return selected item

return(grid_item11);

}
```

```
//////////////////////////////////
//
// Draw resize window
//
//////////////////////////////////

int
tgrid13()
{
int key;    // scan and char value
int exit;   // val for loop cond chk

//////////////////////////////////
//
// Initialize grid menu window structure
// and display window
//
//////////////////////////////////

if(!grid_flag)
  {
  // ensure window initialization bypass

  grid_flag=1;
```

```
// Allocate memory and return pointer to structure

GRID = setWind(GRID,2,33,8,77);

// Set Window Attr - Fore,Back,Intensity,Blink
        setAttr(GRID,mkAttr(BLACK,
                            WHITE,
                            OFF_INTENSITY,
                            OFF_BLINK));

        // Set Window Border

        setBord(GRID,D_D_D_D);

        // Set the top and bottom title -
        // 0 set no bottom title

        setTitle(GRID," Change Table Top ");

        // Display window

        strtWind(GRID);
        }
else
    dispWind(GRID);

// Write name and exit messages

// set loop condition

exit=aFALSE;

// Write grid entries bar

wvdWrite(GRID,1,1,42,grid_era,GRID->attr);
wvdWrite(GRID,2,1,42,grid1,GRID->attr);
wvdWrite(GRID,3,1,42,grid_era,GRID->attr);
wvdWrite(GRID,4,1,42,grid1,GRID->attr);
wvdWrite(GRID,5,1,42,grid_era,GRID->attr);
wvdAttr(GRID,2,4,1,A1);
wvdAttr(GRID,2,9,1,A2);
wvdAttr(GRID,2,14,1,A3);
wvdAttr(GRID,2,19,1,A4);
wvdAttr(GRID,2,24,1,A5);
wvdAttr(GRID,2,29,1,A6);
wvdAttr(GRID,2,34,1,A7);
wvdAttr(GRID,2,39,1,A8);
wvdAttr(GRID,4,4,1,A9);
wvdAttr(GRID,4,9,1,A10);
wvdAttr(GRID,4,14,1,A11);
wvdAttr(GRID,4,19,1,A12);
wvdAttr(GRID,4,24,1,A13);
wvdAttr(GRID,4,29,1,A14);
```

```
wvdAttr(GRID,4,34,1,A15);
wvdAttr(GRID,4,39,1,A16);


do
    {
    // erase the box

    erase_box(old_grid_item12);

    // draw new box

    draw_box(grid_item12);

    // set grid item

    old_grid_item12 = grid_item12;

    // update resize

    update_ra(grid_item12);

    // draw resize
draw_resize();

// wait and get keypress

key = gtKey();

// evaluate keypress

switch(key)
    {
    case RIGHT_ARROW:
        // IF rt col->mv to left col ELSE->mv rt

        if(grid_item12==7)
            grid_item12=0;

        else if(grid_item12==15)
            grid_item12=8;

        else
            grid_item12++;

        break;

    case LEFT_ARROW:
        if(grid_item12==0)
            grid_item12=7;

        else if(grid_item12==8)
```

```
                    grid_item12=15;

            else
                grid_item12--;

        break;

    case DOWN_ARROW:
        // IF bottom row->mv to top row ELSE->mv down

        if(grid_item12<=7)
            grid_item12 += 8;

        else
            grid_item12 -= 8;

        break;

    case UP_ARROW:
        // IF top row->mv to bottom row ELSE->mv up

        if(grid_item12 >=8)
            grid_item12 -= 8;

        else
            grid_item12 += 8;

        break;

    case ENTER:
    case ESC:

        exit=aTRUE;

        break;

    }

  } while(!exit);

// Remove Lotus Window
remvWind(GRID);

// return selected item

return(grid_item12);

}

///////////////////////////////////////
//
// Draw resize window
//
///////////////////////////////////////
```

```
int
tgrid14()
{
int key;    // scan and char value
int exit;   // val for loop cond chk

////////////////////////////////////
//
// Initialize grid menu window structure
// and display window
//
////////////////////////////////////

if(!grid_flag)
   {
   // ensure window initialization bypass

   grid_flag=1;

   // Allocate memory and return pointer to structure

   GRID = setWind(GRID,2,33,8,77);

   // Set Window Attr - Fore,Back,Intensity,Blink

   setAttr(GRID,mkAttr(BLACK,
                       WHITE,
                       OFF_INTENSITY,
                       OFF_BLINK));

   // Set Window Border

   setBord(GRID,D_D_D_D);

   // Set the top and bottom title -
   // 0 set no bottom title

   setTitle(GRID," Change Table Top ");

   // Display window

   strtWind(GRID);
   }
else
   dispWind(GRID);

// Write name and exit messages

// set loop condition

exit=aFALSE;

// Write grid entries bar
```

```
                    wvdWrite(GRID,1,1,42,grid_era,GRID->attr);
                    wvdWrite(GRID,2,1,42,grid1,GRID->attr);
                    wvdWrite(GRID,3,1,42,grid_era,GRID->attr);
                    wvdWrite(GRID,4,1,42,grid_era,GRID->attr);
                    wvdWrite(GRID,5,1,42,grid_era,GRID->attr);
                    wvdAttr(GRID,2,4,1,A1);
                    wvdAttr(GRID,2,9,1,A2);
                    wvdAttr(GRID,2,14,1,A3);
                    wvdAttr(GRID,2,19,1,A4);
                    wvdAttr(GRID,2,24,1,A5);
                    wvdAttr(GRID,2,29,1,A6);
                    wvdAttr(GRID,2,34,1,A7);
                    wvdAttr(GRID,2,39,1,A8);


            do
                {
                // erase the box

                erase_box(old_grid_item13);

                // draw new box

                draw_box(grid_item13);

                // set grid item

                old_grid_item13 = grid_item13;

                // update resize

                update_ra_back(grid_item13);

                // draw resize

                draw_resize();

                // wait and get keypress

                key = gtKey();

                // evaluate keypress

                switch(key)
                    {
                    case RIGHT_ARROW:
                        // IF rt col->mv to left col ELSE->mv rt

                        if(grid_item13==7)
                            grid_item13=0;

                        else
                            grid_item13++;

                        break;
```

```
   case LEFT_ARROW:
      if(grid_item13==0)
         grid_item13=7;

      else
         grid_item13--;

      break;

   case ENTER:
   case ESC:

      exit=aTRUE;

      break;

   }

} while(!exit);

// Remove Lotus Window

remvWind(GRID);

// return selected item

return(grid_item13);

}

/////////////////////////////////////
//
// End of DFINST1.C
//
/////////////////////////////////////
```

There are many useful functions in this program and feel free to use as many as you wish in your own programs. Also, please take your time and go very carefully if you decide to enter the listing and run DFINST.EXP. It is very easy to make a typo when entering short listings from books. It is even easier to make a typo when entering larger listings.

Compile DFINST.C and link the resultant DFINST.OBJ object module with your TAB.LIB file. Running DFINST.EXP shows how to create a professional setup genre program with overlapping pop-up windows, scrollbar windows, and flashy text screen displays in a program running in the 80386 protected mode.

Summary

This chapter presented the source code to a professional setup-type program. The approximately 4,700 lines of source code were presented in two source listings. As you can see, the information and functions used to create your TAB.LIB file were put to good use when developing the commercial DFINST.EXP program for the protected mode.

Final words

One goal of this book was to facilitate your migrating C-developed applications programs from 8086 real mode programming environment to an 80386 protected mode programming environment. If you recompiled DFINST.C with the library presented in *Building C Libraries: Windows, Menus, & User Interfaces* you'd be pleasantly surprised to see that it would compile, link, and run in an identical fashion to the 80386 protected mode version of the program.

With the information presented in this book and *Building C Libraries: Windows, Menus, & User Interfaces* you now have the information at your disposal to create not only a compiler-transparent C library but a microprocessor-operating-mode transparent C library.

Index

80386 Protected Mode
Programming in C

If you are intrigued with the possibilities of the programs included in *80386 Protected Mode Programming in C* by Len Dorfman (TAB Book No. 3736), you should definitely consider having the ready-to-compile disk containing the software applications. This software is guaranteed free of manufacturer's defects. (If you have any problems, return the disk within 30 days, and we'll send you a new one.) Not only will you save the time and effort of typing the programs, but also the disk eliminates the possibility of errors in the data. Interested?

 Available on either 5$^{1}/_{4}$″ or 3$^{1}/_{2}$″ disk requiring 512K RAM plus one megabyte of extended memory at $29.95, plus $2.50 shipping and handling.